# LE LIVRE
## DE
# GUERRE

PARIS
GARNIER FRÈRES, LIBRAIRES-ÉDITEURS
6, RUE DES SAINT-PÈRES, ET PALAIS-ROYAL, 215
—
1874
Tous droits reservés

# LE LIVRE

DE

# GUERRE

PARIS. — IMPRIMERIE PARISIENNE, J. SOUBIE
5, Impasse Bonne-Nouvelle, 5,

# LE LIVRE

DE

# GUERRE

PARIS

GARNIER FRÈRES, LIBRAIRES-ÉDITEURS

6, RUE DES SAINT-PÈRES, ET PALAIS-ROYAL, 215

—

1874

# PENDANT LA TRÊVE

## I

L'état de trêve, en ce moment régime transitoire de l'Europe, nous autorise à publier ce Livre, qui est et qui devait être une œuvre française.

La tête et l'épée de la race latine n'ont pas été ployées, par le hasard des événements, au point de ne pouvoir réagir par de viriles aspirations contre les jugements faux ou intéressés qui ont déclaré trop vite la grande nation déchue dans la politique d'influence et morte pour l'initiative militaire.

Ce livre serait, au besoin, une protestation contre de telles hypothèses nées de l'illusion passagèrement triomphante. Mais l'heure inévitable des revendications du droit public européen appellera les peuples à la lutte nécessaire de l'équilibre. La place de la France s'y trouve marquée. Sans menaces puériles, sans jactances vaines, cette place sera la plus périlleuse, ce sera la sienne; mais elle sera la première; et la même France qui dota l'Europe des traités de Westphalie redeviendra, à la fois, le vengeur de sa dignité nationale et le palladium de tout un continent aujourd'hui alarmé.

L'Europe, à bon droit, se préoccupe de son indépendance, qui est, d'ailleurs, la condition essentielle de l'existence des États : et, par cette indépendance, nous entendons, avec

Ortolan, le droit de souveraineté extérieure en vertu duquel une nation, existant par elle-même, ne reconnaît sur terre aucun pouvoir qui lui soit supérieur. En est-il ainsi aujourd'hui? Les inquiétudes des peuples qui ont vu la force prendre une si hautaine prépondérance sur le droit nous répondent négativement. Il y a donc perturbation dans les conditions d'équilibre. C'est pour replacer le droit public, tel que la civilisation le conçoit, à la hauteur la plus inattaquable, que le sort des armes deviendra forcément l'*ultima ratio* des bouleversements dont notre continent a été le théâtre. La France ne provoquera peut-être pas; sa cause, sans doute, ne sera pas le prétexte immédiat du violent réglement d'un système définitif de pondération, mais, nous le répétons, la France sera prête, et si, d'avance, elle envisage la guerre comme une nécessité européenne, en même temps, elle ne la redoute pas pour son honneur national.

Jusqu'à ce que les éventualités se produisent, nous intéresserons les plus indifférents à l'idée de la guerre par ces pages qui ne pouvaient être mises au jour avant l'année 1874, pour des causes surabondamment appréciées par le sentiment public. En préparant les esprits à la nécessité, à la permanence des sacrifices, à la vigilance des volontés, par conséquent, aux grands devoirs d'un lendemain toujours précaire, nous aurons doté la France, et, peut-être, la justice supérieure qui domine l'intérêt européen, du livre qui était certainement dans toutes les âmes, mais qui n'avait point encore été formulé et vulgarisé en une théorie du patriotisme et du droit public nouveau.

## II

Les œuvres qui ont eu pour objet de préparer les générations, non plus aux impatiences éphémères ou aux enthousiasmes factices, mais aux actes réfléchis et résolus, demeurent impérissables, traversent et éclairent l'humanité dans ses évolutions ou ses cataclysmes.

Le grand patriote d'Athènes, qui fut général célèbre, mais historien plus illustre encore, Thucydide, écrivait au frontispice de son livre sur la guerre de Lacédémone :

« Cet ouvrage est un héritage pour la postérité, et non une œuvre d'art pour charmer l'oreille un instant. »

Les siècles ont confirmé cette appréciation donnée à son génie par lui-même. C'est que, en effet, l'œuvre de Thucydide était la leçon de l'humanité tout entière pour l'art de combattre et de gouverner. Après Thucydide, le stoïcisme dans la lutte, la soumission dans le devoir rigoureux, l'abnégation dans les services du soldat et du citoyen devenaient des vertus possibles, parce qu'elles étaient inscrites dans l'histoire et saluées comme vertus civiques.

Thucydide a, en réalité, écrit le premier livre de guerre, il y a maintenant vingt-trois siècles, lorsqu'il a composé dans l'exil sa fameuse Histoire. Quand on le lit, on apprend ; on médite sur des choses nouvelles et graves. Il n'entraîne pas ; il exige le devoir au nom d'un sentiment omnipotent qu'il fait planer sur les âmes ; il ne crée pas les illusions, les mirages ; il ne réjouit pas les cœurs : il les effraye... comme l'a dit Denys d'Halicarnasse. (*De prœcip. hist.*)

Certes, une telle autorité devait nous arrêter avec respect et nous commander de la prendre pour modèle. Autant qu'on peut s'inspirer de loin de tels maîtres, dont l'œuvre est monumentale, nous essayerons de rappeler sinon les accents de Thucydide, — qu'on n'imite pas, — du moins la passion de la vertu militaire qui éclate dans son œuvre. Alors, peut-être, aurons-nous rempli le but qui est sous-inscrit en tête du présent livre ; alors pourrons-nous espérer que toutes les générations auxquelles demeure confié l'avenir de la France feront place, dans leur éducation obligée, au *Livre de guerre*, écrit en vue de chaque citoyen, prédestiné à s'armer, à tout instant, pour son honneur et pour ses foyers.

L'empereur Charles-Quint, — portant toujours avec lui, dans les armées ou dans ses palais, l'histoire de Thucydide, traduite en

France pour le roi Louis XII, — Charles-Quint demandait une *Imitation du vrai guerrier*, et il appelait le livre qui s'inspirerait ainsi du grand Athénien « un outil de l'âme. »

Nos historiens, les plus grands historiens de notre siècle, les Thierry, les Henri Martin, les Guizot, les Thiers, ont forgé, en métal indestructible et sous diverses formes, l'outil de l'âme réclamé par le redoutable politique qui fut, sans être un héros, le rival toujours heureux de notre chevaleresque François Ier. Mais l'œuvre des génies contemporains s'impose aux esprits éclairés, imbus de savoir, épris de belles-lettres.

Le *Livre de guerre*, au contraire, doit réaliser, sans espérer atteindre à la perfection des maîtres, l'idéal de Charles-Quint et devenir, comme manuel philosophique de la guerre, comme synthèse de l'histoire patriotique et des questions spéciales, propres à un tel sujet, doit devenir, disons-nous, cet « outil de l'âme, » l'instrument indispensable, le guide, le compagnon de l'armée dans tous les rangs de la hiérarchie, le stimulant perpétuel, l'éducateur de la population virile de France, dans la chaumière ou dans la cité.

## III

Et nous avons entrepris ce travail avec le concours de tous les génies de l'antiquité, des temps modernes et contemporains.

Ici, malgré la concision qu'il a fallu adopter pour que le sac du soldat ou la bibliothèque portative du plus modeste citoyen n'aient jamais à se séparer d'un pareil livre, ici nous avons résumé la sagesse des siècles, l'héroïsme de nos plus lointains aïeux et les enseignements de la science nouvelle. Nous avons pourtant élagué tout ce qui était discussion de systèmes philosophiques sur la matière, sans omettre toutefois les grandes idées, les vues, les axiomes juridiques qui font partie de la vérité positive et qui fixent pour toujours les droits et les devoirs de la guerre.

Nous avons négligé tout ce qui est superfétation ou détail secondaire dans les réminiscences historiques invoquées pour nos argumentations sur le génie guerrier et traditionnel de la Gaule devenue la France.

Nous nous sommes interdit, dans les thèses politiques de l'équilibre européen ou des nationalités, tout ce qui pouvait ressembler à la polémique, nous contentant de préciser les situations et de marquer les points de repère autour desquels les armes, cette sanction suprême du droit, peuvent intervenir selon les circonstances.

Enfin, dans les applications de la science à l'art militaire, dans les renseignements généraux et statistiques sur les forces comparées des divers États de l'Europe, nous avons écarté l'érudition et toute la partie technique, parce que c'est un domaine qui est ouvert chaque jour aux constatations, aux expériences et parcouru avec honneur — l'étranger le saura — par le corps d'état-major français. La pratique est toujours plus éloquente que la plus habile dissertation en pareil cas. Toutes les opinions — parce que ce *Livre de guerre* n'en a qu'une : le patriotisme, — ont été accueillies dans ces pages, quand ces opinions répondaient à la pensée nationale qui nous a inspiré. Illustres ou obscurs, ancêtres de l'humanité ou penseurs de notre époque, les philosophes, les grands capitaines, les publicistes nous prêtent, les uns l'appui de leur autorité qui a traversé les temps, les autres, le concours de leurs observations, nées des événements contemporains.

Que les penseurs nous viennent de la République ou de la monarchie, que les héros s'appellent Marius ou César, saint Louis ou Bonaparte; qu'ils soient du sang de Condé ou de la tradition de Danton, toutes les opinions sont sacrées ici lorsque la guerre et le patriotisme trouvent de doctes interprètes ou de mâles défenseurs; car, aux yeux de la Patrie, ce sont les mêmes enfants, honorés et chéris, ceux qui combattent ou tombent avec gloire sous l'étendard des Croisés, sous la bannière de Jeanne d'Arc, sous les drapeaux de Lens ou de Fontenoy, sous les trois couleurs de Valmy et d'Austerlitz!

Et ces derniers mots disent hautement que le *Livre de guerre* n'est d'aucun parti : ici les partis n'abordent pas, d'ailleurs; ils surgissent, ils s'agitent, ils meurent : — la Patrie reste. Ce livre est fait pour la Patrie!

Mars 1874.

# OBSERVATIONS

*La première partie, toute doctrinale, du* Livre de Guerre, *exigera du lecteur une attention bienveillante et soutenue. La nécessité de la discipline, aussi absolue pour le citoyen que pour le soldat, y a été exposée et démontrée avec les arguments des philosophes, les exemples de l'histoire et les enseignements du temps présent. En d'autres termes, c'est la nécessité de la discipline civique, exclusive de la licence du raisonnement politique, qui a été ici érigée en système. Matière controversable en plus d'un point, sans doute, mais éminemment propre à solliciter la lecture très-attentive de cette première partie de l'ouvrage.*

*Les autres divisions du* Livre de Guerre *se recommanderont, peut-être, par moins d'aridité, grâce à la variété des questions historiques et des détails statistiques. Toutefois, il nous paraît im-*

*portant de signaler la thèse du droit territorial français et la théorie des limites de l'*empire franc de Charlemagne, *qu'on trouvera développée dans les chapitres relatifs aux négociations précédant le traité de Westphalie. C'est la première fois qu'il est parlé d'un droit* gallo-carlovingien *sur les territoires situés immédiatement après la rive gauche du Rhin et le versant occidental des Alpes.*

*Enfin, au cours de l'impression du* LIVRE DE GUERRE, *quelques modifications urgentes ont paru nécessaires : les renseignements spéciaux et techniques sur l'armée et la marine ont été abrégés et généralisés, au nom d'un intérêt patriotique bien compris. Deux reproductions d'ouvrages récents ont dû remplacer quelques pages supprimées — très-intéressantes — mais inopportunes. L'une de ces reproductions concerne l'Alsace-Lorraine; l'autre, les opérations de la marine dans la mer Baltique, en 1870.*

## PREMIÈRE PARTIE

# LA GUERRE

### CHAPITRE PREMIER

L'Ame de la Patrie. — Les instincts guerriers de la race. — Le faux sentimentalisme et la terreur de la guerre. — La fraternité universelle n'est pas réalisable. — Les principes dissolvants. — Il y aura toujours des nations distinctes. — Il n'y a qu'une patrie universelle possible, c'est la patrie du droit : la civilisation. — La guerre est dans le sang de l'humanité. — La loi de nature admet la nécessité de la guerre. — Opinions des philosophes sur la pérennité de la guerre. — Si la guerre est la loi fatale de l'espèce, d'après la loi de nature, c'est au droit des gens à atténuer ses conséquences, à la déterminer, à la régler. — Le droit des gens est intervenu, en effet, à l'état de convention tacite, avant d'avoir été formulé en code international.

### I

En France, quand, au soleil levant, le laboureur retourne les guérets sous le fer de sa charrue, il voit s'élever des sillons noirs comme une vapeur légère, et la légende des chaumes lui rappelle alors que c'est l'âme de la terre qui s'exhale pour s'ouvrir à la semence prochaîne, aux embrassements du fécondateur dont les rayons émergent de l'horizon et s'élancent vers le zénith.

A cette évocation poétique, l'homme des champs qui a été ou qui sera soldat pourrait ajouter une pensée plus émouvante et plus exacte : c'est qu'il n'est point une parcelle de ce sol où le sang des aïeux n'ait coulé. L'âme de la patrie s'en exhale à chaque déchirure faite par le soc, ce fer qui remue ainsi la poussière d'une grande race et le linceul des siècles épiques. Là sont nés, là sont tombés les Gaulois et les Francs. Mais leur tradition survit. Si les reliefs du terrain ou les ruines des cités nous la rappellent à peine, elle s'est perpétuée entière et vivace dans le sang des générations qui descendent de pareils ancêtres. Et l'histoire a dit que la France avait été digne des Gaules ; l'histoire écrira aussi que la vieille France sera noblement continuée par la France de l'avenir.

## II

L'instinct et l'idiome guerriers sont donc la caractéristique de notre génie militant. Lorsque nous avons maintenu intactes ces mâles traditions, jamais la décadence ne s'est produite malgré les plus grands revers, car nul n'est maître des hasards de la lutte ; mais quand les théories dissolvantes de philanthropie ou de fraternité universelle ont essayé de pénétrer dans nos esprits, alors il y a eu défaillance réelle, effondrement subit, parce que point de résistance, cédait à des entraînements qui étaient son suicide.

Le plus grand malheur qui puisse atteindre un peuple, c'est l'aversion de la guerre.

En inspirant, au nom d'un faux sentimentalisme le dégoût et la terreur des combats, on prépare la conscience individuelle, puis les générations et, enfin, les peuples à l'idée des compromis, des concessions humiliantes qui, finalement, entraînent la chute de ces nations.

Si, par la force, il n'y a ni monarchie ni république universelles, il n'y en a point de possibles par le consentement. La fédération, la solidarité des peuples sont ou des rêves ou des crimes, selon les cas, mais ce ne sont pas des conceptions réalisables. On a voulu le communisme des États avec l'effacement de l'autonomie et du génie propre à chaque nation. Qui pourrait consentir à s'annihiler ainsi sans profit de gloire ou d'intérêts?

Qu'on mette donc en commun les biens de toutes les familles d'un même village et que chacun tire de la masse selon ses besoins; il n'y aura plus ni fortune, ni misère, ni contestations, ni procès entre particuliers; mais quel idéal de société! d'une société sans supériorités morales, sans émulation, sans stimulant d'intérêts, sans familles distinctes!... Alors c'est la communauté primitive, c'est l'atonie, le marasme, la bestialité, la mort.

Le foyer, c'est la patrie de l'individu; — celui-ci voudrait-il de cet état social, de cette fraternité étrange qui s'appellent le communisme?

nous sommes nés, l'entité géographique que nos ancêtres, nos traditions, notre affection et nos travaux ont faite et appelée la *patrie*; cette terre est le foyer supérieur de l'âme, la patrie du citoyen. Consentirait-on, une fois, enfin, pour répondre aux hallucinations impies de ceux qui n'ont plus ni foyer, ni patrie, à solidariser la cause de son pays avec la cause des autres peuples ; à abaisser toutes les barrières politiques et physiques, à mettre en commun son patrimoine illustre de mœurs, de législation et de gloire avec le patrimoine des autres peuples ; à former une fédération d'intérêts et d'aspirations uniques et à vivre sur le fonds commun, sans concurrence, sans nobles rivalités?... Mais ce communisme, qui est la dégradation même des individualités sociales, appelées peuples, comme le phalanstère est la dégradation de la famille et du citoyen, ce communisme serait une honte; et la brute, qui a sa fierté sauvage, nous serait supérieure, parce qu'elle reste elle-même, parce qu'elle lutte pour son existence, qu'elle défend sa vie, sa caverne et ses rejetons !

## III

Il faut donc renoncer, pour toujours, à des songes creux qui sont indignes d'une réfutation sérieuse. Mais, au début de ce livre qui affirme la guerre, sa permanence et sa nécessité, il n'était pas inutile de faire justice de ce que les hommes de bon sens n'ont jamais appelé une objection sérieuse, mais de ce que les ignorants pourraient considérer comme un idéal, quand cet idéal n'est compatible, seulement, qu'avec la faiblesse ou avec l'indignité des caractères.

Partout où vous supprimez l'émulation, la lutte noble, vous appelez l'inactivité, par conséquent le besoin et l'envie. Telle est la condition de ce régime qui a surgi comme du coin d'un bois, et pris, un instant, l'Europe au collet : l'Internationale, ce régime du travail et de la civilisation en état de vagabondage.

En prêchant la fédération des peuples, le nivellement des facultés et la fusion des intérêts, l'*Internationale* préconisait, en réalité, la fédération de la haine et de la paresse, et, si elle supprimait la guerre d'influence et d'équilibre, entre les peuples, elle nous réservait la plus odieuse de toutes les luttes, la guerre sociale, qui serait devenue le fléau endémique du monde régi par le néo-socialisme.

Sans doute, le dogme admirable de l'évangile, qui nous fait tous frères, nous convie à l'universelle réconciliation ; mais n'est-ce pas plutôt dans la patrie de la conscience, celle-là sans limites, ou dans la patrie du droit, d'après la règle des jurisconsultes romains : *omnes homines æquales sunt*, que cette réconciliation et cette fraternité peuvent devenir une vérité ?

Dans le cercle particulier où se meuvent les collectivités sociales, les peuples et les nations, il y a des intérêts, des aspirations, des mœurs qui s'opposeront toujours à la réalisation sublime du principe de cette fraternité absolue, exempte de causes de dissensions et de lutte.

Tout ce que les hommes peuvent souhaiter, c'est que,

dans cette patrie morale de la conscience et du droit, parfaitement nommée la civilisation, l'union soit faite et demeure permanente, afin que la justice sociale ait toujours un domaine inviolable d'où elle puisse redresser les écarts de l'humanité ou des fractions de l'humanité. Mais que, matériellement, physiquement, il y ait union absolue, fraternité effective, fusion de tous les intérêts : non, cela n'est pas de cette terre, parce que la nature, de laquelle procèdent toutes les lois, n'a pas voulu qu'il en fût ainsi.

De même qu'il y aura des familles distinctes, il y aura de même des nations distinctes. Il y aura émulation, concurrence, lutte, souvent scission, par conséquent, guerre. La guerre est la conséquence — et qui sait ? — la condition de la vie !

## IV

Ne pouvant pas supprimer la guerre, il faut la coordonner, la réduire à ses effets les moins calamiteux ; telle est l'œuvre de la raison. Mais il faut admettre la guerre et ne plus se bercer de l'illusion de l'abbé de Saint-Pierre. La paix universelle et perpétuelle est et sera toujours un rêve.

Il serait plus conforme à la raison naturelle ou positive de répéter ce que la tradition anté-historique établit comme axiome : la guerre est l'état naturel, la paix est l'accident.

## V

Nous pouvons le démontrer avec les arguments de la philosophie.

Il faut se conserver, il faut exister, telle est l'exigence primordiale de la vie, puisque c'est une question d'instinct, antérieure à toute convention sociale, et, alors la *propriété* devient l'entité de l'*existence*. Tous les ordres de la nature connaissent et subissent cette loi : le chêne, on l'a écrit, est le premier et le plus jaloux propriétaire du sol où plongent ses racines, et même de l'air qui baigne son feuillage ; il frappe de mort toute concurrence, tout empiétement des grands végétaux dans le rayon dont il a besoin ou qui lui appartient. L'insecte défend sa corolle, l'oiseau son nid, le lion son repaire, l'homme son asile. Le droit du plus fort domine ici ; la lutte devient donc dans la nature une nécessité constante.

La guerre est dans la vie des peuples ce que le choc intime des passions ou des intérêts privés est chez l'individu. Il y a en nous ou contre nous contradiction perpétuelle, combat latent. La vie l'exige. Sa loi fatale n'a qu'une formule : lutte. Chez l'individu, la raison a pour devoir d'atténuer le mal ; chez les peuples, les conventions de la sagesse et de l'intérêt collectif ont pour objet d'en dissiper les motifs ou d'en tempérer les résultats. Mais si la lutte s'apaise, la guerre ne s'efface pas. Elle a précédé l'organisation des sociétés humaines, elle présidera à ses dernières évolutions jusqu'à l'extinction de l'espèce.

Dans son *Esprit des Lois* (liv. I, ch. III), Montesquieu a écrit :

« Sitôt que les hommes sont en société, ils perdent le sentiment de leur faiblesse ; l'égalité qui était entre eux cesse, et l'état de guerre commence. Chaque société particulière vient à sentir sa force, ce qui produit un état de guerre de nation à nation. Les particuliers dans chaque société commencent à sentir leur force ; ils cherchent à tourner en leur faveur les principaux avantages de la société, ce qui fait entre eux un état de cette guerre... »

C'est la théorie de la guerre civile et de la guerre étrangère parfaitement définie. La justice et la raison ne les dominent pas. La guerre, sous son double aspect, accompagne, on le voit, chacune des phases de la société embryonnaire.

Rien n'est défini, rien n'est édicté encore sur la terre, mais la guerre existe avec la force pour seule loi.

Le fait par les hommes de s'entre-tuer les uns les autres ne saurait, quelque argument qu'on y emploie, s'imposer à l'assentiment de la conscience humaine. Mais le principe lamentable et barbare domine toutes les considérations. C'est dans l'instinct, dans le sang de l'humanité.

## VI

L'organisation des sociétés humaines a pour conséquence la constitution de nations distinctes. Celles-ci doivent pourvoir à leur propre sauvegarde au même titre que l'individu isolé dans l'état de nature. En fait, c'est le droit de légitime défense qui est transporté de l'ordre privé dans les relations mutuelles des peuples. Ce n'est pas autre chose que le droit de guerre. Les nations étant et devant être indépendantes les unes des autres, celle qui se croit lésée dans ses droits, et qui n'est point parvenue à faire admettre ses réclamations par les voies pacifiques, n'a de refuge *légitime* que dans la voie des armes (Ad. Franck, de l'Institut). Et, ajoute, avec raison, le philosophe Grotius : « La guerre sera de ce monde tant qu'il y aura des hommes qui ne voudront point laisser les autres vivre en paix. »

La liberté des nations se lie étroitement à leur indépendance ; elle en est à la fois le signe le plus expressif et la condition la plus immédiate, car elle consiste dans le territoire qu'elles occupent, dans le sol de la patrie. Un peuple qui n'est pas chez lui, dans ses propres frontières, est un peuple qui a cessé d'exister. Aussi l'invasion étrangère est-elle la plus sanglante injure qu'un État puisse recevoir, et il n'existe point pour lui de devoir qui passe avant celui de la repousser.

La cupidité, dans les temps barbares, ayant pour instrument la violence, c'est pour s'en défendre que la guerre, institution préventive, est devenue un droit sacré intimement lié au principe de la conservation.

Et Montesquieu nous a dit encore (*De la guerre.* liv. X, ch. II.) : « La vie des États est comme celle des hommes. Ceux-ci ont le droit de tuer dans le cas de la défense naturelle ; ceux-là ont le droit de faire la guerre pour leur propre conservation. »

« — Dans le cas de défense naturelle, dit l'homme, (*id.*, *ibid.*), j'ai le droit de tuer, parce que ma vie est à moi, comme la vie de celui qui m'attaque est à lui ; de même un État fait la guerre, parce que sa conservation est juste comme toute autre conservation. Le droit de la guerre dérive donc de la nécessité... »

Après Montesquieu, nous ajouterons, sous forme de commentaire bien affaibli : repousser celui qui attaque, *prévenir* celui qui menace, tel est le rôle de la guerre.

La guerre fait donc partie intégrante, au nom du droit de nature, des conventions primordiales et tacitement permanentes de l'humanité. A moins de supprimer la violence, les causes ou les passions qui lui servent de prétexte, on ne pourra pas supprimer l'instrument de préservation, qui est la guerre.

## VII

Ce n'est pas seulement dans le droit naturel de défense que la guerre trouve sa justification légitime. Elle la rencontre aussi dans le droit de conservation préventive. L'auteur de l'*Esprit des lois* a écrit :

« Le droit de la défense naturelle entraîne quelquefois la nécessité d'attaquer, lorsqu'un peuple voit qu'une plus longue paix en mettrait un autre en état de le détruire, et que l'attaque est, dans tel moment déterminé, le seul moyen d'empêcher cette destruction. »

Si l'on rapproche cette théorie, qui est presque une divination, des événements dont l'Europe a été le témoin dans ces dernières années, personne ne dira plus que la guerre doit être absolument réservée pour les cas de guerre territoriale, c'est-à-dire d'invasion. Il faut savoir, appliquant l'adage *si vis pacem para bellum*, aller au besoin au devant du danger, faire d'avance le rude sacrifice de ses loisirs, ou de sa prospérité du moment, pour éviter que, à l'abri de sa propre mollesse, de son propre aveuglement, d'une tranquillité trompeuse, l'ennemi ne fonde sur vous, et ne vous ravisse, avec la liberté d'agir, les moyens de défendre votre prestige ou votre sol.

Wattel, qui est une autorité, nous donne raison lorsqu'il se demande quelle est, en général, la juste cause de la guerre. Il répond : « Le droit d'user de force ou de faire la guerre n'appartient aux nations que pour leur défense et pour le maintien de leurs droits parfaits (c'est-à-dire réguliers et reconnus). Or, si quelqu'un attaque une nation ou viole les droits parfaits, il lui fait *injure*. Dès lors, et dès lors seulement, cette nation est en droit de le repousser et de le mettre à la raison ; ELLE A LE DROIT ENCORE DE PRÉVENIR L'INJURE QUAND ELLE S'EN VOIT MENACÉE. « (Wattel, § 26, liv. III, ch. III.)

Il continue :

« Lors donc qu'il s'agit de juger si une guerre est juste, il faut voir si celui qui l'entreprend a véritablement reçu une injure ou *s'il en est menacé*... Venger ou prévenir l'injure, c'est un droit sans conteste. Venger signifie poursuivre la réparation de l'injure, si elle est de nature à être réparée, ou une juste satisfaction, si le mal est irréparable ; c'est encore, si le cas l'exige, punir l'offenseur, dans la vue de pourvoir à notre sûreté dans l'avenir. LE DROIT DE SURETÉ NOUS AUTORISE A TOUT CELA. » (*Id., ibid.* et suiv.)

La guerre est donc légitime dans les moyens préventifs. Les moyens préventifs amènent à porter la guerre hors du territoire ; donc la guerre extérieure a des causes légitimes.

« ... Tout acte portant atteinte à l'indépendance d'une autre nation, ou à la libre jouissance de ses droits acquis, soit par occupation, soit par traités, que cet acte soit *passé, présent*, ou probablement à craindre pour l'avenir, peut être une raison justificative de la guerre entre les nations, lorsque, après avoir vainement tenté des voies plus douces, on en vient successivement à cette extrémité. » (MARTENS, *Raisons justificatives de la guerre,* § 265, liv. VIII, ch. III.)

En outre, voici le verset célèbre du chapitre IX du Coran : « Si vous craignez l'attaque d'une nation, *devancez-la;* agissez à son égard comme si elle se préparait à agir vis-à-vis de vous. » (MAHOMET.)

## VIII

Le droit naturel, qui admet absolument le droit de guerre, cède au droit des gens la mission de la définir et de la régler. Et, bien longtemps avant les conventions écrites, il existait, dès l'aube de la civilisation, des procédés tacites au moyen desquels les hommes, ne pouvant pas supprimer la guerre, qui est une sanction nécessaire, en atténuaient autant que possible les effets ou les conséquences.

Et certes, il existe des différences immenses entre la guerre des premiers chasseurs de fauves ou d'hommes, les hécatombes et les pillages des temps anciens, et la guerre telle que le droit nouveau la définit et la circonscrit dans la civilisation !

Ce n'est pas seulement dans les procédés entre belligérants, ou dans les rapports personnels des membres des diverses nations qu'une révolution s'est accomplie ; cette révolution a porté avec des résultats plus grands encore peut-être, au point de vue de l'humanité, sur les causes mêmes des guerres. Les moyens d'action, les procédés préliminaires, la justice envers les vaincus, sont l'œuvre de la civilisation chrétienne. Dans l'antiquité, cette justice est exclue dans tous les rapports internationaux. Là, c'est la loi du plus fort dans ce qu'elle a de plus excessif, depuis le féroce chasseur qui, fier de ses victoires sur les bêtes brutes, entreprend de conquérir les hommes au mépris de leur vie, jusqu'à Alexandre et jusqu'aux Romains, dont la conquête est l'unique principe, (JAY). Point de générosité, point d'équité : l'ennemi est une proie qu'il faut abattre et qui, tout au plus, rachètera sa vie par sa liberté, car l'esclavage est né de la guerre et de l'iniquité de la guerre. L'étranger était un ennemi, un esclave prédestiné (lois de Justinien), et si tout cela a disparu devant la loi nouvelle de commisération et de générosité, on peut affirmer qu'un fait immense, une révolution digne de l'humanité, s'est imposée aux peuples : c'est le grand progrès qui n'admet plus la guerre que pour une cause légitime.

## IX

Ce résultat obtenu par la civilisation, il n'y a plus rien à demander à l'homme. Les procédés loyaux, les causes légitimes de la guerre, c'est ce qui nous élève au-dessus des temps barbares, au-dessus même de cette antiquité grecque et romaine, inimitable sous tant de rapports, mais si inférieure au point de vue des sentiments envers l'humanité. Alors les mobiles étaient absolument cupides ou absolument pervers, de la part de ceux qui attaquaient; et, de l'un comme de l'autre côté, le sang humain ne pouvait avoir aucun prix, puisque l'esclavage, conséquence forcée de la défaite, était admis comme un droit de nature et que l'âme humaine, dans les conditions inférieures, n'était plus considérée comme ayant sa valeur haute et personnelle.

C'est pour cela que l'école stoïcienne, dans l'antiquité, avait émis des idées généreuses. Regardant la terre comme une même cité et l'humanité comme une même famille, Zénon et ses disciples ont condamné, à la fois, la guerre et l'esclavage. Cicéron, entraînant sur ses pas les plus illustres jurisconsultes de son temps, a prêté à ces principes l'autorité de son nom et de son éloquence. Mais se ravisant, Cicéron et les penseurs des époques suivantes comprirent que le rêve de Zénon était impraticable. La nécessité de la guerre fut admise, mais l'esclavage, qui en était la funeste conséquence demeura proscrit, et l'idée « de faire la guerre pour avoir la paix » fut une de leurs maximes rapportées par saint Augustin : *bellum geramus ut pacem habeamus*, et le droit des gens passa dans le droit écrit à partir du jour où l'on admit *l'humanité et la justice* dans les rapports entre belligérants.

D'ailleurs, le droit des gens ne devint possible qu'avec la constitution des peuples en nations indépendantes les unes des autres. C'est sous ce nouvel aspect de la guerre, réglée et déterminée par le droit international, que nous allons examiner la question.

## CHAPITRE II

La guerre avec la constitution régulière des nations. — La solidarité des peuples. — Le droit des gens détermine la liberté d'action des peuples agissant isolément ou collectivement. — Le droit de légitime défense transporté de l'ordre privé dans les relations mutuelles des peuples. — Le patrimoine particulier des nations et le patrimoine commun de la civilisation. — Causes légitimes des guerres. — Légitimité des préliminaires et des moyens. — Actes licites et illicites.

### I

La guerre a changé de caractère dès que les premières nations ont été constituées. Et celles-ci ont été réellement des nations le jour où, vivant dans l'enclave de leurs frontières naturelles ou théoriques, elles se sont donné des lois, des mœurs, des traditions particulières, avec tous les moyens propres à maintenir et à défendre ce bien moral et matériel qui s'appelle l'ensemble d'un État reconnu.

Il y a eu alors solidarité entre plusieurs nations d'un même groupe continental ou hémisphérique. La loi de nature d'abord, et la loi sociale ensuite, commandent à l'homme ou aux collectivités humaines de se perpétuer et de se conserver. Un accord tacite, tantôt permanent, tantôt fortuit, est intervenu entre ces nations pour résister, soit à l'ambition de quelques-uns, soit aux déplacements de tous ; car, s'il n'a pas été possible d'en finir avec « les fléaux de Dieu, » qui surgissent de siècle en siècle pour bouleverser la société établie, pour menacer les puissants, les faibles ou les neutres, la solidarité des nations, en Europe, a pu fermer pour jamais l'ère des migrations de peuples, ces immenses déplacements de races, se transportant d'un bout du continent à l'autre, après avoir ravagé et épuisé le sol sur leur passage.

## II

Pour agir efficacement dans un accord de solidarité, il faut qu'une nation soit reconnue, qu'elle soit autonome et, par conséquent, libre.

Et comme le disait M. Franck (de l'Institut), la liberté des nations se lie intimement à leur indépendance ; elle en est à la fois le signe le plus expressif et la condition la plus immédiate; car elle consiste dans leur libre évolution sur le sol qu'elles occupent, sur le territoire de la patrie. Un peuple qui n'est pas chez lui, maître dans ses propres frontières, a cessé d'exister. Il ne compte plus dans la solidarité sociale. Il n'a plus droit de suffrage ou qualité pour juger avec les autres peuples si une question est légitime ou illégitime. Il n'est plus enfin une personne morale existant et agissant virtuellement au tribunal du droit des gens.

En outre, la liberté des nations, telle que l'entend le droit des gens, liberté que la solidarité nous oblige de défendre, c'est celle que les nations exercent au dehors des frontières dans leurs rapports avec les autres nations. La liberté internationale est soumise à la même règle que la liberté individuelle. Elle finit à la limite où commence la liberté d'autrui; ou, ce qui est la même chose, elle doit exister pour tous les États dans une égale mesure, et ne point permettre aux uns ce qu'elle défend aux autres.

Elle comprend la liberté du commerce et de la navigation, la liberté de choisir ses alliances pendant la paix et pendant la guerre, la liberté de porter secours à un allié attaqué ou de rester neutre, de rester neutre sur la foi d'autrui ou de garder la neutralité les armes à la main.

La liberté des nations comprend aussi la liberté de commerce et de navigation avec droit à la jouissance des mers, car l'océan ne peut, comme la terre ferme, se convertir en une propriété particulière.

N'admettant ni frontières, ni partage, ni occupation effective, ni droit de premier occupant, ni assimilation par le travail, l'océan et toutes les mers demeurent à jamais le patrimoine du genre humain.

### III

Pour défendre son bien, comme nation, ou pour défendre la collectivité des êtres qui se reconnaissent, se respectent et se défendent solidairement, la guerre est un droit de nécessité sociale, car le droit de légitime défense est transporté ici de l'ordre individuel dans les relations mutuelles des États. C'est, en d'autres termes, l'application extrême mais raisonnée du droit de punir, virtuellement contenu dans la législation permanente du droit des gens.

Alors, au patrimoine effectif et tangible des nations, aux biens matériels du sol indépendant, des produits du génie et du travail des peuples ou des groupes de peuples, alors s'ajoute, mais à l'actif de la civilisation, un second patrimoine indiscutable et inaliénable : celui d'une justice réelle et parfaitement définie, donnant le pouvoir de décréter ou de laisser décréter la guerre toutes les fois que le droit est menacé.

D'après cette jurisprudence immanente, la force, satellite de la raison, et non son agent dominateur, ne saurait prétendre à un rôle asservissant, sous peine de faire reculer l'humanité jusqu'à ces confins de l'état de nature découverts par cet axiome implacable et brutal de Hobbes : L'homme est le loup de l'homme, *homo hominis lupus!*

## IV

Ce qui précède nous amène à insister encore sur les causes légitimes des guerres.

Et d'abord, dégageons ces vérités du principe de la liberté internationale :

La force ni la grandeur ne peuvent pas plus établir une inégalité de droit entre les sociétés politiques qu'entre les membres de chaque société. Suivant l'expression des auteurs, « un nain aussi bien qu'un géant est un homme. » Donc, les obligations et les droits respectifs des peuples sont les mêmes. Ce qui est permis à l'un est également permis à l'autre, et ce qui n'est pas licite à l'égard de l'un ne peut l'être à l'égard de l'autre.

D'après cela, les prétentions de préférence et de supériorité, de privilége de peuple à peuple, tout aussi bien que ces prétentions d'homme à homme sont de pures chimères, de véritables futilités que le droit ne saurait reconnaître.

Toute domination exclusive, à quelque titre que ce soit, dans l'ordre militaire ou économique, demeure expressément proscrite, quand un peuple prétend s'arroger cette puissance au préjudice des autres peuples, et il devient dès lors de l'intérêt et du devoir de tous de ne pas le tolérer.

Cette égalité, égalité des nations entre elles, s'identifie avec ce qu'on appelle leur liberté politique. De sorte que celles qui se piquent d'être justes et libres ne peuvent ni méconnaître cette égalité, ni souffrir qu'elle soit outragée.

## V

La guerre est légitime toutes les fois que, pouvant être entreprise avec une présomption raisonnable de succès, elle est nécessaire pour obtenir la réparation d'un préjudice, les querelles des nations ne se décidant que par la voie des armes.

Le préjudice commence à l'injure, à l'envahissement,

et c'est alors l'origine des guerres *nationales* et territoriales.

Il prend également naissance dans la menace faite à l'indépendance ou aux intérêts d'un peuple ou de plusieurs peuples, comprenant un même groupe solidaire. C'est la cause des guerres *d'équilibre*.

Il peut aussi se produire par la politique d'intervention en faveur des peuples opprimés. Ces luttes, appelées guerres des *nationalités*, ont particulièrement occupé la politique de la seconde moitié du XIXe siècle. Nous retrouverons ces questions plus loin.

Il y a enfin la guerre *de conquête,* mais lorsque la conquête se justifie, non par l'idée de propagande politique ou religieuse, mais par l'idée de civilisation humanitaire et féconde.

Arracher des sauvages à l'abrutissement bestial qui les avilit et les décime, ou bien enlever des races impuissantes au joug qui les asservit, sous une tyrannie reconnue féroce et incompatible avec les mœurs de la civilisation; certes, il y a là une double et légitime application à faire de la puissance que donne la conquête.

Alors, on crée véritablement de nouveaux peuples en leur donnant la faculté de se réunir à la patrie qu'il serait dans leur intérêt véritable d'adopter, ou même de rester indépendants et de former un État particulier si cela devait être plus favorable à leur situation et à leurs besoins.

Mais il ne faut pas oublier, dans de pareilles entreprises, ce que les Scythes disaient à Alexandre : *Inter dominum et servum nulla amicitia est; etiam in pace belli tamen jura servantur.*

## VI

Quelque légitimes que soient les motifs d'une guerre, les hostilités ne doivent pas être commencées avant que cette guerre ait été déclarée solennellement et notifiée aux puissances neutres.

Ceci s'applique surtout à la guerre offensive.

Car, dans la guerre défensive, les motifs de combat sont trop sacrés pour qu'il soit nécessaire de les faire précéder du moindre protocole.

La déclaration de guerre conditionnelle, appelée *ultimatum*, a pour but de demander solennellement, impérativement, réparation pour cause de dommage, ou satisfaction légitime pour le fait d'injure.

Les conséquences de l'*ultimatum*, ou de la déclaration conditionnelle de rupture, sont : ou bien la simple cessation des rapports diplomatiques, ou bien la prise d'armes.

La déclaration de guerre pure et simple est celle qui se fait lorsque celui à qui on la déclare, a déjà pris les armes.

La civilisation actuelle n'admet plus la guerre, si elle n'a pas été entreprise après délibération publique.

Un historien contemporain a écrit : « Comme le droit de guerre est le plus important de tous ceux de la souveraineté, il n'appartient qu'au peuple ou à son représentant. En tout cas, ce droit ne peut être exercé qu'avec son consentement, qui enlève aux soldats toute idée de désobéissance, et aux contribuables tout motif de refus de subsides. C'est, d'ailleurs, un des cas où le peuple a une judiciaire suffisante, et où, même, ses pressentiments le trompent rarement... » (VILLIAUMÉ.)

Les lois sanctionnées par le suffrage populaire, après 1789, mettaient les déclarations de guerre au nombre des lois, parce qu'un tel acte exigeait un examen, une discussion préalable dans l'assemblée de la nation ou dans l'opinion libre du pays. Ici, on peut citer avec à propos Tertullien : « Il faut toujours qu'une loi fasse connaître sa raison à ceux de qui elle exige obéissance et sacrifice ! »

Le soldat, lorsqu'il sait que sa cause est juste, combat avec courage et persévérance, comme l'a écrit Nazaire dans son Panégyrique de Constantin (ch. VII) : « Une bonne conscience a tant de force, même à la guerre, que l'on peut regarder la victoire comme un effet de l'honnêteté de celui qui soutient la bonne cause, plutôt que de sa valeur. »

Une fois que la guerre a été précédée des formes légales et reconnues, les hostilités peuvent commencer sans laisser à l'ennemi le temps de se reconnaître. « La guerre déclarée à un gouvernement est réputée l'être, non-seulement à tous les citoyens, mais encore à tous les peuples qui pourraient se joindre à lui ; de sorte que ceux-ci, par cette alliance, se déclareraient en quelque sorte la guerre à eux-mêmes ; c'est un accessoire qui suit le principal. Mais si, quand la guerre principale est terminée, on veut punir le peuple qui a donné du secours à l'ennemi, il faut lui faire une solennelle déclaration de guerre, parce qu'il devient alors partie principale. » (*Esprit de la guerre*, liv. I., ch. IV.)

La légitimité de la guerre résultant donc du *motif*, d'après les principes que nous avons énoncés, il faut que cette légitimité se démontre par ses *préliminaires ;* c'est ce que nous venons d'écrire.

## VII

Toutes cruautés, toutes rigueurs inutiles sont proscrites. Elles déshonorent le meilleur droit et retombent sur leurs auteurs.

Il faut mettre au rang des actes réprouvés par le droit de la guerre les sommations de se rendre, sous peine d'être passé au fil de l'épée, sous peine de voir mettre à mort un gouverneur ou un commandant de place, s'il refuse de se rendre. Tout homme d'honneur méprise ces menaces, et si l'on convient, comme on est obligé de le faire, qu'elles ne peuvent être suivies d'exécution, elles sont vaines et ridicules.

Le carnage doit cesser lorsque l'ennemi met bas les armes, et le vainqueur n'a aucun droit sur la vie du vaincu, à moins que celui-ci ne fût coupable d'un délit grave contre les lois de la guerre.

Il faut respecter les femmes, les enfants, les vieillards. *La guerre ne se fait qu'à l'armée de la nation ou au peuple valide en armes*, ce qui est et sera désormais la même chose.

Une étrange théorie, entre autres théories dont nous aurons à parler, a été émise et brutalement appliquée par l'envahisseur, pendant la guerre de 1870-1871 : on établissait des degrés parmi les combattants. L'armée régulière était traitée selon les lois de la guerre ; les francs-tireurs, considérés comme bandits, étaient impitoyablement tués sans merci, leurs biens incendiés, leurs familles fusillées ou molestées ; les habitants paisibles et innocents de la localité, où les francs-tireurs étaient découverts, devenaient l'objet des atroces représailles de l'envahisseur.

Il faut donc se hâter de réagir contre une manière de voir qui blesse la justice, outrage l'humanité. Elle couvre, tout au plus, les plus odieuses tendances de barbarie qui, pour pouvoir se manifester plus librement, empruntent à la casuistique prussienne ses plus hypocrites subtilités. Comme si, en temps d'invasion, tout le monde n'avait pas le droit de défendre son honneur, sa vie, son sol et ses foyers !

Mais écrivons-le une fois pour toutes, afin que cette vérité n'échappe jamais à l'attention de ceux qui rédigeront le code international de la paix et de la guerre :

Désormais, tout valide est *soldat ;* tout ce qui combat, hommes ou femmes (comme en 1809, au siége de Saragosse, par exemple), s'appelle *combattant,* et tout *combattant à la guerre* veut et doit être traité *selon les lois de la guerre,* c'est à-dire avec tous les ménagements et toutes les considérations d'humanité et de respect, quand le vaincu s'est mis à la discrétion du vainqueur.

## VIII

Il faut respecter, autant qu'il se peut, les monuments de la bienfaisance des arts et des différents cultes. On comprend aussi que parmi les moyens légitimes de pratiquer la guerre, les établissements commerciaux, industriels et les propriétés privées doivent être épargnés ; car, en général, tout le mal qu'on fait à l'ennemi sans nécessité, toute hostilité qui ne tend pas à amener la victoire et la fin de la guerre, sont réprouvés par le droit.

Si Euripide a eu raison en écrivant que « le sang d'un ennemi ne souille point celui qui le tue, » il faut néanmoins combattre avec des armes loyales, dites *courtoises*, ou reconnues telles, et sans stratagèmes odieux, ainsi que les consuls romains le marquèrent à Pyrrhus. Ils lui écrivirent combien il était de l'intérêt de tous les peuples, qu'on ne donnât point d'exemples différents de ceux que Rome pratiquait à l'égard de lui, Pyrrhus.

Enfin, si, en cas d'invasion, un peuple a chez lui le droit d'incendier ses propres villes, ses récoltes ; de détourner le cours des rivières, de couper les ponts, de dessécher les fontaines, il ne peut pas recourir à ces moyens extrêmes en cas d'agression.

Au sujet de l'empoisonnement des eaux, des vivres et des armes, quels que soient les faits nombreux que l'on puisse recueillir dans l'antiquité, quelle que soit l'opinion, de quelques écrivains modernes, qui ont avancé que toute action entreprise pour le service de son pays est légitime par cela même, la règle généralement admise est que les actes de ce genre sont d'indignes lâchetés et plus dangereuses pour ceux qui restent inactifs que pour ceux qui combattent.

La bonne politique repousse de tels moyens, et l'histoire n'en offrira plus d'exemples, au moins chez les peuples civilisés. Quel métier serait-ce que la guerre, s'il ne fallait, pour y acquérir de la gloire, qu'être un habile empoisonneur ou un adroit assassin !

On ne saurait donc s'élever avec trop de réprobation contre la doctrine machiavélique suivant laquelle on pourrait se défaire, par un moyen perfide et honteux, d'un ennemi, sous prétexte que la mort d'un seul chef assassiné ou empoisonné peut ainsi épargner des torrents de sang. Mais, lors même que l'on ne consulterait que le froid calcul d'un égoïsme lâche, on restera convaincu que ces odieuses actions ne peuvent qu'augmenter les horreurs de la guerre sans utilité réelle. On n'hésitera donc pas à affirmer que la perte de mille combattants morts au champ d'honneur est un malheur, comparativement moins grand que celui d'un empoisonnement ou d'un assassinat pour quiconque en serait coupable; aussi l'histoire prouve-t-elle que les grands hommes et les vrais politiques ont toujours repoussé loin d'eux ces indignes forfaits, quel que pût être l'avantage du moment. « Et les hommes assez insensés pour les commettre en furent eux-mêmes victimes, tels que César Borgia, Alexandre VI, père de ce dernier, et, selon de fortes apparences, Machiavel lui-même. » (A. FRITOT, dans l'*Esprit du droit*, 1827.)

## IX

A l'égard des soldats pris sur le champ de bataille, les armes à la main, le droit des gens consacre des principes qu'il est nécessaire de rappeler ici.

Suivant ce que disait Henri IV, le véritable ornement d'un général est le courage et la présence d'esprit dans une bataille et la clémence après la victoire. Le soldat qui s'est rendu doit être épargné, car il rentre dans la classe des hommes sans défense et sa vie devient inviolable.

Les soldats prisonniers de guerre ne peuvent plus être réduits en esclavage. La loi romaine a été remplacée par le christianisme, qui fit faire un grand pas au moyen-âge en établissant la « voie du rachat. » Ce n'était pas généreux, mais ce n'était plus barbare.

Le vaincu demandait *merci* au vainqueur et lui payait une rançon. Les pauvres soldats étaient renvoyés. Les Anglais seuls, pendant la sombre période de la guerre de Cent ans, se distinguèrent par la cruauté de leurs agissements : après la bataille de Crécy, Édouard III fit lâchement assassiner les bandes errantes de l'armée de Philippe de Valois, qui s'étaient ralliées aux étendards de leurs chefs, morts sur le champ de bataille, étendards que le roi d'Angleterre fit planter çà et là pour attirer les malheureux vaincus.

Le fils d'Édouard, le prince Noir, après la bataille de Najara en Castille, où Duguesclin fut fait prisonnier, fit ou laissa exécuter tous les prisonniers faits sur l'armée vaincue de Henri de Transtamare. Enfin, au siége de Limoges, pendant la première guerre de revanche (1371), le même prince Noir fit passer au fil de l'épée tous les vaincus de la patriotique cité : il n'épargna ni les enfants à la mamelle ni les femmes enceintes.

A la bataille d'Azincourt, Henri V, roi d'Angleterre, prétendant au trône de France, fit égorger froidement mille prisonniers français, *tous nobles*.

Les envahisseurs anglais du moyen âge donnèrent ainsi raison, douze cents ans après Tacite, au mot lugubre du célèbre historien romain :

« A la guerre des barbares l'innocent périt avec le coupable. »

Aujourd'hui, on doit absolument respecter les non-combattants, et ne voir dans les guerriers que des citoyens qui ont obéi à la voix de l'honneur et de la patrie; qui ont rempli leur devoir, et qui, de part et d'autre, doivent être respectés, lors même que la fortune a trahi leur courage et abandonné leurs drapeaux.

## X

Pour soutenir un système opposé, on ne méconnaît pas précisément le principe ; mais, d'une vérité, on tire une conséquence fausse. C'est un droit, dit-on, d'ôter la vie à un ennemi dans le combat ; donc il peut la racheter par un sacrifice de sa liberté.

A ce raisonnement, nous répondrons d'abord que le

droit de vie et de mort n'existe réellement que dans le cas de nécessité absolue. Donc, si le vainqueur n'en fait pas usage, il est démontré que le droit n'a pas dû recevoir d'application.

« Il est faux qu'il soit permis de tuer dans la guerre autrement que dans le cas de nécessité ; et dès qu'un homme en a fait un autre esclave, on ne peut pas dire qu'il ait été dans la nécessité de le tuer puisqu'il ne l'a pas fait... Les homicides commis de sang-froid par les soldats, et après la chaleur de l'action, sont rejetés de toutes les nations. » (MONTESQUIEU.)

En second lieu, fût-il vrai que dans tous les cas on eût le droit de tuer un ennemi, il ne s'en suivrait pas encore que, ne l'ayant pas fait, on pût de son consentement même le réduire en servitude. La liberté est inhérente à la nature de l'homme ; c'est un bien inaliénable. « Renoncer à la liberté, c'est renoncer à la qualité d'homme, aux droits de l'humanité, même à ses devoirs ; une telle renonciation est incompatible avec la nature de l'homme. » (J.-J. ROUSSEAU.)

Ces principes établis, nous nous trouvons naturellement amenés à examiner la partie des préceptes ou des règles réciproques d'honneur pendant la guerre.

## CHAPITRE III

L'Honneur dans tous les procédés de guerre. — La foi jurée chez l'officier. — Le traitement des prisonniers. — Les pillages et la doctrine des responsabilités. — Vivre chez l'ennemi. — Proverbe allemand répété par le prince d'Orange. — Les otages. — Les transfuges. — Les espions.

### I

La guerre demande des procédés d'honneur et la rigoureuse observation de la foi jurée. Si, envers un traître, les lois ne permettent pas de condescendre, il faut toujours traiter avec un ennemi, et il n'est pas permis de manquer de parole à un vaincu.

« Le guerrier qui est homme de bien n'a rien tant à cœur que de garder religieusement sa parole à l'ennemi. »

> . . . . . . . *Optimus ille*
> *Militia cui postremum est primumque tueri*
> *Inter bella fidem.*
> Silius Ital. (*Punic.*, lib. XIV, v. 169.)

« C'est la foi publique, dit Quintilien, qui procure à deux ennemis, pendant qu'ils ont encore les armes à la main, le doux repos d'une trêve ; c'est elle qui assure aux nations défaites, aux villes rendues, les droits qu'elles se sont réservés... »

Il demeure aujourd'hui convenu, entre nations civilisées, que lorsqu'on s'est rendu à discrétion, c'est-à-dire avec promesse de ne plus user de moyens de défense pendant le cours de la guerre, cette promesse doit être religieusement observée; l'officier renvoyé sur parole ne peut être obligé d'enfreindre la condition imposée.

En vain prétendrait-on qu'un tel engagement est contraire à ce qu'on doit à sa patrie! Se procurer la liberté, en promettant de s'abstenir d'une chose, qu'il est au pouvoir de l'ennemi d'empêcher, n'est point contraire au devoir de citoyen. La patrie ne perd rien à cela; elle y gagne même quelque chose, puisqu'un prisonnier, tant qu'il n'est pas relâché, est perdu pour elle.

Tout ce qui tend à éviter un plus grand mal, quoique dommageable en soi, est un bien.

Après la guerre, les prisonniers sont restitués de part et d'autre. Pendant le cours des hostilités, l'État, qu'ils ont servi, est tenu de leur échange ou de leur rappel à ses frais, et la puissance qui les détient est dans l'obligation stricte de les restituer. Le consentement des peuples et l'opinion des penseurs sont unanimes sur ce point.

## II

Les actes contre les biens de l'ennemi ont été ainsi légitimés dans la Bible : « Tu pilleras pour toi toutes ses dépouilles, et tu jouiras du butin que Dieu t'aura donné et qui sera fait sur tes ennemis. » (Deutéronome, xx, 14.)

L'antiquité n'a pas eu besoin de préceptes analogues pour agir ainsi que la Bible le commandait aux Hébreux. Le pillage est devenu la conséquence forcée des lois de la guerre, et la destruction inutile de ce que le vainqueur ne pouvait pas emporter a été justifiée par ce mot : « En privant l'ennemi, on l'affaiblit. »

Les actes de représailles ou prétendues rétorsions de droit sont heureusement devenus rares. On a compris que les barbaries et cruautés exercées, sous ce nom, sur des êtres innocents du crime que l'on veut punir, loin de tendre aux fins véritables de la guerre, sont contraires à son but, propres à exaspérer les esprits et à rendre plus fréquents et plus atroces ces mêmes actes de vengeance et de fureur. Le mal ainsi fait à autrui ne détruit pas celui qu'on en a reçu ; il peut seulement attirer sur celui qui le commet des maux plus grands encore.

Appliqués à la confiscation des propriétés particulières, ces systèmes de représailles ou rétorsions de droit ne sont pas mieux fondés ; car l'État est bien responsable des faits de ses sujets, mais ses sujets ne le sont pas des faits du gouvernement, puisque aucun d'eux n'est assez puissant pour empêcher le mal que son gouvernement commet, et cela à son insu.

En matière correctionnelle et criminelle, dans tous les cas de délit ou de quasi-délit, un père est tenu du fait de ses enfants, un maître du fait des personnes qui sont sous sa dépendance, parce que l'un et l'autre exercent une surveillance, une autorité, et que le délit commis les fait, au moins, suspecter de négligence. Mais jamais les enfants ou les serviteurs ne doivent être responsables des délits dont les parents ou les maîtres sont directement coupables. Ce serait le caractère d'une civilisation en voie de recul que cette extension de responsabilité hors de ses limites véritables.

### III

Voler ou piller les populations dont on occupe le sol ; détruire sans nécessité, sans but, sont des procédés indignes de nos temps. Les peuples qui commettent ces excès se décernent pour la postérité un brevet d'infamie.

Le butin régulièrement saisi dans les camps, les villes, les forteresses, et reconnu par les capitulations et les traités, appartient seul à l'ennemi : il comprend le matériel de l'armée vaincue, les armes, l'artillerie, les munitions, les chevaux de la cavalerie et des transports. Les vivres et les provisions appartiennent également à l'ennemi.

Les armes saisies sur le soldat vaincu, ou déposées par celui-ci, sont également le butin régulier du vainqueur ; mais les effets militaires, l'argent personnel du soldat appartiennent à celui-ci. Toute prétention contraire, de la part du vainqueur, serait un excès indigne.

Mais ces règles étant observées, on subsiste sur le territoire ennemi pendant la guerre ou pendant l'occupation : telle est la dure loi acceptée par le droit des gens.

Les peuples qui sont accablés par le fléau de l'invasion ne peuvent pas échapper à ses conséquences, connues sous le nom de réquisitions de guerre ; et, sans remonter aux exemples du passé et du présent, il suffira de rappeler ici le proverbe allemand qu'émettait autrefois le prince d'Orange : *Il est toujours bon d'attacher ses chevaux aux arbres des ennemis !*

Que ceux qui ont éprouvé les effets de ce brutal aphorisme se souviennent !

## IV

Quant au système des otages, il rentre dans cette catégorie d'agressions froides qui constitue une véritable violation du droit des gens ; car, ne pouvant point rendre légalement les otages passibles de l'infraction d'autrui, ou de la guerre soutenue par la nation, la précaution de retenir de pareils prisonniers est inutile et sans objet. On ne peut pas les tuer — à moins de devenir de belligérant, assassin — si l'intimidation qu'on attend du système des otages n'a point réussi ou ne s'est point produite.

Qu'en veut-on faire alors ? Leur vie, leur liberté, leurs biens étant sous la garantie du droit des gens, c'est violer formellement ce droit et toutes les règles de l'honneur, en guerre, que de faire revivre ainsi les plus odieux procédés de l'antiquité, en rendant responsables

les innocents et les faibles du fait du plus grand nombre.

Notre temps a revu ces choses. Il est bon que l'histoire le constate à la charge de ceux-là même qui, ayant si longtemps étudié la guerre, avaient négligé d'en apprendre les lois chevaleresques et les strictes prescriptions d'honneur.

## V

Sur la question de savoir si l'on doit accueillir les transfuges, Grotius et Puffendorf sont divisés d'opinion. Mais, adoptant la solution qui s'accorde avec le sentment des jurisconsultes romains, de Grotius, de Burlamaqui; avec l'opinion et l'usage généralement suivis, nous devons admettre qu'il n'est pas contre le droit d'accueillir les transfuges; leur défection est donc pour chacune des puissances un avantage relatif dont il est dans l'ordre naturel qu'elles profitent respectivement.

La prudence conseille toutefois de ne pas admettre les transfuges en corps trop nombreux, lors même que l'on se croit pleinement assuré de leur foi. La désertion peut n'être qu'un piége tendu à l'inexpérience et à la crédulité. Plus d'un exemple l'atteste.

Il est nécessaire aussi de ne point leur laisser des armes, de leur assigner des lieux de cantonnement éloignés les uns des autres, et éloignés surtout du théâtre de la guerre.

L'honneur, ensuite, commande de ne pas les contraindre à combattre contre leur patrie. Voici, à ce sujet, les paroles que l'illustre archevêque de Cambrai plaçait dans la bouche de Bayard :

« Pour moi, je trouve qu'il n'y a jamais d'excuse pour les hommes qui s'élèvent contre leur patrie. On peut se retirer, céder à l'injustice, attendre des temps moins rigoureux ; mais c'est une impiété que de prendre les armes contre la mère qui nous a fait naître. Si la patrie vous exile, si elle vous rejette, vous pouvez aller chercher un asile ailleurs. C'est lui obéir que de sortir de son sein quand elle nous chasse ; mais il faut encore, loin d'elle, respecter, souhaiter son bien-être, être prêt à y retourner et à mourir pour elle. » (Fénelon.)

Si telles sont les lois du patriotisme et de l'honneur, c'est encore les outrager que provoquer quelqu'un à les enfreindre.

## VI

D'ailleurs, quels sont encore ici les conseils de la raison ? Quelle confiance sérieuse pourrait-on avoir, en définitive, dans la coopération d'hommes ulcérés qui cèdent à l'ardeur d'un premier mouvement, mais chez lesquels les sentiments généreux peuvent reprendre leur empire, et qui sentiront leurs bras défaillir lorsqu'il faudra frapper leurs concitoyens et leurs frères ?

Il est si naturel de n'avoir qu'une confiance incomplète dans l'assistance des transfuges, surtout lorsqu'ils combattent contre leur patrie, qu'on vit toujours les généraux expérimentés dresser leurs plans et disposer l'ordre du combat de manière à rendre l'action de ces auxiliaires obligée, et à se mettre ainsi à couvert de la trahison. Mais on paralyse par là une partie de ses forces; et, souvent, les plus savantes dispositions n'ont pas empêché que l'emploi des transfuges ne devînt préjudiciable à ceux qui y ont eu recours.

Qu'est-ce, en effet, qu'une armée sans union, où nul n'est assuré d'être secondé par celui qui combat à ses côtés, où les généraux et les soldats, pleins de défiance, s'observent avec inquiétude ? Ce qui fait la force d'une armée, c'est la certitude que chacun fera son devoir et que tous les efforts concourront au même but ; mais si le plus vaillant se voit réduit à ne compter que sur son propre courage, si l'action des braves peut être ralentie par la crainte d'être abandonnés dans le danger, quel pronostic plus certain d'un revers !

## VII

Enfin, il faut introduire ici le cas d'espionnage en temps de guerre. Examinons ce que les lois de l'honneur militaire prescrivent à l'égard de cet auxiliaire occulte de l'ennemi.

L'homme qui vient chez nous, qui se glisse dans notre confiance, dans notre hospitalité, et qui tâche de surprendre nos secrets, notre politique, nos projets, est un agent des plus dangereux, et le Code lui réserve son dernier châtiment.

Nous ne parlons pas du concitoyen qui aurait été

soudoyé par l'ennemi. C'est un traître, et la mort est trop douce quand il faut le punir.

Mais on a controversé sur le cas de l'ennemi isolé qui va à la découverte, qui s'engage sur le territoire ou dans les lignes de l'adversaire, pour tâcher de surprendre le secret des mouvements stratégiques ou des moyens de défense.

Ce n'est pas un espion, disent les commentateurs. C'est un téméraire soldat ; au besoin un héros.

Nous le voulons bien ; mais ce héros expiera par la mort sa folle témérité, si c'est de ce nom que les plus indulgents veulent qualifier son rôle. On ne peut pas traiter en prisonnier de guerre l'homme de guerre surpris en flagrant délit d'espionnage.

Martens (liv. VIII, ch. IV) écrit « qu'on ne peut traiter d'espion que celui qui, sous les dehors d'ami ou de neutre, tâche de prendre des renseignements ou de favoriser une correspondance nuisible à l'intérêt de l'armée, de la place, etc., et non pas l'officier ennemi qui paraît dans son uniforme. » — Nous ne sommes pas de l'avis de Martens. Quidam ou soldat, l'espion surpris doit être fusillé.

C'est le rôle des diplomates, de renseigner leur gouvernement sur ce qui se fait et se prépare dans le pays où ils sont accrédités. Ces personnages remplissent une fonction avérée, reconnue, et c'est à leur sagacité qu'il appartient de savoir pénétrer les secrets de la politique qui les entoure. Leur devoir, ensuite, est d'en informer le gouvernement dont ils sont les agents officiels.

Mais soudoyer, entretenir secrètement, parmi les sujets

ou les soldats de l'étranger, quelque créature dont les indications pourront être utiles pendant la paix ou pendant la guerre, c'est un acte que nous considérons comme *immoral*, appelé à provoquer contre ceux qui l'emploient des procédés réciproques et, par conséquent, aussi immoraux et non moins dangereux. Les ministres, dans leur conseil, ou les généraux sur le champ de bataille, doivent absolument se défendre du concours combiné ou inopiné de pareils espions venus de chez l'ennemi. La politique habile prévoit et agit mieux; la science des bons capitaines s'en rapporte, sur le terrain, à d'autres moyens.

Qui dit *espion* dit *trahison*. Ce dernier mot fait tache dans le vocabulaire d'honneur, c'est-à-dire dans la guerre entre peuples civilisés.

## CHAPITRE IV

L'Esprit national. — Le patriotisme dérive de l'esprit national. — Celui-ci provient de l'éducation. — Le patriotisme vrai est exclusif de toutes querelles de partis. — Faits historiques. — Phase nouvelle de l'esprit guerrier dans le monde. — L'avenir est au *silence*. — L'esprit national, ou militaire et patriotique, n'est exclusif d'aucun mouvement libéral et artistique. — Il est la garantie des travaux de la paix et des entreprises du commerce. — Nobles inspirations du génie militaire des peuples. — L'*histoire* et le *devoir* dans l'éducation et l'instruction primaire des défenseurs de la patrie.

### I

Pour comprendre la guerre et pour en retirer les premiers avantages, qui sont la satisfaction des griefs légitimes et la conclusion d'une paix honorable et prompte, il est nécessaire que l'*esprit national* soit parfaitement développé chez le citoyen, que nous ne séparons pas du soldat, car dans notre système, tout le monde est soldat ou doit éventuellement se trouver soldat.

L'esprit national est l'amour de la patrie qu'il faut enseigner, dès le bas âge, par l'étude sommaire de l'histoire et de la géographie politique du sol qui nous a vu naître et qui a porté nos aïeux ou qui recouvre leurs os.

C'est un sentiment généreux naturel à l'homme civilisé et qui porte celui-ci à subordonner son intérêt particulier à l'intérêt général, à repousser tout avantage personnel qui serait préjudiciable au bien de la patrie.

On apprend, — on doit apprendre dès le bas âge, — l'idée du désintéressement et du sacrifice, par les exemples du passé et par les austères prescriptions du devoir présent, comme si l'on se trouvait sous le coup de l'éventuelle et impérieuse exigence d'un lendemain toujours incertain.

L'esprit national se rattache au droit politique et doit être placé au premier rang des principes que ce droit consacre, parce que, sans lui, il n'est point d'union et de force dans un État, et qu'il faut qu'un peuple soit uni et fort pour être respecté des autres peuples.

L'esprit national exclut donc tous systèmes de dissensions intestines, tout esprit de faction, de parti; — fléaux désastreux, qui tendent à affaiblir la société en la divisant contre elle-même !

Quand un peuple est en possession d'un sol indépendant, de tous les avantages intérieurs et extérieurs que ce sol contient ou attire; quand il a son passé de gloire, son présent d'activité, son but de travail, d'expansion économique et intellectuelle; quand il a pour suprêmes biens la liberté politique, l'égalité civile, les droits de la conscience respectés et garantis, quelle autre formule plus pure, plus élevée que la formule du PATRIOTISME prendrait donc place dans l'âme du véritable citoyen pouvant sans cesse se réveiller soldat?

## II

C'est à cette idée de la patrie, placée au-dessus de toutes les étiquettes secondaires de la politique, que le généralissime des Gaules faisait cette suprême et éloquente allusion lorsque, aux Gaulois assemblés, il tenait ce langage :

*La Gaule unie, formant une seule nation, animée d'un même esprit, peut défier l'univers!* (CÆSAR, de Bello gal. lib. VII).

Lorsque le patriotisme raisonné et éclairé, celui qui n'a plus aucun motif sérieux pour lui préférer la lutte intérieure des systèmes ou des partis; lorsque le vrai patriotisme s'affirme comme le voulait Vercingétorix, alors une nation ne périt jamais. Elle peut fléchir, elle ne disparaît pas. Elle se retrouve dans le même esprit national, quelles que soient les adversités ; elle se reconnaît sur le chemin des hautes et viriles aspirations, et, grâce toujours à cet esprit national, il se rencontre un point d'appui, un coin de terre échappé aux cataclysmes les plus effroyables; et, de ce lambeau de territoire, asile d'indépendance, part tôt ou tard, mais infailliblement, le signal de la revanche et de la revendication totale.

Quand, au contraire, l'esprit national est absorbé par l'esprit de parti, que l'action se plie aux arguties, alors le patriotisme s'émousse, la discussion prend la place du fait, la désagrégation se produit et, fatalement, ces paroles célèbres du général Lamarque s'accomplissent pour tous les peuples qui imiteraient la Grèce :

« Lorsque Périclès fit succéder dans Athènes l'amour exclusif et absolu des partis et des harangues à l'amour prévoyant des armes, la peine de mort attendait le citoyen imprudent qui aurait proposé d'appliquer à la guerre les fonds destinés à la politique. Alors Philippe accomplit ce qu'avaient en vain tenté Darius et Xercès, et la bataille de Chéronée punit une nation qui avait des orateurs et n'avait plus de soldats !... »

Le vainqueur macédonien expia à son tour la faute d'avoir cédé aux tentations politiques de la Grèce, et ce fut le vaincu qui divisa le vainqueur : *Capta Græcia cepit captorem*, « la Grèce soumise conquit ses conquérants. »

Et, ajoutait le général Lamarque du haut de la tribune :

« Vainqueurs des Grecs, les Macédoniens furent soumis à un peuple chez qui l'art de la guerre était encore le seul en honneur. Les trésors entassés à Pella ne sauvèrent pas Persée ; le fer à demi brut du soldat romain brisa les armes dorées de la légion Agema et rompit la phalange au bouclier d'argent. »

### III

Vérité historique ! grande leçon pour les peuples trop fiers de leur civilisation, de leur luxe de génie politique.

Chaque siècle, sous un souffle mystérieux et puissant,

soulève sur l'humanité comme une trombe de destruction. Pour l'empire romain, ce furent les barbares ; pour l'Égypte, Mahomet ; pour l'antique civilisation de la Chine, les Tartares ! Et depuis l'ère du Christ, l'histoire nous dit à chaque page, en lettres de sang, ce que peuvent les excès de richesse et d'éloquence contre le fer des peuples aguerris.

De récents et formidables exemples apprennent au monde que l'humanité entre maintenant dans la phase *mathématique*. Tout s'y calcule, tout s'y combine.

L'avenir est au *silence*.

Le gouvernement du monde n'appartiendra désormais qu'à l'action silencieuse, étudiée, *voulue*. Par ce gouvernement du monde, nous n'entendons pas la domination d'un seul, mais bien l'influence éminente que tout peuple fier a le droit et le devoir de rechercher pour compter avec dignité dans le concert des nations.

La gloire résultant du rayonnement intellectuel provient du fait de la *persuasion*. Mais la gloire émanant de la direction des affaires, dans la société des peuples, ne s'acquiert que par *l'action*.

Plus un peuple agit et moins il discute, plus haut il arrive dans les conseils d'influence ; plus sûrement il défie les entreprises téméraires de la force en délire.

Aussi proclamons-le : heureux les peuples *silencieux* qui travaillent dans la paix en songeant toujours à la guerre ! Malheureux les peuples qui *parlent* et qui, au lieu de faire de leur sol un immense camp retranché, n'offrent à la jeunesse qu'un seul point d'ambition, la tribune, ou cette diversion trompeuse : la lutte des opinions, dans les énervants champs clos de la presse, des salons politiques et des clubs !

## IV

Mais la passion des armes, le noble souci de la guerre, sont-ils donc exclusifs des fécondes préoccupations de la paix ?

Non, certes ! Et, dans les développements successifs de notre théorie de l'esprit national, nous cherchons à démontrer que le peuple qui ne s'endort jamais sans le bouclier suspendu à son chevet, n'en accomplit pas moins son évolution intellectuelle et économique, puisque la force qui résulte de sa préparation constante aux lendemains sanglants, lui donne le courage des entreprises utiles et lui en garantit la possession. Ce sentiment de la force ou de l'influence acquise lui procure surtout le respect, et, par conséquent, la confiance et l'empressement calculé des autres peuples.

Le négoce, les colonisations lointaines, les spéculations productives, les travaux des sciences, des arts, des belles-lettres sont, non-seulement compatibles avec l'idée guerrière, mais grâce à celle-ci, qui est une idée permanente de sacrifice, le labeur acquiert quelque chose de désintéressé, qui, véritablement, ajoute alors une certaine grandeur aux tentatives privées de chaque citoyen. On est obligé de produire beaucoup plus pour gagner ce que, sous la seule préoccupation d'une spéculation avide, on gagnait en peu de temps au détriment de la perfection, car l'idée guerrière étant une idée de discipline et de devoir, ces vertus transportées dans nos travaux doublent la production et lui donnent un caractère de probité.

L'idée guerrière, enfin, est surtout une idée d'expansion. Pendant les travaux de la paix, cette expansion nous pousse aux transactions au dehors, assurés que nous sommes d'y trouver l'estime d'autrui et, grâce à cette estime, le travail et les commandes utiles.

Le peuple guerrier, prêt à répéter partout le mot du romain : *Civis romanus sum*, et prêt à soutenir en tous lieux et à toute heure sa fière devise nationale, ce peuple peut embrasser les branches multiples du travail, et il en récoltera le fruit dans l'univers entier, parce que son épée compte surtout dans la balance des transactions. N'oublions jamais cette vérité !

Carthage, industrielle et commerçante, aurait conquis le monde parce qu'elle avait l'esprit militaire, si, pour son malheur, les discordes civiles nées de la *politique* n'eussent frappé à mort les destinées de celle qui eut un Annibal !

Partout où se présentaient les vaisseaux de Carthage, avec les produits du commerce et de l'industrie de la descendante de Tyr, partout les villes et les ports s'ouvraient et les peuples étrangers disaient :

« Commerçons avec Carthage ; le commerce est déjà une alliance avant les traités, et l'épée de Carthage vaut notre confiance et notre respect. » (*Attribué à Strabon.*)

Sully et Colbert estimaient avec raison qu'une nation n'est pas complète, n'est pas grande et puissante, si elle ne réunit au plus haut degré ces trois qualités : militaire, agricole et commerçante. L'industrie et la navigation sont comprises dans ce dernier terme.

## V

L'histoire nous prouve davantage que les bienfaits de la civilisation n'ont pu être procurés et conservés que grâce à la force donnée par la permanence de l'esprit militaire.

« La marche du progrès n'a pas la paix pour règle, et il arrive un moment où le principe interne des sociétés devient insuffisant à leur développement, et où le choc de deux mondes devient une nécessité pour *conserver* la force créatrice de la pensée... Mais les luttes violentes de peuple contre peuple, de race contre race, ne sont jamais stériles et elles sont bienfaisantes dans leurs conséquences dernières... » (JULES GRENIER.)

Certes, l'expédition d'Alexandre, en Asie, devint l'un des plus grands moyens de civilisation de l'antiquité, et la guerre initia les deux parties de l'ancien monde à l'idée d'une unité morale, d'un lien commun qui devaient préparer l'avénement du christianisme, et le règne de cette solidarité supérieure qui n'est autre chose que la civilisation. Les luttes pouvaient continuer ou se renouveler entre les peuples, mais le germe de toute équité était déposé dans le principe de la réconciliation qui planait désormais, grâce au lien commun entrevu et ensuite établi par l'humanité.

C'est au nom de la Grèce, avec le génie expansif de la Grèce, qu'Alexandre donna une si haute portée à ses victoires.

Rome, à son tour, *organisa* ce que son illustre devancière avait découvert et éclairé. L'épée de Rome a *fondé* et son œuvre subsiste encore, car l'empreinte des anciens conquérants est marquée au front des peuples de l'Europe occidentale, comme elle demeure indélébile dans l'ensemble des institutions qui servent de base à notre droit.

L'œuvre de Charlemagne a été également féconde, puisque, entre les races du Nord, animées de l'instinct individualiste, par conséquent libéral, et les races latines, encore asservies par le principe d'autorité, émanant de l'ancienne Rome, le grand empereur fixa définitivement le règne du christianisme, et par conséquent, les assises de la société moderne.

## VI

Et, en empruntant l'éloquente argumentation du publiciste que nous venons de citer, on peut dire, après ce qui précède, qu'il est dans la nature de l'esprit européen de ne pas pousser aux conséquences pratiques de ces données internes. On le vit au seizième siècle : après avoir secoué le joug spirituel de Rome, l'Allemagne, par exemple, resta sous celui des servitudes créées par le Moyen-âge, ou forgées dans le cours des temps par les docteurs en droit romain.

Après Charlemagne, il était réservé à une nation dont la mission universelle ne s'était pas encore manifestée, d'en finir avec les formes gothiques du moyen-âge et de dégager les résultantes posées par les siècles antérieurs. Réunissant l'élan et le spiritualisme des Gaulois au génie organisateur des Germains ainsi qu'à la fierté des Francs, la nation française avait sauvé, avec son épée, de ses luttes prolongées du seizième siècle, le principe de la liberté intellectuelle.

Gardée par là de la fin morale de l'Italie et de l'Espagne, elle offrit au monde le spectacle étonnant et nouveau d'une société, procédant à sa régénération, en vertu de ses seules forces intérieures, animées et entretenues fécondes par le génie guerrier.

Jusqu'alors, les sociétés avaient péri plutôt que de se transformer. La France inaugura une ère nouvelle, en démontrant que le monde moderne possède en lui-même ses sources de renouvellement.

Cet enseignement, le premier et le plus important qui ressorte de la révolution française, n'empêcha point celle-ci, grâce aux attaques de l'étranger, de déborder au dehors. Dans une guerre de vingt ans, l'Europe entière fut bouleversée, mais elle était, désormais, initiée à la vie nouvelle des peuples libres; et Napoléon, cette prestigieuse épée de la Révolution, vint s'ajouter aux noms symboliques et civilisateurs d'Alexandre, de César et de Charlemagne...

## VII

Cette manière de voir, d'après la philosophie de l'histoire, confirme donc, avec une ample autorité, la théorie du génie fécondateur de l'esprit militaire.

La morale, la liberté, l'initiation aux œuvres du génie, l'expansion individuelle intellectuelle, l'essor du travail et du commerce, puis la vulgarisation et la garantie de tout cela, dérivent de la guerre entendue comme nous l'avons dit, entendue comme un agent de la conquête sur la barbarie et comme une sanction du droit sur les prétentions iniques.

Née de l'enthousiasme et du principe le plus noble et le plus pur de l'abnégation humaine, puisque la moindre conséquence de la passion militaire est le sacrifice de la vie, la guerre, loin d'arrêter l'élan des inspirations sublimes de la pensée et des beaux-arts, les a en quelque sorte évoqués exclusivement.

Qui a inspiré les chants de Tyrtée, les accents divins de l'Iliade, les odes sublimes de l'Attique ou du Latium ?

Qui a inspiré Thucydide et fait l'éloquence d'Aristide ? Qui a donné sa grande plume, ce stylet de l'histoire, à Tacite ; provoqué le souffle des tribuns chrétiens prêchant la croisade, ou le génie de l'immortel auteur du *Cid*, ou les pages magistrales de l'oraison funèbre de Condé, ou cet hymne colossal de 92, qui fit bondir les peuples, et dont les refrains ne devraient retentir jamais qu'au seuil des frontières?

Qui a fait, qui a inspiré tout cela? Qui l'a perpétué comme une tradition de gloire de l'humanité tout entière? — C'est la guerre!

Les âmes guerrières ont des conceptions grandes et fortes : leurs pensées se traduisent, comme en Égypte et en Assyrie, par ces merveilles imposantes de l'architecture de granit, ces temples, ces palais, ces pyramides, qui ne s'élèvent de terre que pour exprimer les idées altières de la fierté nationale.

A Athènes et à Rome, le génie des conquérants suscite le génie de l'admiration, et ce sont d'autres merveilles : la Grèce, victorieuse, traduit en sculptures inimitables la figure de ses héros, ou les poses harmonieuses des théories allégoriques ; Rome militante, érige son Capitole, « la tête des temples souverains, » divinise l'airain pour ses colonnes rostrales et le marbre pour ses arcs de triomphe. Le cycle héroïque chrétien bâtit ces massives églises romanes pour le baptême des Sicambres, ces hautes et sveltes cathédrales gothiques pour le *Te Deum* de ses victoires; et la peinture, ce traducteur idéal de l'expression, puisque la sculpture n'est que le traducteur de la forme ; la peinture, fille des Cimabué et des Giotto, fait éclater sur le visage humain les dramatiques combats, le jeu des passions, l'inquiétude ou la témérité des faces et des idées martiales !

## VIII

L'orgueil légitime et noble de l'hérédité par ses œuvres ; le désir grandiose d'effacer le temps et de créer un témoignage éternel d'une grandeur, destinée à être incessamment battue en brèche ou à être effacée par l'oubli, ont inspiré à l'homme, avec le sentiment du beau, inhérent à notre nature admirative, l'idée de perpétuer, avec des matériaux indestructibles ou durables, le souvenir de nos actions éclatantes ou de nos sentiments élevés. (E. Montégut.)

La guerre a inspiré cela. Ce sont des héros ou des fastes guerriers qui provoquent les fêtes triomphales avec des danses, des chants et des couronnes. Des fêtes aux temples, des danses aux figures, des images à l'harmonie des sons, il n'y a qu'une suite naturelle, un développement logique dont le mérite de l'initiative appartient au génie militaire des peuples qui ont laissé, de leur prépondérance et de leur passage dans l'humanité, ce sillon brillant qui est comme leur continuation idéale, dans le monde qu'ils étonnèrent, et dans la civilisation qu'ils ont contribué à fonder.

L'esprit militaire est donc compatible avec tous les arts qui nous exaltent pendant la lutte, qui nous charment et nous enorgueillissent pendant la paix ; enfin avec le commerce et le travail. Les arts, dès-lors, sont la conséquence de l'activité des imaginations, ils sont aussi le besoin des peuples entretenus sans cesse dans l'idée des sacrifices; ils sont, en d'autres termes, la récompense des efforts tentés par la guerre ; car celle-ci, ouvrant les débouchés et imposant la confiance, demande au génie et au labeur humain les moyens d'exister et d'exister avec éclat.

Cet esprit militaire, *initiateur* et *fécondateur*, devient, également, *conservateur*, puisque, grâce à lui, par des institutions créées et des relations économiques établies; par des traités conclus qui lient les peuples et leurs descendances; par les monuments, les lettres et les arts (qui fondent la tradition), tout se transmet et se perpétue; et les générations successives sentent intérieurement la voix du devoir qui les force à obéir aux prescriptions, aux stipulations des aînés, et à continuer le culte des belles choses et à conserver les biens acquis et les grands souvenirs.

## IX

En parlant donc aussi longuement de l'esprit national, qui crée l'esprit militaire, nous avons indiqué à un peuple les seules et viriles aspirations que son intérêt et son honneur lui commandent d'entretenir dans son âme.

Le patriotisme n'est un sentiment grand et élevé que s'il inspire l'abnégation de soi, la passion de son foyer, de son pays natal, de son drapeau.

Il n'y a pas de patriotisme possible sans sacrifices ; il faut *vouloir* ces sacrifices et s'y tenir prêt à tout appel des éventualités.

Ce patriotisme, qui commence à l'amour de son sol qui se continue par la recherche de tous les moyens d'activité individuelle ou collective propre à grandir — sans préoccupations de conventions politiques — et qui finit à la volonté de mourir, s'il le faut, pour cette même cause ; le patriotisme, ainsi entendu, n'est, comme nous l'avons déjà si souvent répété dans ce chapitre, que l'*esprit national*, et nous ne craignons pas de proclamer ici que le peuple le plus profondément animé de ce sentiment est toujours le peuple le plus noble et, partant, il est le plus sûr d'une incontestable influence dans le monde.

L'esprit national c'est, à la fois, la fibre patriotique et la discipline civique d'un État. Par lui, comme aux combats des Gaulois contre les légions romaines, les habitants d'une même contrée abdiquent, quand il le faut, leurs opinions ou leurs rancunes. Ils se font soldats silencieux et résolus, prêts à mourir, s'ils ne peuvent vaincre ; par lui, selon l'expression de Jules César, les épouses « aux bras blancs et aux gorges nues » brandissent du haut des murailles le glaive qu'elles jetteront à leurs époux si le fer des combattants est brisé dans la lutte ; par lui, les jeunes mères, que la guerre rend veuves, élèvent au-dessus de la plaine fumante et ensanglantée leurs nourrissons auxquels elles n'apprennent que ces seuls mots : « Guerre et haine à l'étranger ! »

Telle est la forte nourriture des âmes dans toute atmosphère guerrière, et le patriotisme né de là est un patriotisme terrible à qui l'affronte !

## X

Le patriotisme, pour l'ensemble d'un même peuple, c'est l'esprit militaire, disons-le encore, répétons-le toujours.

Hors de cet esprit national militaire facile à toutes les âmes, il n'y a point d'émulation, point de grandeur, point d'ardeur pour les travaux, point d'indépendance, point de fières jouissances du bien acquis, point de durée !

Il faut donc y préparer les générations.

L'éducation nationale d'un peuple doit commencer au berceau ou dès les premiers jeux de l'enfance, par la culture de ce sentiment viril et noble que notre instruction éclairera et développera plus tard.

Les mots de patrie, d'honneur, de sacrifice doivent être familiers aux oreilles et aux cœurs de toutes les générations qui arrivent, comme leur sont familiers les doux noms de mère et de foyer !

Les études, larges comme programme, rigoureuses comme application, doivent avoir pour but principal l'histoire, qui devrait être la base de l'enseignement primaire, et non un hors-d'œuvre superficiel, parce que l'histoire est la connaissance des traditions et des aspirations, à tous les points de vue, de la race dont elle redit les annales.

Ensuite, un manuel simple et pathétique du devoir nous apprendrait dans la guerre la sainteté du dévouement sans peur, sans phrases, sans limites, et la nécessité et la sainteté, dans la paix, du travail, qui est à lui seul, quand un naufragé de la vie lui demande asile, tout un État civil, tout une réhabilitation!

Dès lors, serait assurée la préparation de l'âme et du corps à la discipline de la vie et à l'éventualité de tous les sacrifices. L'histoire nous dit notre noblesse, le devoir nous fait un caractère, et pour défendre cette double qualité de notre être, nous nous sentirons, si nous sommes préparés comme nous l'avons dit, suffisamment forts à l'heure de l'action.

## XI

Tous, sans exception, ont le droit de participer aux bienfaits de cette éducation nationale : elle est à la portée de tous, si le père et la mère épèlent à leurs rejetons les mots si simples et si grands d'honneur et de patrie; elle est à la portée de tous, riches et pauvres, brillants ou obscurs, étudiants, laboureurs et ouvriers, si nous voulons demander à l'instruction primaire, qui ne se refuse à personne, les éléments d'une éducation qui doit avoir pour base l'histoire et l'enseignement du devoir.

Alors une nation pourra se dire qu'elle a des hommes prêts pour les luttes pacifiques de l'industrie, du commerce et de la colonisation pendant la paix, et non pour les énervantes sinécures de la bureaucratie, ce parasitisme de la vie civile, qui produit trop souvent les énervements, la médiocrité, la servilité. Elle pourra se dire surtout qu'elle a des hommes pour les grands devoirs de la guerre à toute heure solennelle du combat.

Et maintenant que nous avons parlé de l'esprit militaire, dans son application à la vie générale d'un peuple, parlons du patriotisme et du devoir dans leur application spéciale à l'armée.

## CHAPITRE V

La Discipline de l'armée. — La France militaire. — Obligations sévères imposées au soldat. — Le respect, l'obéissance.— Les travaux compatibles avec sa mission patriotique. — Les traditions du sang et de la famille.— Les hommes d'État et les chefs d'armée. — La valeur. — L'héroïsme. — La peur. — La panique. — L'enthousiasme. — Exemples célèbres. — Fin de la première partie du *Livre de guerre*.

### I

Un peuple ne peut pas être tout entier sous les armes. Il délègue à la plus généreuse, à la plus vigoureuse partie de ses enfants, aux générations jeunes et adultes l'honneur de le représenter sous les drapeaux et dans les camps.

Cette élite s'appelle l'armée.

Tout le monde est soldat dans une nation virilement constituée. La loi est désormais ainsi faite pour la France. Quand l'honneur national nous pousse aux frontières ou nous appelle à la défense des foyers, chacun, pourvu qu'il ait un cœur et qu'il soit valide, doit être debout. Quand les suprêmes périls ne s'imposent pas à un pays, l'armée permanente suffit; mais il faut une armée permanente, nombreuse, forte, instruite et disciplinée.

Nous avons parlé de la discipline civique, qui apprend

à toutes les classes de la société à considérer les devoirs guerriers comme la raison dernière de l'indépendance et de la grandeur nationale ; nous allons parler de la discipline militaire, qui apprend au soldat à représenter et à servir dignement la patrie.

« Malheur aux nations qui ont une armée indigne de les défendre ! Honte aux peuples qui n'ont pas été dignes d'être servis par une noble armée, ou qui n'ont pas su l'honorer ! » ( Comte de C....)

Certes, la France n'a point connu l'ombre de cette malédiction. Elle a atteint dans l'histoire le plus merveilleux point de splendeur où puisse arriver un peuple, et son armée, dont elle n'a pas cessé un seul jour d'honorer l'épée, n'est jamais restée en arrière, bien que nos récentes catastrophes semblent contredire une telle opinion.

Nous ne craignons pas de le répéter à l'Europe, si attentive en ce moment à ce qui se fait et à ce qui s'écrit chez nous : si brillante que fût l'auréole dont la civilisation et le génie ont entouré le front de celle que, au sixième siècle, Grégoire le Grand appelait « la première nation, » la gloire militaire de la France a pu fléchir devant les surprises de la politique et devant les conceptions passives du calcul et du nombre ; mais son honneur, qui a grandi dans les revers, n'a pâli devant aucune autre de nos traditions brillantes, et, si haut qu'ait été sa tête, la France a toujours vu son drapeau flotter au-dessus d'elle.

## II

Mais rien ne vit que par l'unité; toute famille n'est forte que par l'union. L'unité, elle-même, a besoin d'être soutenue par des principes inflexibles et vivifiants.

La grande famille militaire est soumise aux mêmes lois : elle n'est forte, elle n'est unie que lorsqu'elle respecte absolument les grandes lois morales qu'on ne viole jamais en vain.

On décerne aux soldats tous les honneurs; et c'est avec justice que les armées représentent devant les contemporains et devant la postérité la gloire qu'une nation a acquise par la volonté et par les sacrifices de tous; mais, en échange de ce privilége sublime, la patrie demande au soldat comme une abdication de son individualisme politique, presque une abdication de l'humanité ; et, certes, la discipline qui demande à l'homme ce maximum de sacrifices, « doit s'imposer à lui avec une hauteur, une profusion de commandement toute particulière. » (Dupont-White.)

Aussi, le premier caractère qui doit éclater sur le front du soldat, c'est le respect : le respect du devoir, le respect de la hiérarchie, le respect de soi-même.

Ce sentiment noble et fortifiant a fondé les grands empires et produit les grandes victoires. Les soldats de Marius, recrutés dans tous les ordres de la société romaine, depuis la démocratisation des armées de la république par l'immortel vainqueur des Teutons et des Cimbres, les soldats de Marius étaient, selon l'expression énergique, « pétris du respect de leur inexorable discipline. »

Le respect, comme le disait Lacordaire dans un de ses plus beaux discours, est « cet aveu volontaire d'une dignité qui nous commande sans avoir besoin de nous donner aucun ordre. » C'est, à la fois, un mélange d'estime, de vénération et de soumission envers une supériorité morale devant laquelle on s'incline spontanément.

Sans respect, la volonté ne se soumet qu'à l'aide de la violence ; sans respect, les nations et les armées oscillent sans cesse entre la révolte et la tyrannie.

Le soldat doit être le respect vivant de la patrie, si quelque part on cherchait à l'insulter; le respect vivant de la loi, si on voulait la détruire; le respect de la hiérarchie, si, au nom des fausses théories de liberté et d'égalité en délire, on voulait la renverser. Il doit être le respect vivant de l'obéissance, quand on veut substituer à celle-ci la révolte; le respect vivant de la discipline, quand on veut faire prédominer l'anarchie; il doit être, enfin, le respect vivant du devoir quand, avec une science insuffisante des *droits*, on veut attenter à l'inflexibilité des *devoirs* patriotiques et sociaux.

Sous les armes, pendant sa vie militaire, l'existence du soldat, « si elle n'était pas avant tout la permanence du dévouement, devrait se définir un *acte de respect.* » (Comte de C...)

Le véritable soldat, qu'il soit général ou conscrit, respecte tout ce qui ne mérite pas le mépris. Il respecte les moindres devoirs comme les plus grands, les avis comme les ordres, le chef qui passe comme le chef qui commande, l'habit qu'il porte et l'arme qu'on lui confie, son camarade d'hier et son ami d'enfance : il se respecte lui-même. Ce noble sentiment ne peut pas, ne doit jamais l'abandonner une seule minute. Nous le répétons, se respecter soi-même, c'est se rendre digne de toute dignité. « Dieu lui-même a traité l'homme avec respect, » dit le *Livre de la sagesse* (ch. xii, v. 18.)

Donc, respectueux envers toutes les grandes lois de la vie, le soldat ne peut braver qu'une chose : c'est le danger; il ne doit connaître qu'un seul mépris : le mépris de la mort.

## III

Les nobles et indispensables qualités que nous venons d'énumérer entraînent sans effort, pour le soldat, toutes les autres vertus militaires : l'obéissance passive, l'abdication de tout esprit de discussion, la rigidité, la dignité de la vie, l'énergie morale, le calme et le sang-froid, l'énergie physique, celle que la discipline développe et décuple. Un feu sacré entretient tout cela, et le domine : l'honneur.

Sans doute, pour faire une telle armée, pour produire de semblables soldats, qui deviennent alors le rempart de la dignité nationale, quand, dans la vie civile, il y a parfois défaillance des caractères; pour arriver à perfectionner ainsi l'élément militaire d'un peuple, il faut que les exemples et les enseignements partent de loin et de haut.

De loin, en venant du sang et de la famille qui devrait, celle-ci, toujours répéter à son fils, destiné à devenir soldat, ces mots du père du maréchal de Gassion, alors que son enfant n'était encore qu'un aspirant guerrier : « Souvenez-vous, mon fils, de ce que je vous ai tant de fois répété sur la grandeur et la délicatesse du métier des armes. Sachez que *vous m'aurez pour le plus grand des ennemis si vous manquez de cœur!* »

De haut, en voyant les hommes d'État appelés à nous gouverner, les législateurs, les premiers chefs militaires, se préoccuper de la patrie, avant toute question de parti ou d'ambition personnelle, et de la bonne et intelligente organisation de l'armée, de son instruction, de son entretien plein de sollicitude...

Le génie d'un chef vaut mieux, certainement, que la sollicitude ou les systèmes des plus habiles rhéteurs réunis. Avec une grande âme à sa tête, une armée ne reste jamais en arrière, et l'influence d'un seul homme a suffi, le plus souvent, pour créer l'esprit militant d'un même peuple ou d'une même race pour la durée de plusieurs siècles.

Mais il faut compter avec le minimum des bienfaits de la Providence et ne pas toujours attendre la venue des génies, organisateurs de troupes invincibles ou de victoires éclatantes. Il faut supposer, sans cesse, que nous vivrons avec une moyenne honorable de capacités suffisantes, mais non dominantes, et l'esprit de l'armée devra emprunter aux chefs existants tout ce que le patriotisme de ces derniers peut largement fournir. Si un génie a manqué à la France, à l'heure terrible de l'invasion, il lui est resté un état-major et des cadres d'où sortiront les meilleurs généraux du lendemain, et l'armée a raison d'avoir confiance en des chefs qui ont prodigué leur héroïsme et qui, désormais, prodigueront leur savoir; car l'étude, l'impitoyable étude, est devenue la loi de tous nos vaillants officiers, entre les mains desquels est toujours bien placée l'épée de la France.

## IV

Les qualités militaires dont nous avons parlé se maintiennent vivaces et puissantes tant que le soldat est sous les armes.

Nous appelons la vie sous les armes : l'exercice constant, l'instruction théorique et pratique, les travaux ayant un caractère exclusivement militaire ; car il est impolitique et contraire aux véritables lois économiques d'employer les troupes aux travaux *civils*, comme l'ont voulu, vers 1840, quelques publicistes célèbres, J.-B. Say, E. de Girardin, etc.

Lorsqu'on vante la discipline romaine qui faisait construire les routes stratégiques de l'ancien monde et les monuments dont les ruines nous émerveillent encore, on oublie que ces travaux étaient dus à la *réquisition* des populations placées sous la domination des légions de garnison ou de passage.

Les légions, devenues permanentes sous Auguste, élevaient les retranchements de leurs camps fortifiés, construisaient des tours de défense et traçaient quelques voies stratégiques destinées à accélérer une marche urgente. Tous les autres travaux (consulter César, Végèce) étaient regardés comme nuisibles à l'esprit militaire, et, en fait, ils étaient onéreux à l'État.

Les œuvres qui avaient un but de défense, de subsistance ou de conservation de la conquête, viennent des légionnaires. Le canal de Marius, dans la vallée inférieure du Rhône, procède de ce principe et non du désir exclusif d'*occuper* les troupes pendant la paix.

« Après César, quand des tentatives de ce genre furent faites, les soldats se plaignaient qu'on leur donnât la nature à combattre et non des hommes. Sous Tibère, cette répugnance devint révolte, et lorsque Probus songea à employer les légions à des travaux de défrichement, elles se révoltèrent et le tuèrent. » (Général OUDINOT.)

Au moyen âge, les préventions contre l'emploi des gens de guerre au travail manuel étaient si grandes, que même, lorsqu'une opération militaire exigeait des travaux, on les faisait exécuter par des paysans ou des ouvriers pris dans les villes, mais toujours choisis dans la classe alors appelée *corvéable*.

Cet état de choses existait encore au commencement du règne de Henri IV. C'étaient des paysans, rassemblés par *corvée*, qui ouvraient la tranchée lorsqu'on assiégeait une ville. Au siége d'Amiens, en 1597, Henri IV employa, pour la première fois, des fantassins à cette opération. Il ne pouvait échapper à la haute intelligence de ce grand capitaine que les travaux de tranchée, s'exécutant sous le feu de l'ennemi, devaient être du domaine des gens de guerre. L'honneur leur fait un devoir de se réserver exclusivement tous les postes périlleux; aussi l'exemple donné par Henri IV est-il invariablement suivi.

## V

L'emploi des troupes à des travaux exclusivement militaires offre des avantages à l'abri de toute controverse. Si ces travaux sont généralement coûteux, ils peuvent, dans certaines circonstances, être urgents et indispensables. Ces travaux sont d'une nature tellement variable qu'ils se refusent à des règles absolues et nécessitent des règlements spéciaux. Mais il est nécessaire d'en déterminer à l'avance les bases principales, et, à ce sujet, quelques considérations générales, quelques principes fondamentaux doivent trouver place ici.

1° Il faut écarter comme destructif de l'esprit militaire le principe de l'emploi fortuit des troupes aux travaux salariés. Quand, selon la bonne expression du général Foy, le soldat est la seule créature qui ne mette pas de prix à son sang, il ne faut pas qu'il devienne mercenaire pour les œuvres mercantiles;

2° Admettre l'utilité des travaux de terrassement comme *complément de l'éducation militaire*, et y exercer le soldat toutes les fois que cette instruction n'entraîne pas de dépenses trop considérables. Ces travaux ne doivent pas donner lieu à rétribution;

3° Comprendre au nombre des devoirs militaires les travaux relatifs aux opérations d'une armée en campagne. Cette série de travaux emprunte aux exigences nouvelles de l'art de la guerre une urgence, une gravité exceptionnelles. Il faut savoir construire ou couper un pont, tracer et fortifier un camp, occuper, utiliser ou détruire les voies ferrées ; occuper utiliser ou détruire les lignes télégraphiques ; utiliser tous les moyens mécaniques, toutes les ressources naturelles qui peuvent procurer un avantage immédiat, conjurer un désastre ou les calamités d'une déroute ;

5° Ordonner que les travaux, tant à l'intérieur que sur les frontières, aient toujours lieu avec l'appareil et dans les conditions militaires ;

6° Prescrire que les officiers du génie dirigent habituellement les travaux ; mais exiger que, dans certaines circonstances, la direction, aussi bien que la surveillance spéciale, soient confiées aux officiers des corps ; il faut veiller, enfin, à ce que, dans tous les cas, ces officiers et sous-officiers conservent sur les travailleurs leurs droits au commandement.

Ces principes se concilient avec des droits, des intérêts et des exigences multiples conformes à cette idée, que le plus sûr moyen d'éviter les revers et d'assurer le succès pendant la guerre, c'est d'exercer en temps de paix le soldat à des travaux directement compatibles avec ses devoirs stricts.

Les facultés de l'armée ont une limite précise et ses obligations sont formelles. Le but de son institution est surtout d'assurer l'indépendance et la sécurité du pays ; son devoir le plus impérieux est donc de maintenir toujours au plus haut degré l'instruction militaire et la discipline, qui constituent sa force morale et sa véritable puissance.

## VI

L'armée, formée par les qualités morales, par l'école du respect, du devoir, de l'éducation militaire et par les rudes labeurs de son instruction spéciale, n'a plus ensuite qu'à se préoccuper de maintenir intacte ses magnifiques traditions de valeur et d'héroïsme.

« Donnez-moi des esclaves, disait Marius, et je vous rendrai des hommes libres et des héros ! »

Et le grand capitaine, façonnant ses soldats à la trempe de son rude caractère, fit de ses légions les vainqueurs de tout un continent en migration : la race entière des Teutons et des Cimbres.

« Celui qui aura peur aura le droit de se retirer ! » disait encore Marius à ses soldats postés sur le passage des Barbares. Et comme ces derniers, avec leur accoutrement farouche de peaux de bœufs et de jambières d'écorce, avec leurs larges framées à deux tranchants ou leurs piques terminées par un silex quadrangulaire, mettaient, tant leur nombre était immense, six jours entiers à défiler devant son camp, Marius, pour habituer les légions à la vue de cet ouragan humain, qui n'aurait eu qu'à resserrer ses rangs épais pour étouffer les défenseurs de Rome, Marius fit demeurer immobiles et inébranlables les soldats qu'il commandait, et ce ne fut que lorsque l'arrière-garde des Barbares eut passé devant lui qu'il commanda l'attaque par derrière, et qu'il arrêta dans les défilés des Alpes-Maritimes ce déluge de peuples qui pouvait submerger la civilisation antique.

La peur, la panique étaient des crimes aux yeux des héros de la Grèce et de Rome. « Nous n'avons pas peur! » disait, avec son cri de guerre, Léonidas, lorsqu'il allait attendre et hacher au passage des Thermopyles l'armée innombrable des Perses; et Léonidas n'avait que trois cents combattants qui tous furent des héros, et leur victoire sauva la patrie et la liberté. Cette mémorable légende des trois cents Spartiates a traversé les siècles comme le plus grand brevet de gloire des guerriers patriotes : « Passant, va dire à Lacédémone que nous avons vaincu les Perses et que nous sommes tous morts pour la patrie! »

Lorsque les recrues romaines avaient le malheur de se couper le pouce pour ne point servir, on faisait suivre le nom de ces lâches de l'épithète de poltron, la plus outrageante à Rome. En outre de cette solennelle déclaration d'indignité, le *poltron* était puni de mort.

## VII

La peur, c'est la défaillance, et, par suite, une dégradation de l'âme humaine. Que peut-il arriver de pire, dans l'ordre physique, à un homme, que la mort? Tout homme qui veut, qui sait mourir, qui a fait d'avance le sacrifice de sa vie, est un homme d'une valeur immense... Et quand un ennemi peut supposer qu'il a en face de lui deux ou trois cent mille hommes qui *veulent* vaincre ou mourir, cet ennemi est à moitié vaincu. On ne résiste pas à l'influence de pareilles résolutions.

Le soldat enrôlé sous les drapeaux doit d'avance faire ce noble sacrifice, se dire que la mort est plus douce que la défaite; il doit se préparer à cette idée, s'y fortifier; il sera invincible, et alors la mort sera plus meurtrière chez ses ennemis que dans ses propres rangs.

On ne doit craindre que d'avoir peur, parce que l'on va droit au déshonneur. Le déshonneur, une minute, est plus terrible pour le soldat que cent fois la mort. La mort des braves, la mort au champ de gloire, la mort au poste du devoir ou du danger, c'est le brevet de noblesse du soldat, et cette noblesse est la plus pure, la plus haute de toutes : elle ne demande, pour être acquise, que des caractères trempés de fermeté.


## VIII


L'enthousiasme et la passion de la guerre font les soldats conquérants du monde, ou les défenseurs inébranlables de leur patrie.

César transportait ses armées du fond de l'Italie jusqu'aux gorges de l'Argonne, sur les lagunes de Zélande, dans les solitudes de l'Armorique ou sur les plages brumeuses de la Grande-Bretagne.

L'ardeur et l'entrain de ses légions venaient du grand enthousiasme que le célèbre héros suscitait dans le cœur de ses compagnons d'armes. La succession des victoires, malgré quelques revers momentanés en Gaule, contribuait puissamment, sans doute, à cet élan pour les fatigues et pour le combat.

Général et soldats oubliaient les dangers de la marche, les obstacles du chemin. Malade, César se faisait porter au front des troupes, et il voyageait jour et nuit, souvent à pied, la tête nue. Au moyen de relais, il parcourait une lieue à l'heure, cent milles par jour, ou cent-cinquante kilomètres en vingt-quatre heures. Il devançait ainsi ses légions ; il reconnaissait d'avance la position des ennemis, désignait la place de ses propres positions et livrait bataille à coup sûr.

Il faut plus que le génie de la guerre (le privilége de quelques-uns, par périodes de siècles) pour soutenir d'aussi rudes assauts avec la nature, qui devient en pareil cas notre ennemie. Il faut, surtout, l'amour passionné de son drapeau. Cette passion est l'apanage de tous les soldats qui veulent considérer la guerre comme le plus sublime instrument offert à la cause du droit militant.

Mahomet, le dictateur de l'Orient, fit des soldats avec de l'enthousiasme. Il érigea la guerre en dogme religieux, afin de dominer davantage l'apathie des orientaux.

« L'épée est la clef du paradis, disait-il à ses hordes ; une goutte de sang répandue dans la guerre vaut mieux que les jeûnes et la prière ; le brave, mort sur le champ de bataille, est tout pardonné et il va droit au ciel. »

Et avec de telles paroles, il fit tant sur l'esprit des troupes qui accouraient à son appel, que, à la bataille de Muta, 630 ans après J.-C., en réalisa, des prodiges de valeur qui tiennent du rêve. L'armée impériale d'Héraclius était résolue à couper court aux tentatives du nouveau conquérant qui semblait émerger de la nuit des nécropoles syriennes et du lointain des empires détruits.

« Que mon étendard demeure debout, criait Mahomet, et l'hégire sera faite ! » Alors Giafar, porte-enseigne du prophète, se mit au milieu de la mêlée, et les troupes d'Arabie tinrent bon contre les savantes manœuvres du descendant des Césars. Giafar a la main droite coupée, il saisit le drapeau de la main gauche, elle est coupée à son tour. Alors, serrant sur sa poitrine la hampe sacrée avec ses moignons sanglants, il tint debout encore l'étendard de Mahomet. Mais il fut tué. Khaled, un de ses lieutenants, s'élance, empêche que le drapeau ne tombe ; il a neuf glaives brisés dans sa main, quatorze entailles terribles, mais la victoire se décide : Mahomet est vainqueur ! La Mecque ouvrit ses portes, le temple de la Kaaba vit ses trois cent soixante idoles renversées, son sanctuaire devenir le phare religieux de l'islamisme et, un an après, (année des Ambassades, 631 de J.-C., la 8ᵉ de l'Hégire) l'empereur d'Orient, Héraclius, au nom de l'Europe ; les soudans d'Égypte et de l'Yémen, au nom de l'Afrique et de l'Asie, reconnaissaient Mahomet comme « chef de peuples » et sollicitaient son alliance ou sa protection !

Tout cela était dû à l'enthousiasme des premiers soldats de Mahomet, à l'héroïsme des combattants de Muta, à l'incident tragique et glorieux de l'étendard. Et cet enthousiasme fut tel que, moins de quatre vingts ans après la mort de Mahomet, ses califes avaient promené leurs drapeaux des bords de l'Euphrate aux montagnes cantabriques. La Palestine, la Syrie, l'Égypte, la Perse, l'Arménie, avaient été envahies, Constantinople assiégée deux fois, le nord de l'Afrique conquis, l'Espagne entière mise sous le joug et le midi de la France elle-même ravagé plusieurs fois en moins de six ans.

La chrétienté entière eût été abîmée, et l'Europe, le monde, fussent devenus musulmans si les héros francs de Charles Martel n'eussent opposé héroïsme à audace, enthousiasme national à enthousiasme de conquête, dans le champ de Poitiers, où la marche ascendante de l'islam s'arrêta pour toujours, dans une défaite qui fut le tombeau des Maures et l'immortel honneur de la France militaire du huitième siècle (octobre 732).

## IX

L'enthousiasme du soldat est provoqué par l'enthousiasme national, par l'ardeur et l'intrépidité des chefs, par les encouragements de la patrie.

Végèce (*Rei militari instituta*) dit que si le souffle de la nation gonfle la poitrine de ses héros, ceux-ci ne connaissent plus de limites à leur ardeur.

P. Mathieu, l'un des contemporains de Henri IV, écrivait : « Il (le roi) électrise les bandes qui combattent avec lui. Il ne les commande pas, il les regarde. Dans ce regard, les soldats voient une noble couronne à conquérir, une patrie à consoler, à apaiser. Alors tout est fougue, et les journées de Henri sont des victoires ! »

A la bataille de Lens, dont le gain devait fixer l'ascendant de la France et l'équilibre de l'Europe, Condé s'écria devant ses troupes, qui ne s'élevaient qu'à seize mille combattants contre la plus formidable armée de l'empire hispano-allemand :

« Mes amis, ayez bon courage! Il faut combattre aujourd'hui. Inutilement on chercherait à reculer ; vaillants et *poltrons*, tous se battront, les uns de bonne volonté, les autres par force ! »

Les soldats répondirent par des acclamations guerrières à cette allocution qui faisait passer l'âme du héros de Rocroi dans chacun de ses compagnons d'armes.

On se battit, et quelle bataille! Un jour, deux jours ! « Messieurs, répétait Condé à ses officiers, il faut vaincre ou mourir ! » — « Amis, répétait-il aux soldats en parcourant leurs rangs décimés, ayez courage, et souvenez-vous de Rocroi, de Fribourg et de Nordlingen! » Il dit, et les airs retentissent de vivats patriotiques. — Il y a une suspension d'armes. Il se fait un silence profond et menaçant. Condé et Grammont s'embrassent devant le front des troupes : « Pour la France ! » s'écrie le grand héros, et la bataille recommence... Condé charge douze fois. La France avait enfin remporté la plus belle, la plus féconde bataille pour l'avenir de l'Europe ! Nous en parlerons dans la seconde partie de ce livre, « l'*Équilibre continental.* »

Quand le soldat sent l'enthousiasme dans le cœur de ses chefs et dans l'opinion de la nation entière, alors il s'électrise et il devient capable des plus audacieuses entreprises. Le patriotisme et l'honneur ont des accents que le guerrier entend à merveille, et, plus haut on exalte ces sentiments, plus loin sa bravoure étend son action.

On objectera peut-être qu'à l'heure de la « patrie en danger » tout le monde se sent capable de devenir héros.

Sans doute, quand un peuple subit un affront comparable à celui que Brunswick, inspiré par des traîtres, jetait à la tête de la France, la seule réponse possible à de tels manifestes, c'est la levée en masse. La France se leva, en effet, tout entière. Mais le mouvement de 1792 ne se rencontrera qu'une seule fois dans l'histoire des peuples, et il vaut bien mieux préparer, aguerrir, enthousiasmer, d'avance, l'armée permanente, les volontaires, les recrues, la nation valide, en un mot, plutôt que de compter sur les miracles de patriotisme dont l'histoire militaire de la Révolution française nous offre le vertigineux spectacle.

On a cru renouveler 1792 aux heures de détresse de l'année 1870. Ni la nation, ni ceux qui prétendaient la soulever et la transporter, à coups de décrets, aux frontières entamées, n'ont pas réussi à rappeler les fastes étonnants de la grande époque.

Rappelons ici cette colossale tradition.

## X

La ligue de Pilnitz et le traité de Berlin, véritables actes d'hostilité et d'insolence contre la nation française, déterminèrent l'Assemblée nationale de 1792 à déclarer la guerre à l'Autriche. Cette résolution retentit comme un éclat de foudre au milieu de la société de nos pères et y produisit un patriotique enthousiasme. Jamais les esprits n'avaient été mieux disposés pour la guerre. Il fallait donner cours à cette séve belliqueuse qu'avaient fait bouillir des événements inouïs, les événements qui s'étaient accomplis depuis 1789, et qui avaient si profondément remué, si complétement transformé la nation française. Le cri de guerre fut comme un réveil national : le regard se tourna vers les frontières et les hymnes de combat retentirent de toutes parts.

C'est dans ces circonstances que parut le manifeste de Brunswick ; car la Prusse, à la déclaration de guerre faite à l'Autriche, avait pris les armes et demandé la mission de venir étouffer jusqu'à Paris le mouvement libéral nouveau.

Voici ce manifeste : « Je viens, les armes à la main, relever le trône, l'autel et détruire l'anarchie. Les alliés puniront comme rebelles tous les Français, sans distinction, qui combattront les armées étrangères ; ils seront individuellement responsables ; toutes les autorités, tous les citoyens seront punis de mort, et toutes les villes et villages frappés d'exécution militaire et de pillage en cas de résistance et de désordre! »

A cette insulte, la France entière avait bondi, tout instrument fut une arme, tout homme devint soldat. Ce fut un tremblement de terre.

L'Europe frissonna quand elle entendit ce réveil formidable du peuple français, et ce n'étaient pas de vaines menaces que faisaient nos pères; l'action devançait la parole. « On vit alors, dit Ambert, la grille des jardins se transformer en piques, le plomb du vieux château, le fer de la charrue s'amonceler à la porte des forges, et les habitants de la cité marcher à la barrière, au devant des campagnards et serrer fortement la main du paysan, qui, réveillé par le tocsin, quittait, pour le combat, le chaume de ses pères ! » — « Les bataillons marchaient poudreux l'été, boueux l'hiver, la pièce au genou ; et les vieux, mêlés aux jeunes, disaient à ceux-ci comment on tue le Prussien. »

Les femmes, au front calme, encourageaient cet immense soulèvement de la *patrie en danger*.

Et, plus tard, la Convention lançait à l'Europe ce décret qui est d'un style antique :

« Les jeunes gens iront au combat ; les hommes mariés forgeront des armes et transporteront les subsistances ; les femmes feront des tentes, des habits et serviront dans les hôpitaux ; les enfants mettront le vieux linge en charpie ; les vieillards se feront porter sur les places publiques pour exciter le courage des guerriers.

« Les maisons nationales seront converties en casernes, les places publiques en ateliers d'armes, le sol des caves fouillé pour en extraire le salpêtre... »

## XI

La France fut une armée permanente et les volontaires furent tous incorporés dans les bataillons de ligne.

Après des tentatives suivies de succès et de revers, on se rencontra enfin à Valmy. C'était le triomphe ou la fin de l'invasion.

« Nos jeunes soldats voyaient les Prussiens s'avancer avec l'assurance de vieilles troupes aguerries ; c'était la première fois qu'ils se trouvaient au nombre de cent mille sur un champ de bataille et qu'ils allaient croiser la baïonnette; ils ne connaissaient encore ni eux, ni les ennemis, et ils se regardaient avec inquiétude. Kellermann entre dans les retranchements, dispose ses troupes par colonnes d'un bataillon de front, et leur ordonne, lorsque les Prussiens seront à une certaine distance, de ne pas les attendre et de courir au devant d'eux à la baïonnette. Puis il éleva la voix et cria : *Vive la nation!* On pouvait être brave ou lâche, ce cri ne fait que des braves, et nos jeunes soldats, entraînés, marchèrent répétant le cri de *Vive la nation!* » (THIERS.)

Le 20 septembre 1792 fut une des plus grandes victoires de l'armée française improvisée, moins grande par les résultats sanglants que par les résultats militaires et politiques : la Prusse recula et l'invasion fut refoulée.

## XII

Les enfants de 92 étaient devenus ces héros de toutes les victoires de la République et de l'Empire. A leur exemple, les recrues devenaient dignes des plus glorieux vétérans, et quand il fallait un mot — un seul, mais épique ! — pour lancer de pareils soldats dans des victoires nouvelles, Bonaparte, au pied du tombeau des Pharaons, leur disait en son fatidique langage : « Du haut de ces pyramides quarante siècles vous contemplent ! »

Oui, l'enthousiasme est l'esprit de la guerre. Il faut l'entretenir par les sentiments belliqueux de toute la nation et par les exemples héroïques de ceux qui ont l'honneur de commander les armées. Il ne faudrait point, par exemple, qu'un général, qui a juré de revenir d'une expédition quelconque « mort ou victorieux » abusât de pareils serments sans en tenir un seul.

Enfin, si à de sincères moyens d'entraînement noble, généreux, la jeunesse militante veut ajouter spontanément l'étude, accessible à toutes les intelligences, l'armée permanente du pays se rendra facilement compte, non-seulement de la nécessité de la guerre comme principe, mais de la *pensée* d'une guerre quand celle-ci vient à éclater.

L'obéissance passive, absolue dans l'armée, n'exclut pas chez les soldats, chez les officiers et les sous-officiers l'initiative d'une étude des *moyens* et du *mot* de chaque campagne, de chaque mouvement ; la cause morale, l'effet politique, le résultat intérieur et extérieur de toute prise d'armes. Ce n'est que l'étude qui pourra nous donner ce secret. Dans ce siècle analytique et mathématique, après les exemples du vainqueur de 1870-1871, les intelligences, dans une armée, n'ont pas le droit de rester stationnaires. Il faut que les jeunes apprennent avec les aînés, et, à défaut des aînés, avec les maîtres de tous les siècles, qui nous initient à la philosophie, à l'histoire, à l'art de la guerre. Il faut que toutes les innovations utiles soient examinées avant d'en rejeter aucune, car ce que nous dédaignons aujourd'hui devient une arme, demain, dans les rangs de l'ennemi. Il n'est pas nécessaire de devenir des penseurs profonds, des idéologues ou des mathématiciens transcendants pour acquérir les qualités qui nous entraîneront à comprendre, à aimer la guerre, à la pratiquer, avec cette intelligence, possible chez tous, et qui aidera au commandement, sans laisser jamais transgresser celui-ci.

Ainsi formés, les combattants facilitent singulièrement la tâche d'un général en chef, et servent deux fois leur patrie : avec l'arme passive et avec le dévouement raisonné, mais absolu.

---

La première partie de ce livre est terminée ici. Nous avons traité la philosophie de la guerre, c'est-à-dire la question morale, dominante et entraînante d'un semblable sujet. La partie technique n'est pas opportune dans cet ouvrage. Elle résulte de l'instruction du soldat sous les drapeaux, et, à l'heure qu'il est, la France peut être tranquille : cette instruction forte, sobre, assidue, est digne des nécessités positives de l'avenir et des principes philosophiques qui ont fait l'objet des pages qu'on vient de lire.

Et nous avons parlé à tout ce qui est soldat ; il ne s'agit pas, dans notre pensée, de faire une distinction quelconque entre les deux armées de terre et de mer.

La France sait ce qu'elle doit de gloire à sa marine, ce qu'elle doit de grandes traditions à ses troupes continentales. Elle confond tous ses enfants, qui combattent, dans un même amour, dans une égale sollicitude ; et ce que nous venons d'écrire s'adresse aux contingents de la mer comme aux contingents territoriaux. Partout nous avons intérêt à faire des hommes, des soldats, des héros, parce que des deux côtés viendra, pour la patrie, l'heure des exploits réparateurs.

# DEUXIÈME PARTIE

# L'ÉQUILIBRE

## CHAPITRE PREMIER

L'Europe et son rôle dans la civilisation universelle. — L'*Équilibre* est la nécessité de son influence et de sa conservation. C'est l'actualité palpitante. — Le *grand dessein* de Henri IV. — Définition des idées pratiques du projet de Henri IV. — Négociations avec l'Angleterre, la Hollande, le Danemark et la Suède. — Il faut abattre une puissance prépondérante qui écrase ou inquiète l'Europe (l'empire hispano-allemand de la maison d'Autriche). — Droit et devoirs de la France dans la politique d'équilibre.

### I

L'Europe a la prétention hautement légitime de représenter et de défendre la civilisation. Le plus jeune et le moins vaste des continents de l'ancien monde a, pour justifier son droit, une tradition de près de trois mille ans et l'assentiment de la conscience universelle. La vitalité et la noblesse des générations qui se sont succédé et qui se perpétuent sur son sol; qui s'affirment au delà des mers en faisant de l'Amérique, cette fille aînée de la civilisation moderne, une seconde Europe et comme la réserve de l'avenir, les puissantes facultés des races occidentales, ont assuré, pour une longue succession de siècles, le sceptre du monde à notre continent.

Ce rôle immense et presque providentiel, exige, des peuples qui constituent la *république européenne*, (ce mot de république étant pris dans l'acception que lui donnent Platon, Aristote, Henri IV et Montesquieu) un accord tacite des volontés et une permanence de moyens d'action propres à ne jamais laisser descendre l'Europe dans l'oligarchie, c'est-à-dire, dans la confusion des règles morales et des lois consenties au nom des principes du droit public ; à ne jamais la laisser tomber dans l'asservissement et sous la domination d'un seul peuple, ou d'un groupe trop exclusif de nations prépondérantes. Le monde serait alors régi par l'arbitraire et la tyrannie. Aucune sanction ne serait possible pour le droit méconnu ; et l'humanité, loin d'être la collectivité des peuples solidaires, évoluant avec le libre arbitre et la responsabilité. ne serait plus qu'une immense clientèle passive et, finalement, esclave du despotisme et du caprice.

L'Europe se doit donc à elle-même et elle doit à l'ensemble de l'humanité de personnifier, dans son organisation, dans ses doctrines et dans sa constitution politiques, le droit universel avec ce qu'il a de plus parfait et de plus élevé.

Son équilibre politique deviendra l'image et la nécessité même de l'équilibre du monde, c'est-à-dire « l'organisation destinée à opérer entre les nations, qui font partie d'un même système, une distribution et une organisation de forces telles qu'aucun État ne s'y trouve en mesure, seul ou réuni à d'autres, d'y imposer sa volonté, ni d'y opprimer l'indépendance d'aucun autre État. » (ORTOLAN.)

L'équilibre politique est l'actualité palpitante qui préoccupe l'Europe et la préoccupera jusqu'au jour où les intérêts, ébranlés et déplacés par les récentes victoires de l'Allemagne, auront été soumis à l'aréopage des puissances ou résolus par la force, mise au service du droit.

Nous allons traiter cette seconde partie du *Livre de la Guerre*, en procédant par l'histoire. C'est, d'ailleurs, l'étude de la constitution de l'Europe et de son organisation rationnelle et définitive que nous allons poursuivre ainsi, et nul ne se plaindra de l'abondance des détails ou de la multiplicité des arguments, si l'on veut bien se rendre compte que la seule question de l'équilibre renferme la paix ou la guerre de demain.

## II

(\*) Le seizième siècle éprouva cruellement l'Europe par les guerres civiles et internationales, politiques et religieuses. Devant des horreurs qui révoltent et des désastres dont l'accumulation fait frémir, les plus nobles intelligences, les natures les plus généreuses du temps devaient être amenées nécessairement à se préoccuper de

---

(\*) *Le grand dessein de Henri IV*, par A. Poirson.

l'idée de délivrer l'humanité de ces fléaux. Ce sera la gloire éternelle de Henri IV et de son illustre ministre Sully d'avoir imaginé le *grand dessein* d'une république chrétienne et d'une pondération équitable des forces de l'Europe. Henri IV cherchait ainsi les moyens de combattre victorieusement l'intolérance religieuse et l'ambition de la maison d'Autriche, poursuivant avec persévérance depuis plus d'un demi-siècle ses projets de domination universelle.

Au mois de mai 1598, Philippe II conclut, à Vervins, la paix avec la France, mais avec la France seule. Le cabinet de Madrid, se demande l'historien, M. Aug. Poirson, entrait-il sérieusement dans ses idées de rapports pacifiques avec ses voisins, et pouvait-on espérer que ces rapports s'étendraient à l'Angleterre et à la Hollande ? ne considérait-il, au contraire, le traité que comme un expédient, et ne devait-il le respecter que juste autant de temps qu'une suspension d'hostilités conviendrait à sa politique ? C'est ce qui restait douteux. Henri IV et la reine Elisabeth d'Angleterre agitèrent alors, par leurs ambassadeurs, quelles mesures ils auraient à prendre dans l'intérêt général de la chrétienté, si le roi catholique la menaçait d'une nouvelle conflagration; mais rien ne fut résolu, à cette époque, entre la France et l'Angleterre, et les deux souverains se bornèrent à observer, chacun de leur côté, les démarches de l'Espagne.

Deux ans s'étaient à peine écoulés, et Henri IV savait à quoi s'en tenir sur les véritables intentions de cette puissance : il avait trouvé partout la main du nouveau roi d'Espagne, Philippe III, dans les complots tramés au dedans de son royaume, dans la guerre qu'il avait eu à soutenir contre le duc de Savoie, et qu'il achevait seulement alors.

Il tourna de nouveau et plus fortement ses pensées vers les moyens qui pouvaient être offerts à la France et aux autres États de l'Europe, pour s'assurer cette paix que le roi d'Espagne semblait décidé à ne pas leur laisser, et pour mettre à l'abri de ses coups, la liberté de conscience que l'Inquisition continuait à menacer.

Sully expose quelles étaient les idées de Henri IV à la fin de l'année 1600, et il expose, en même temps, dans les termes les plus formels que, chez le roi, ce n'étaient que des *désirs* ou des *desseins*, lesquels ne devaient passer dans les plans de sa politique, dans les résolutions et les actes de son gouvernement extérieur, qu'au fur et à mesure qu'il verrait jour à les produire utilement chez les étrangers, et toujours sous la forme d'essais, par la seule voie des négociations.

## III

Ainsi restreintes d'abord à l'état théorique, les idées de Henri IV embrassèrent, à la fois, l'état religieux et l'état politique de l'Europe. En ce qui touchait à l'état religieux, il se proposait de rechercher, avec les souverains déjà ses alliés ou disposés à le devenir, les moyens propres à établir les trois cultes dominants : le catholicisme, le luthérianisme, le calvinisme, dans de telles conditions de liberté et de force, que tous ceux qui en faisaient profession pussent désormais les exercer sans trouble ; qu'aucun des trois cultes ne fût tenté à l'avenir d'opprimer les deux autres, et que le principe des guerres de religion se trouvât ainsi détruit.

En ce qui regardait l'état politique de l'Europe, il voulait associer autant de souverains qu'il lui serait possible au dessein qu'il avait formé : d'une part, de réduire les possessions territoriales de l'Espagne allemande, c'est-à-dire de la maison d'Autriche, de manière que cette puissance cessât d'être éternellement hostile et menaçante pour les autres États ; d'une autre, d'établir entre les monarchies héréditaires, ou les principales dénominations gouvernementales de l'Europe, un *équilibre* tel qu'elles puissent désormais défendre leur propre indépendance et celle des nations plus faibles contre les tentatives d'un voisin inquiet ou ambitieux.

Le roi et les gouvernements, associés dans cette œuvre de pondération, travailleraient à vider les querelles qui, jusqu'alors, avaient armé les chrétiens les uns contre les autres, en établissant pour chacun d'eux des bornes et des frontières parfaitement déterminées, et en réglant avec équité leurs droits débattus, leurs prétentions contraires.

Le roi s'engageait, par son exemple et ses conseils, d'amener les gouvernements étrangers à donner à leurs peuples une administration libérale et assez sage pour prévenir les révoltes contre le souverain ou la loi établie, et détruire les causes des guerres civiles.

Les conquêtes de Soliman, qui avaient fait trembler,

en ce temps-là, l'Europe orientale pour son indépendance et pour sa religion ; les guerres des Turcs en Hongrie, les brigandages des Barbaresques contre le commerce de la Méditerranée ; la rigueur des traitements auxquels étaient exposés les chrétiens dans tous les États musulmans, expliquaient pourquoi Henri IV les excluait du concert européen et de la tolérance générale. Ils devaient être expulsés d'Europe pour faire place à la civilisation.

## IV

Nous répétons d'abord que tout cela, hormis ce qui concerne l'abaissement de la maison d'Autriche et ses deux conséquences, se borna chez Henri à des désirs, à des *projets*. Jamais Henri ne songea à un remaniement général en Europe, à une mise en bloc des territoires et des ressources financières de toutes les nations, pour en faire ensuite une distribution nouvelle, dont le résultat fût d'établir quinze *dénominations* ou États égaux en puissance. D'après le plan du grand politique français, les gouvernements intéressés à l'équilibre devaient s'occuper d'établir équitablement les limites entre les États de leurs coassociés, et de terminer les querelles que ces limites pouvaient susciter. Chacun garde la même étendue, à peu de chose près, en plus ou en moins, l'étendue de territoire qu'il a possédée jusqu'alors, et reste dans les bornes que les événements anciens et la prescription lui ont faite.

Mais comme il y a des forts et des faibles dans l'association de la politique d'Équilibre, il y a forcément des inégalités ; mais la somme des inégalités constitue une puissance capable de résister aux unités prépondérantes : de là l'Équilibre.

Sans doute, Henri IV songea dès le principe à accroître certains États de provinces qui seraient arrachées aux deux branches de la maison d'Autriche ; mais ces additions de territoire ne constituaient en aucune manière l'égalité pour ces États avec les États voisins. Par exemple, la Lombardie arrachée à l'Autriche espagnole et partagée entre le duc de Savoie et la république de Venise, ne mettait ni la Savoie ni les Vénitiens sur le pied d'égalité avec la France et l'Angleterre.

Passons plutôt à ce que Henri médita réellement, et voyons si l'histoire contemporaine et celle des temps précédents ne donnaient pas gain de cause à une partie considérable de ses idées et de ses projets.

L'établissement ferme et durable des cultes luthériens et calvinistes près du culte catholique, la pacification religieuse qui devait en résulter, n'étaient autre chose que l'extension aux divers États de l'Europe de la *paix de religion*, donnée à l'Allemagne par Ferdinand I$^{er}$ et par la diète d'Augsbourg en l'année 1555 ; de l'édit de Nantes, érigé récemment en droit public de la France par Henri lui-même.

La constitution de la Ligue hanséatique avait, dans un intérêt de commerce, uni, durant plusieurs siècles, au delà de quatre-vingts villes dont les députés, convoqués en assemblées générales périodiques, décidaient de la paix, des alliances et des impôts.

Dès lors, pourquoi, pensait Henri IV, les diverses nations de l'Europe ne formeraient-elles pas entre elles une pareille association dans un intérêt de liberté religieuse et d'indépendance politique ?

Le roi de France devait être encouragé, poussé à réaliser ses projets par le sentiment intime, par la conscience que le génie a de la valeur de ses conceptions. Cependant il se contint dans les bornes les plus resserrées. En méditant lui-même sur ses autres desseins, en les mettant à l'étude, en provoquant ses ministres à lui donner, sur chacun des points soumis à leur examen, leurs avis et leurs plans, il ne s'attacha dans la pratique de sa politique qu'à trois projets, et il se détermina par les circonstances au milieu desquelles il se trouvait, par les exigences de la situation, ne cessant pas un seul instant de se guider par l'esprit d'homme d'État et de roi.

## V

Les griefs contre Philippe III s'étaient bien augmentés depuis 1600. Au mois de mai 1601, le roi catholique n'avait pas encore juré la paix de Vervins : il laissait dépouiller les marchands français et injurier nos ambassadeurs. Dans cette conduite de l'Espagne, Henri vit, avec raison, une hostilité contre la France et une menace contre la paix de l'Europe.

Il comprit que la sûreté de tous demandait qu'on réduisît la maison d'Autriche à l'impuissance de nuire, en lui en ôtant les moyens, et qu'il n'y avait rien à essayer pour améliorer les destinées des peuples d'Occident tant que l'on n'aurait pas obtenu ce point capital.

En conséquence, il concentra ses plus puissantes combinaisons, dirigea ses principaux efforts vers l'abaissement de la branche espagnole et de la branche allemande de cette maison, poursuivant en même temps, mais de plus loin, les deux projets qui avaient tant d'affinité avec celui-là : l'équilibre de puissance entre les principaux États de l'Europe ; la liberté de conscience et de culte pour le luthérianisme et le calvinisme, jusqu'alors persécutés à outrance par les institutions catholiques sur le continent.

Au mois de septembre 1601, la reine d'Angleterre, préoccupée des mêmes pensées que lui, relativement aux communs intérêts de l'Europe libérale, adressa à Henri IV une lettre dont Sully nous a conservé le texte et où se trouvait ce remarquable passage : « J'ay quel-
« que chose d'importance à vous communiquer que je
« ne puis escrire, ni confier à aucun des vostres ni des
« miens pour le moment. » Elle s'était avancée jusqu'à Douvres et elle espérait avoir une entrevue avec Henri, que les soins du gouvernement intérieur avaient amené à Calais. L'entrevue ne put avoir lieu, mais Sully, chargé d'une mission confidentielle, alla recevoir les ouvertures d'Élisabeth et lui porta le secret des intentions du roi.

Sur la question qu'elle lui adressa : « si les affaires du roi de France étaient en meilleur état qu'en 1598, et s'il serait maintenant en commodité d'entamer ce grand dessein proposé dès la paix de Vervins, » Sully répondit : que l'invariable résolution de Henri était de s'attacher avant toutes choses à l'humiliation de la maison d'Autriche ; qu'il ne fallait ni se dissimuler l'étendue de la puissance de cette maison, ni se mêler de l'attaquer à demi ; que bien que la France disposât de ressources qu'elle n'avait pas en 1598, cependant l'union de la France, de l'Angleterre, de la Hollande ne suffisait pas pour assurer le succès de l'entreprise ; qu'il était nécessaire de former une confédération de tous les rois et de toutes les républiques qui redoutaient la tyrannie soit de la branche espagnole, soit de la branche allemande, ou qui étaient disposés à profiter de leurs dépouilles.

Il fut alors convenu que les deux souverains emploieraient tous leurs efforts pour décider les rois d'écosse, de Danemark et de Suède à se joindre à la France, à l'Angleterre, à la Hollande ; que les six États, unis par une association intime, par une alliance offensive et défensive, travailleraient en commun à mettre dans une complète indépendance la Hollande et la Suisse ; qu'ils agrandiraient et renforceraient les deux républiques des provinces enlevées à la maison d'Autriche : la Hollande, de toute la Belgique ; la Suisse, de certaines parties du Jura et du Tyrol ; que la confédération, grossie de ces deux nouveaux peuples, enlèverait l'empire à la branche allemande et rendrait de nouveau libres et électifs les royaumes de Bohême et de Hongrie.

Il fut arrêté, en outre, que les confédérés chercheraient tous les moyens propres à empêcher qu'à l'avenir aucune des trois religions, catholique, luthérienne, calviniste, tentât d'opprimer les deux autres ; qu'ils travailleraient enfin à établir entre les monarchies formant les principaux États de l'Europe, une égalité de puissance qui garantit l'indépendance de tous. La convention, sans être signée et formulée en traité, fut formellement agréée par Henri et Élisabeth (SULLY, *Œcon. roy*, ch. CIII, t. I, p. 365-367, cité par A. POIRSON).

## VI

Tout dans la politique du roi répondit à ces débuts. (*id., ibid.*) En 1603, la mort de la reine Elisabeth appela au trône d'Angleterre le roi d'Écosse Jacques I<sup>er</sup>, et ouvrit de nouveaux rapports diplomatiques entre la France et l'Angleterre.

Sully, envoyé en ambassade auprès du nouveau souverain, fut chargé, à la fois, par Henri, d'instructions officielles et d'instructions secrètes.

Aux termes des instructions officielles, Sully devait négocier des conditions plus avantageuses pour le commerce français, une alliance défensive entre les deux couronnes, fondée sur les dangers que l'ambition et les procédés de l'Espagne faisaient incessamment courir à l'une et à l'autre ; enfin la défense des Hollandais embrassée d'un commun accord par les deux puissances.

Les instructions secrètes lui prescrivaient de tout tenter pour faire agréer, par Jacques I<sup>er</sup>, deux des points principaux de la convention intervenue entre Henri et

Élisabeth : 1° une alliance offensive en même temps que défensive, au lieu d'une simple alliance circonstancielle entre les deux royaumes et une confédération avec les Hollandais, les Danois et les Suédois ; 2° le complet abaissement des deux branches de la maison d'Autriche, le démembrement et la dissipation de leurs monarchies, dont les pays seraient distribués aux autres États de l'Europe.

Cherchant et trouvant les moyens les plus pratiques et les plus décisifs d'engager Jacques Ier dans ses projets, Henri lui proposait d'établir une étroite solidarité entre les fortunes des deux royaumes, par le mariage des enfants des deux souverains. Il lui proposait encore d'armer à frais communs, avec leurs alliés, des flottes qui enlèveraient la moitié des Indes à l'Espagne, parce que, dès ce temps, les vues et les plans du commerce anglais se portaient d'une manière sérieuse vers ces riches pays.

Deux ans après, en 1605, Henri triomphait des indécisions du roi d'Angleterre, le gagnait complétement à ses idées et à ses projets. Et tandis qu'il faisait ses ouvertures à Jacques Ier, le roi de France envoyait un ambassadeur extraordinaire au roi de Danemark, au roi de Suède, au comte Palatin, et il convenait avec eux, dès 1603, « d'une loyale et sincère association et fraternité d'armes et de desseins. »

## VII

Henri IV ne laissa pas un seul moment sa politique et sa diplomatie s'affaiblir par les spéculations, et s'énerver par les dispersions entre plusieurs projets ; il eut soin, au contraire, de les tourner puissamment vers un petit nombre toujours les mêmes, jusqu'au moment où ceux-là, étant exécutés, il pût passer à d'autres.

En 1607, il parvint à terminer et à conclure avec les rois et les républiques de la moitié de l'Europe, les traités qu'il avait entamés dès 1601 avec Élisabeth, et il amena ces divers États à résoudre qu'un grand effort serait fait en commun pour réduire les possessions de la maison d'Autriche au seul continent de l'Espagne, et aux îles de Majorque, de Minorque et de Sardaigne, avec l'annexe magnifique de l'Amérique et d'une partie des Indes. Cet accord, principe et base d'une coalition, est consigné dans un mémoire que Sully a adressé au roi, dans lequel, en lui rendant compte des efforts qu'il a faits personnellement pour satisfaire à ses ordres et entrer dans ses idées, il lui rappelle, en même temps, les actes déjà accomplis en 1607 qui favorisent ses desseins.

## VIII

Henri avait associé à ses projets contre l'empire allemand-espagnol les grands et moyens États de l'Europe disposés à « refouler pour jamais l'idée d'une monarchie universelle ou *trop prépondérante sur le continent*, et à consentir un traité d'équilibre européen, où les forts seraient balancés par les faibles. »

Quand on se rend un compte sérieux de l'état dans lequel se trouvaient la monarchie espagnole et la monarchie allemande ; quand on constate, de plus, l'extrême incapacité des chefs de ces deux branches, des souverains de ces deux monarchies, l'empereur Rodolphe et le roi Philippe III, on reste convaincu que l'une et l'autre, dès longtemps affaiblies, profondément ébranlées, menaçaient ruine. Or, à cet instant critique et décisif, Henri IV et ses nombreux alliés allaient diriger contre elles le choc le plus furieux qu'elles eussent encore essuyé depuis l'avénement de Charles-Quint.

Nous avons vu quelle profondeur de vues caractérise la politique du roi de France, pour établir la nécessité d'un remaniement des forces de l'Europe et de la pondération de ces forces ; quel homme d'État est celui qui a conçu le grand dessein de l'affranchissement de la conscience humaine par l'introduction dans le droit public européen de la liberté de conscience ; quelle capacité de gouvernement il révèle lorsqu'il conseille à ses alliés l'adoption des principes libéraux — précurseurs du régime constitutionnel — de manière à ôter aux peuples l'idée et le prétexte des révoltes ou des guerres civiles ; quel diplomate consommé il y a, enfin, chez Henri IV, lorsqu'il enlève le suffrage de tous les peuples, jusque-là si méfiants et si jaloux, et, parfois, si arrogants à l'égard de la France.

Nous allons le suivre dans un autre ordre de conceptions : dans le plan de campagne qu'il prépare contre l'Allemagne et contre la péninsule espagnole. Le grand capitaine n'oubliera point qu'il est avant tout homme politique, et une fois encore il fera accepter par l'Europe, non-seulement sa combinaison stratégique, mais encore la conséquence de la réussite prévue : la délimitation de la France aux frontières naturelles du Rhin, des Alpes, de l'Océan et des Pyrénées, « parce que l'Europe voudra reconnaître les sacrifices faits par la France dans l'intérêt de l'équilibre et parce qu'il est juste et nécessaire qu'un grand peuple puisse toujours tenir tête aux tentatives de revendication des vaincus ou des peuples conjurés en secret. »

## CHAPITRE II

Plan d'attaque de la puissance hispano-allemande pour réaliser le programme du *Grand Dessein*. — Formation des armées destinées à attaquer Philippe III dans les possessions d'Espagne, d'Italie et des Pays-Bas. — Effectif des armées d'expédition au dix-septième siècle. — Commandement; stratégie; finances. — Formation des armées destinées à attacher l'Autriche en Allemage. — Rôle de la France et des coalisés. — Détails authentiques. — Accord des puissances pour l'équilibration des forces et la répartition des territoires conquis. — Première consécration en droit des limites naturelles en territoire franc et gallo-carlovingien, sur la rive gauche du Rhin et aux pieds des Alpes et des Pyrénées.

### I

Henri IV attaquait à la fois la monarchie espagnole, en Italie, dans les Pays-Bas, dans l'Espagne même. En Italie, il lui opposait (ces détails sont tirés des actes authentiques dressés par Sully) une armée française, commandée par Lesdiguières, à laquelle s'ajoutaient trois autres corps d'armée fournis par le pape, les Vénitiens et le duc de Savoie, qui avait un commandement dans l'expédition. Ces forces d'opération dans la péninsule italique s'élevaient à cinquante mille hommes et quarante-six canons.

Dans la Flandre ou dans la Belgique, tenue sous le joug de Madrid, Henri IV devait faire agir un corps français, composé de troupes nationales et de contingents anglais, hollandais, flamands et danois.

En outre, Henri attaquait le corps de la monarchie espagnole, dans l'Espagne même, avec deux armées. La première, forte de 25,000 hommes, devait avoir pour chef le duc de La Force, gouverneur du Béarn et de la Navarre française, l'homme de France qui connaissait le mieux les affaires intérieures et les parties les plus vulnérables de l'Espagne.

Dans les premiers jours du mois de mai 1610, La Force reçut le commandement de ce premier corps expéditionnaire, et le roi lui déclara que, pour lui donner plus d'autorité sur les troupes, il lui conférait la dignité de maréchal de France.

Un autre corps d'expédition, fort de 25,000 hommes, composé des levées faites en Languedoc, devait envahir la Péninsule par le Roussillon et par Perpignan.

Les deux corps avaient un ensemble de cinquante canons.

Des fonds avaient été faits pour l'entretien de ces deux armées, et des précautions minutieuses, ordonnées par Henri, contrôlées par son premier ministre, furent prises pour leur subsistance : de riches marchands de Guienne s'étaient engagés à transporter les vivres dans un certain nombre de villes, stratégiquement indiquées par le roi sur les cartes remises aux généraux. Les prix des vivres furent arrêtés d'avance.

En pénétrant en Espagne, les deux corps d'armée devaient donner la main aux colonnes de Maures proscrits, par lesquels l'Espagne avait été longtemps une nation puissante, industrieuse et riche. Mais la farouche piété catholique du roi Philippe et de ses ministres, séides de l'Inquisition, avait prononcé un arrêt de mort contre les populations d'origine mauresque, et cet arrêt de mort prononçait la décadence économique de l'Espagne. Elle ne s'en est jamais relevée.

Les armées devaient, de plus, être aidées par la population du Roussillon et de la Navarre espagnole, par la noblesse ruinée d'Aragon et de Valence. Tous ensemble étaient séduits au parti de la France, poussés à se jeter entre les bras de l'étranger par la perte de leur fortune, de leurs priviléges et de leur liberté. L'indignation excitée par le traitement cruel infligé aux Maures d'Espagne s'ajoutait, dans l'âme de tous, à la conviction que le petit-fils de Charles-Quint conduisait l'illustre nation espagnole à une ruine sans remède.

Ainsi, le chiffre des armées régulières destinées, contre l'Espagne d'abord, contre les possessions espagnoles en Italie ensuite, se montait à 100,000 soldats, accompagnés de près de 100 canons. (Le chiffre historiquement exact est 109,500 hommes et 96 bouches à feu.)

## II

Les forces destinées contre la branche allemande, et qui, après son abaissement, devaient se retourner contre les Pays-Bas espagnols et les conquérir, étaient bien plus considérables encore. Elles se composaient : 1° du corps principal français, commandé par le roi en personne, comprenant 37,000 hommes, 30 canons ;

2° De trois armées fournies par les rois d'Angleterre, de Danemark et de Suède, formant ensemble 28,500 hommes et 24 canons ;

3° D'une armée en partie levée, en partie préparée par la confédération du Rhin, s'élevant à 35,000 hommes et 40 canons ;

4° D'une armée fournie par la Hollande et les autres provinces unies, montant à 14,000 hommes et 10 canons.

5° D'une armée levée par les protestants de Hongrie, de Bohême et d'Autriche, dont l'effectif était de 14,000 hommes et 10 canons.

Le total général formait 128,500 hommes et 104 pièces. Sur ce nombre, 67,300 combattants commençaient à opérer sur trois points différents des pays composant la succession des Juliers, le jour même où le roi de France, commandant en chef, entrait en campagne. C'étaient les armées de France et de Hollande, et le premier contingent de 16,500 hommes fournis par les princes confédérés du Rhin. Quelques jours plus tard, cet effectif devait être porté à 74,000 soldats. D'ailleurs, le roi d'Angleterre, envoyant son fils le prince de Galles faire ses premières armes et apprendre, selon son expression, le métier des rois sous la conduite de Henri, 6,500 anglais et Écossais, tous volontaires, accompagnaient leur prince héréditaire dans cette expédition et venaient se ranger avec lui sous le drapeau de France. (FONTENAY-MAREUIL, *Mémoires*.)

Le reste de l'armement contre l'Allemagne, montant à 54,000 hommes, ne devait se joindre à Henri qu'après les hostilités commencées.

Ainsi, le roi attaquait la domination d'Autriche avec une masse de 238,000 soldats et une artillerie de 200 canons. Sur ces 238,000 hommes, 184,000 étaient déjà l'arme au pied ; les autres allaient être immédiatement réunis. Cette levée de boucliers de la moitié de l'Europe s'armant pour revendiquer son indépendance, l'équilibre continental et la liberté de conscience, était la première coalition libérale qui eût encore été formée ainsi.

Dans la multitude des défenseurs qu'elle donnait à cette cause, qu'elle levait et qu'elle armait partout, le contingent de la France était de cent un mille soldats et de quatre vingts canons : elle fournissait quatre armées ; elle en envoyait deux en Espagne, une en Italie, une en Allemagne.

### III

Les ressources financières de la coalition égalaient ses forces militaires.

Les dépenses ordinaires et annuelles du royaume étant payées. Henri avait en numéraire, dans les caves de la Bastille, en créances réalisables dans quelques mois, une somme de 41,345,000 livres de ce temps-là.

Dans les trois années suivantes, il devait, par l'amélioration des fermes publiques, obtenir 81 millions de recettes extraordinaires. Cela portait les sommes dont il pouvait disposer en trois ans pour la guerre étrangère à 122,345,000 mille livres, sans recourir à une augmentation d'impôt, à aucun emprunt.

Les puissances confédérées avaient, de leur côté, un

fonds assuré de 29 millions de livres pour le même espace de trois ans. La somme totale dont on disposait s'élevait ainsi à près de 152 millions et couvrait toutes les dépenses de la guerre, la solde des armées mises sur pied durant trois années.

Dans les calculs du roi et de Sully, n'était pas comprise la solde des deux armées ou des cinquante mille hommes destinés contre l'Espagne, laquelle solde montait pour trois ans à 40 millions. Mais comme dans les dépenses arrêtées, ils avaient porté près de 11 millions pour l'imprévu ; comme au delà des dépenses arrêtées, ils s'étaient ménagé sur les recettes extraordinaires une réserve de 29 millions, il se trouvait que la solde et l'entretien des deux armées d'Espagne étaient couverts. (SULLY, *Œcon. roy*, A. II ch. 216, 217, 218.)

Dans la nouvelle lutte que la France allait commencer contre la puissance allemande dont s'alarmait à bon droit le continent européen, l'opinion qui, entre deux ennemis, double la puissance d'attaque de l'un et diminue de moitié les moyens de résistance de l'autre, était entièrement du côté de la France et du prince qui la gouvernait. Ce n'étaient pas seulement les nationaux, c'étaient les étrangers aussi qui pensaient et qui disaient que par ses talents et sa puissance, Henri était arrivé à une plus grande considération dans le monde, que pas un de ses prédécesseurs depuis Charlemagne ; qu'il était l'arbitre des destinées de l'Europe, et que la civilisation espérait rien qu'en proclamant son nom. Le duc de Lorraine, dans une circonstance solennelle, le déclarait le plus grand capitaine du monde. Le landgrave de

Hesse, à propos des troubles et des complications d'intérêts survenus en Allemagne depuis 1608, écrivait que la supériorité de son esprit et son incomparable expérience aux affaires d'État, lui permettraient d'y voir plus clair que nul autre, et que par les forces dont il disposait, il saurait mettre ordre à tant d'affaires pendantes, « si un homme au monde le pouvoit. » (*Correspondance avec Henri IV*, lettre du 6 mars 1609.)

Ainsi, Henri et les princes coalisés attaquaient les deux branches de la maison d'Autriche avec treize armées et l'effectif de soldats que nous avons énuméré. Si l'on observe que 20,000 hommes réunis sous un seul commandement constituaient alors une armée redoutable, que dira-t-on de cet ensemble de près de 240,000 soldats, agissant sur plusieurs points à la fois, mais dans l'intérêt d'une même politique ? Enfin le trésor de guerre disponible évalué à 152 millions de livres valait 600 millions d'aujourd'hui. C'était donc la force militaire, le matériel de guerre, les ressources financières les plus formidables que l'Europe eût rassemblés depuis les Croisades.

## IV

Quand on considère les forces et les moyens des coalisés, la souveraine habileté de leur chef, les mobiles puissants qui les faisaient agir, l'épouvante de l'Allemagne et de l'Espagne, à la veille d'une rupture ouverte, on demeure convaincu que Henri IV et Sully avaient justement apprécié le temps nécessaire pour abattre l'empereur allemand et le roi Philippe, en le fixant à trois ans. (Voir les *Mémoires de Sully*.) L'Europe pensait comme eux, et on lit dans les écrits contemporains que l'opinion commune conduisait Henri IV dans Vienne et dans Madrid, sans prévoir de sérieux obstacles, et annonçait l'entrée triomphale de nos armées dans les deux capitales de la domination hispano-germanique, abaissée sans retour. (D'AUBIGNÉ, *Hist. univ.*)

Henri était donc en mesure d'accomplir, et selon toute probabilité, d'accomplir dans le terme de trois ans, la partie principale de son grand dessein d'équilibre européen et d'affranchissement de la conscience humaine. L'expédition, réalisée ainsi, épargnait à l'Europe les sanglantes et désastreuses longueurs de la guerre de trente ans, supprimait, comme on le verra plus tard, le prétexte des conquêtes de Louis XIV, en devançant de cinquante ans les traités de Westphalie et d'un siècle l'organisation de nos frontières politiques.

Mais poursuivons, puisque nous allons rencontrer sous notre plume le sujet palpitant des frontières naturelles de la France, telles que l'Europe de 1610 consentait à nous les donner, comme juste compensation de nos sacrifices et comme une garantie de l'équilibre continental restauré.

## V

Nous l'avons dit : dans le grand et préventif effort que la coalition voulait faire en 1610, sous la conduite de Henri IV, l'aide qu'elle demandait à ce prince et à son royaume était énorme. Nous avons dit quelle était la part de la France en hommes et en millions.

La justice exigeait donc qu'elle fût payée des sacrifices si lourds qui lui étaient imposés. La raison politique demandait de plus que l'on accrût sa puissance de telle sorte qu'elle fût en état d'affermir, sans retour possible, de consacrer, à tout jamais, les résultats obtenus sur la domination allemande.

Aux termes d'un traité conclu en 1609, à la suite de l'ambassade de Bassompierre, la Lorraine était réunie à la France par le mariage du Dauphin avec la fille et l'unique héritière du duc de ce pays. — L'armée destinée contre l'empereur d'Allemagne devait, en se rendant sur le théâtre des opérations, consommer l'annexion de la Lorraine à la France.

D'après les conventions passées avec le duc de Savoie, ce prince, en échange des magnifiques possessions que la guerre contre l'Espagne lui livrait en Lombardie et qu'il joignait au Piémont et au Montferrat, cédait à la France le comté de Nice et la Savoie avec les places de Pignerol et de Montmélian.

« Le roi, dit Richelieu, s'ouvrit à la reine de la résolution qu'il avait prise de donner au duc de Savoie la plus grande partie du Milanais et du Montferrat, *en échange du comté de Nice et de la Savoie ;* d'ériger le Piémont et le Milanais en royaume; de faire appeler le duc de Savoie roi des Alpes ; et, à la séparation de la Savoie et du Piémont, de faire une forteresse pour borner ces royaumes *et se conserver l'entrée de l'Italie.* »(RICHELIEU, *Mémoires.*)

La France avait ainsi une influence plus directe sur les affaires de la Péninsule. C'était la situation qui convenait à une puissance protectrice, chargée de chasser l'Espagnol de l'Italie, de distribuer ses dépouilles au duc de Savoie, aux Vénitiens, au duc de Toscane, au pape ; de leur rendre à eux une indépendance compromise, aux petits princes italiens une indépendance perdue ; d'assurer une vraie et durable fédération, car Henri IV considérait *comme un* DANGER *pour la France et une* INUTILITÉ, *dans un concert de grandes puisancess centrales, l'idée de l'unification de l'Italie.*

Les rois de France avaient d'anciens droits débattus sur le Milanais, Naples et la Sicile : Henri cédait et transportait ces droits aux États italiens pour établir leur indépendance et leur nationalité. Il avait d'autres droits, ceux-là incontestables, sur la Navarre espagnole, que la fraude et la violence de Ferdinand le Catholique avaient enlevée à son bisaïeul Jean d'Albret. Ces droits, il les cédait encore au roi d'Espagne, afin que partout, en Espagne et en Italie, les États européens rentrassent dans leurs limites naturelles des Pyrénées et des Alpes. Toutefois, Henri exigeait une juste compensation qu'il demandait, non à la force, mais à l'arbitrage de ses associés, au jugement des princes de la coalition, saisis de ses droits et appelés à en décider.

## VI

En 1596, dès le temps qu'il avait cessé de craindre pour l'indépendance de la France, si longtemps menacée par Philippe II, il avait élevé de justes réclamations et annoncé l'intention « de recouvrer son royaume de Navarre, ou, à tout le moins, de conquérir la Flandre et l'Artois, afin que, par traité de compensation, il pût les joindre au corps de l'État. » (Sully.) Rien n'était plus légitime qu'un pareil vœu, puisqu'il s'agissait de rattacher à l'ensemble de la monarchie des provinces qui en avaient fait si longtemps partie, qui avaient compté parmi ses grands fiefs, qui n'avaient été détachées de la France que contrairement à la loi politique, contrairement, aussi, à la communauté d'origine, de langage et de mœurs, contrairement, enfin, aux limites naturelles.

Henri réclamait également le comté de Roussillon comme ancien fief et comme dépendance du royaume. En homme juste et en souverain modéré, mais en politique essentiellement pratique, Henri persévéra constamment dans les mêmes idées. Quand Sully lui parlait, en 1609, de la guerre générale qui allait s'ouvrir, et dont les premières dépenses devaient atteindre le chiffre de 60 millions, le roi lui répondait par cette repartie pittoresque que nous reproduisons : « Eh ! ventre saint-gris ! vou« driez-vous que je despendisse le premier 60 millions « pour conquester des terres pour autrui sans en rien « retenir pour nostre bonne France, ma commère ? Ce « n'est pas là ni mon intention ni la sienne ! » (Sully.)

Au commencement de l'année suivante, la coalition européenne fut formée, et, après s'être mis d'accord sur le partage des conquêtes que les deux plus grands capitaines, Henri IV et Maurice d'Orange avec les plus vaillantes troupes de ce temps-là, devaient infaillible-

7

ment assurer aux confédérés, ceux-ci, constituant l'aréopage de l'Europe, convinrent que « le Rhin était la borne de la France et que la France, pour se mouvoir, comme grande puissance, pour garantir l'équilibre et la paix du continent, avait et devait avoir pour *limites naturelles et nécessaires* les Alpes, la Méditerranée, les Pyrénées, l'Océan et le Rhin. » (Sully, d'Aubigné, Richelieu, Fontenay-Mareuil).

Avaient solennellement reconnu et proclamé le droit de la France dans ses limites naturelles en face de l'équilibre de l'Europe : l'Angleterre, les Pays-Bas hollando-belges, le Danemark, la Suède, les princes confédérés d'outre-Rhin, le pape et les princes indépendants italiens, le duc de Savoie à leur tête, c'est-à-dire la majorité des peuples et des gouvernements.

Ce droit, que nous avons tant de fois défendu les armes à la main, a donc pour lui, si la France le rappelle un jour aux conseils de l'Europe nouvelle, une antériorité de plus de deux siècles et demi. Il est très-important d'appeler sur ce point l'attention du monde politique.

## VII

Dans les vues d'agrandissement de Henri IV, rien ne ressemble à ce qui avait été conçu et projeté jusqu'alors. Un des traits caractéristiques de son génie est d'avoir introduit dans la politique ces principes nouveaux; d'avoir, le premier des souverains, attaqué le système barbare du moyen âge, qui soumettait les destinées des nations au droit d'héritage, sans le consentement des peuples ainsi qu'au droit de conquête, c'est-à-dire au hasard et à la force brutale ; c'est d'avoir substitué à ce grossier régime un nouvel ordre, dans lequel les sociétés humaines devaient être constituées et réglées en conformité avec leur origine, leurs aspirations, leurs mœurs, leurs limites naturelles, d'après les lois générales de la raison et d'après les règles du droit public.

L'humanité et la civilisation ne lui doivent pas moins pour avoir érigé en principes désormais impérissables, destinés à lui survivre, que toutes les nations, membres de la grande famille européenne, auraient pleine et entière liberté de conscience, au lieu de plier sous une religion et une morale exclusives commandées par un maître ou un gouvernement envahissant ou inquisiteur ; qu'elles rentreraient en possession de leurs droits, de leurs libertés intérieures, de leur indépendance ; que pour la défense de cette indépendance il leur serait attribué une suffisante étendue de territoire ; qu'enfin l'état normal de l'Occident était désormais le développement régulier et progressif de peuples libres, et non l'extension indéfinie de quelque empire pléthorique ou de deux ou trois gouvernements, groupés par l'ambition et poursuivant une monarchie universelle, à trois ou quatre, au milieu de l'esclavage de la pensée et de l'asservissement matériel des nations européennes.

Pour réaliser ces projets, qui étaient mathématiquement réalisables, la France avait obtenu tout ce qu'elle était en droit de réclamer : la direction pendant la lutte, la force et l'extension jusqu'aux limites naturelles pour garantir le résultat des victoires qui intéressaient l'équilibre.

Le roi avait fixé l'instant où il devait passer des projets, longuement et sagement médités, à l'exécution. Il pourvut à l'intérieur pendant son absence. Il décida de quitter Paris le 19 mai 1610, pour se rendre en Champagne, où l'armée se trouvait rassemblée (à Châlons), et il devait immédiatement commencer l'expédition de Juliers.

Le 14 mai, Ravaillac renversa d'un coup de poignard ce que la France et l'Europe attendaient d'une si grandiose détermination.

Richelieu et Louis XIV ont repris, en sous-œuvre, le projet de Henri IV et des princes confédérés de 1610. L'équilibre européen était fait, car l'idée était trop nécessaire et trop féconde pour que le continent ne s'y associât pas, même après la mort de Henri IV et après les longues péripéties des guerres civiles et des guerres de compétition ou de suprématie en Europe.

## CHAPITRE III

Guerres de l'Équilibre. — Politique du cardinal de Richelieu. — Négociations et traités. — La France et la Suède prennent en mains la direction des opérations militaires en Allemagne, sur l'Elbe et le Danube. — Coup d'œil sur la campagne d'Allemagne. L'Espagne et l'Autriche sont partout vaincues. — Les grands généraux du temps : Bernard de Weimar, Tortenson, Turenne, Condé. — La maison d'Autriche ne peut plus refuser la paix après les victoires de Jankowitz et de Rocroi. — La bataille de Lens est décisive.

### I

La guerre de Trente ans, commencée en 1618 par tous ou par la plupart des confédérés de 1610, arriva en 1632 à son plus haut période, lorsque la France étendit à la branche allemande la guerre qu'elle faisait, depuis trois ans, à la branche espagnole de la maison d'Autriche. Cette déclaration de guerre devint le signal d'un embrasement général.

Ce fut l'époque la plus importante de la guerre de Trente ans et l'heure la plus critique de la maison d'Autriche. (F. Combes, *Histoire générale de la diplomatie européenne*.)

Jamais une guerre n'eut de proportions aussi vastes, jamais l'édifice colossal de l'empire d'Allemagne ne fut battu en brèche de tant de côtés à la fois; jamais tant de science militaire ne fut déployée de part et d'autre, jamais la lutte n'eut autant d'extension.

Germanique, jusqu'alors, et n'offrant que l'antagonisme de l'Allemagne féodale et municipale contre l'Autriche envahissante et monarchique, de l'Allemagne protestante contre l'Autriche orthodoxe, elle perd pour ainsi dire ce caractère, et c'est l'Europe qui prend l'Autriche à partie partout où elle a un pouce de terrain sous sa domination : la lutte germanique s'appelle la lutte continentale, et une question de pouvoir absolu et d'unité religieuse devient, grâce à l'intervention de la France, une question brûlante d'équilibre européen ; c'était d'ailleurs le caractère qu'avait cherché à lui donner Henri IV, lorsqu'il méditait son grand dessein, aujourd'hui confié au génie de Richelieu.

## II

Imitant les Romains, qui toujours se procuraient des alliés auprès de leurs ennemis, Richelieu contracte des alliances partout où se trouvent des possessions de la maison d'Autriche : dans le nord et le sud de l'Italie, dans les Pays-Bas et le Portugal contre l'Espagne ; dans le cœur de l'Allemagne et la Transylvanie contre la cour de Vienne ; et il agit ainsi dès 1635.

Un traité conclu à Paris avec les sept Provinces-Unies, menacées de nouveau, règle entre cette république et la France la conquête et le partage des Pays-Bas espagnols ; un traité analogue, celui de Rivoli, avec le duc de

Savoie, Victor-Amédée, époux de Christine de France, sœur de Louis XIII, assure à ce prince des agrandissements dans le Milanais, et le titre ambitionné de roi de Lombardie.

En Allemagne, le premier acte du grand ministre français, c'est de renouveler avec Oxenstiern, chancelier et ministre dirigeant en Suède, sous la reine Christine, et avec Bernard de Saxe-Weimar, généralissime des Suédois, un traité d'alliance et de subsides. Il donne même immédiatement, et en plus de la somme annuelle convenue, 500,000 livres (2 millions 500 mille francs d'aujourd'hui) que Weimar réclamait. La seule condition qu'il exige en retour, mais condition importante, indispensable, c'est que la Suède ne traitera jamais sans la France.

Grâce à ces arrangements, les généraux et les soldats français seront guidés par les Suédois, qui étaient les meilleures troupes de l'Europe, qui connaissaient la stratégie et qui avaient une longue expérience de la guerre d'Allemagne ; ils se formeront à leur école, ils apprendront à voler de leurs propres ailes et, au besoin, à se passer de leurs premiers maîtres. Ainsi se formera le maréchal de Guébriant, ainsi Turenne, qui, parmi les fondateurs de la stratégie moderne, prendra sa place à côté de Gustave-Adolphe lui-même.

Un traité semblable unit la France à Guillaume V, landgrave de Hesse-Cassel, et, après lui, sa veuve, l'intrépide régente de Hesse, la belle Élisabeth-Amélie de Hanau, qui s'engagèrent à fournir dix mille hommes, moyennant une somme annuelle de 200,000 rixdalers.

Voilà les adversaires que Richelieu pouvait opposer à l'empereur Ferdinand II, en 1637.

### III

Fort de ses alliés, le cardinal-ministre tâcha, par tous les moyens possibles, d'empêcher la jonction des Espagnols, dont l'infanterie était encore si redoutable, avec les Impériaux, qui, réduits ainsi, en Allemagne, à leurs propres forces, furent presque partout inférieurs aux troupes combinées de la France et de la Suède.

Pour retenir les Espagnols chez eux, il attaqua toutes leurs positions à la fois, principalement dans l'Italie et dans les Pays-Bas; il maintint les Grisons en possession de la Valteline, dont, sous prétexte d'en éloigner la réforme, il avait voulu, en 1626, s'emparer, afin d'avoir les communications libres entre Vienne et Milan; enfin, pour leur ôter la possibilité de se défendre chez eux avec toute la liberté d'esprit et toutes les troupes nécessaires, il poussa à la révolte, en 1640, les Catalans et les Portugais.

Si, de la maison d'Espagne, nous passons à la maison d'Autriche allemande, nous trouverons aussi des circonstances favorables préparées par la politique de Richelieu. Depuis l'année 1631, il soutint contre l'empereur Ferdinand II, Georges Ragotski, que les Transylvains avaient choisi pour leur prince, à la place d'Étienne Gabor, parent de Béthlem. En 1637, après 'avénement de Ferdinand III, vainqueur de Nordlingue, il appuya aussi les Hongrois protestants, qui s'étaient soulevés, et leur ménagea le secours du prince transylvain.

L'Autriche ne pouvait être aidée par personne hors de l'Allemagne ; par l'Angleterre, son alliée sous Charles-Quint, moins que par les autres. Charles I$^{er}$, qui régnait alors dans ce pays, était en effet lié aux intérêts français par l'influence de sa femme Henriette de France, autre sœur de Louis XIII, dont Richelieu avait fait le mariage en 1625.

D'un autre côté, en 1640, le Long-Parlement, en se déclarant indissoluble, venait de commencer cette révolution presbytérienne et démocratique qui, en Angleterre, aboutit aux mêmes vicissitudes d'actes régicides, d'anarchie républicaine et de dictature militaire, qu'une révolution plus fameuse amènera plus tard en France. Ainsi, l'Angleterre, qui aurait pu intervenir dans les affaires de l'Allemagne, était assez occupée chez elle. Richelieu, d'ailleurs, n'était pas étranger à la continuation de troubles qui arrangeaient ses affaires sur le continent et qui permirent bientôt aux Français, commandés par le grand Condé, de prendre aux Espagnols, en regard de l'Angleterre, jalouse mais impuissante, le port de Dunkerque.

Le plan de campagne contre l'Autriche répondait à cette bonne politique. Il y avait conformité parfaite de vues entre Richelieu et Gustave-Adolphe.

## IV

Après avoir fait la guerre à l'Espagne dans les Pays-Bas et dans l'Italie, Richelieu, du consentement des États ses alliés, et avec le concours puissant du plus habile des généraux suédois, Bernard de Saxe-Weimar, s'assura des bords du Rhin, de l'Alsace et de la Lorraine ; puis il se mit à suivre un plan qui conduisait droit au but, droit au colosse qu'il fallait renverser. L'on voit ce même Bernard de Weimar, pendant que, vers la Silésie, des corps suédois occupent des places fortes et gardent les passages pour aller à Vienne par le nord, on le voit s'avancer jusqu'en Bavière et prendre, à travers ce pays subjugué, la route du Danube, afin d'aller joindre, sur la même capitale, les autres détachements de l'armée d'invasion.

Malheureusement la mort l'enleva en 1649, à l'âge de trente-six ans, au milieu d'exploits qui n'excluaient pas chez ce grand capitaine des arrière-pensées très-ambitieuses.

Après lui, Banner, qu'on surnommait le second Gustave-Adolphe, dirigea la guerre avec plus de désintéressement. Pendant que le général français, de Guébriant, tenait le Rhin et cherchait à entrer en Bavière, Banner pénétrait en Autriche par la Bohême. Il fut obligé de rebrousser chemin et mourut subitement en 1641. Mais Tortenson, ce général goutteux et presque paralytique qui, pourtant, étonnait l'Europe par la rapidité de ses marches, le remplaça, et il reprit l'expédition en Autriche par les vallées de l'Elbe et de la Moldau.

Pendant que Guébriant gagnait la bataille de Kempen en 1642, sur le Rhin, s'emparait de Rotweill et menaçait la Bavière, Tortenson, non loin de l'Elbe, battait l'archiduc Léopold et le général Piccolomini à Leipsick, la même année, et paraissait quelques jours après devant Prague.

Vainement l'empereur Ferdinand III fomenta-t-il alors entre Christian IV, roi de Danemark, et la reine Christine de Suède, une guerre très-vive et qui arracha Tortenson au théâtre de ses victoires, et l'Autriche à un péril imminent : cette interruption de l'expédition contre Vienne à travers la Bohême ne fut pas de longue durée.

Deux généraux français, l'un tacticien profond, l'autre général d'inspiration, n'étant jamais avare du sang des soldats et mettant, par conséquent, plus de hardiesse dans ses attaques ; le premier, Turenne, le second, d'Enghien, qui fut plus tard le grand Condé, s'ouvraient, après avoir écrasé l'infanterie espagnole en 1643, dans les champs de Rocroi, la route de Bavière par le Danube.

A Fribourg. derrière la Forêt-Noire, aux sources mêmes du grand fleuve, dans le duché de Bade, en 1643, ils battaient le Bavarrois Mercy ; puis, s'avançant vers le Danube, ils triomphaient de nouveau et battaient à Nordlingue, en 1645, le même général et découvraient ainsi la frontière de la Bavière.

De son côté, Tortenson revint du Danemark à la même époque, avec de nouveaux lauriers, avec l'impatience extrême de reprendre son expédition interrompue, avec une ardeur accrue par le dépit et le ressentiment. Il eut bientôt forcé les portes de la Bohême, et la bataille de Jankowitz ou de Jankau, toujours en 1645, signala son retour.

Sur le Danube comme sur l'Elbe, l'invasion marchait vite et triomphante.

## V

Vers la capitale de l'Empire, près de Vienne, on devait être rejoint — d'après les plans de Richelieu — par Georges Ragotzki, dont la marche, par la Hongrie, en remontant le Danube, coïncidait avec celle des Français et des Suédois.

Déjà Tortenson était dans ce qu'on appelle l'archiduché d'Autriche et s'emparait, comme en courant, au nord de Vienne, de Znaïm, de Krems, de Kornemburg, prenait le fort du Pont-au-Loup, à trois ou quatre lieues de Vienne, passait ce pont et opérait sa jonction avec Ragotski.

L'empereur avait quitté en hâte sa capitale et il se réfugiait à Gratz avec toute sa famille : c'en était fait de la maison d'Autriche, lorsque Ragotski, gagné secrètement par l'empereur et craignant chez lui une invasion des Turcs, partisans de Béthlem Gabor, fit tout à coup défection !... De plus, les Français arrêtés en Bavière par Piccolomini, malgré le courage du Suédois Vrangel et de Turenne, n'arrivèrent pas. Pour surcroît de malheur, la peste apportée par les Transylvains décime l'armée de Tortenson. Au moment de couronner sa marche toujours victorieuse par un suprême succès, il est obligé de s'arrêter ; il est obligé de reculer devant la nouvelle armée qu'a formée la vigilante activité de l'archiduc Léopold et de se replier sur la Bohême, où, par excès de fatigue et de contrariété, il se démet du commandement en faveur de Vrangel.

Dès lors, Vrangel et Turenne font des prodiges sur le Rhin et sur le Danube supérieur, tandis que Kœnigsmarck reprend le projet de Tortenson en Bohême.

Turenne et Vrangel battent et tuent Mellander à Sommershausen en 1648, ravagent la Bavière le long du Danube, et Piccolomini a beaucoup de peine à les arrêter.

De son côté, Kœnigsmarck, arrivé devant Prague, prend la Nouvelle-Prague, qui était hostile à l'empereur, occupe la citadelle et menace la vieille ville.

Les Espagnols ne pouvaient rien : battus de toutes parts, ils avaient, en plus, deux conspirations sur les bras, celle de Masaniello à Naples, celle d'Alesio à Palerme. Cependant l'archiduc Léopold va se joindre à eux. Fiers de cet appui, ils veulent encore, en Flandre, tenter un dernier effort, tant il leur en coûte de subir la paix au lieu de la dicter. Ils combattent donc à Lens, en 1648, mais le grand Condé les écrase, et, au même moment, la Vieille-Prague se met à la merci de Kœnigsmarck. Alors l'empereur implore la paix ; on s'ajourne à Westphalie, et des courriers vont de toutes parts apporter aux armées l'ordre de ne plus combattre.

La France du dix-septième siècle avait consommé contre la maison d'Autriche l'œuvre conçue par

Henri IV, c'est-à-dire l'équilibre européen, et la paix était imposée à la force envahissante et à l'autocratie intolérante, par le droit et par la ligue intelligente des peuples épris d'indépendance et de dignité.

Nous arrivons ainsi aux négociations du traité de Westphalie, qui sont le point de départ de l'influence française et des règles du droit public européen.

## CHAPITRE IV

OUVERTURE de négociations pour la pacification générale de l'Europe. — Quoique vaincue et acculée de toutes parts, la maison d'Autriche hésite à s'humilier devant un congrès. — Mazarin, successeur et continuateur de la politique de Richelieu, insiste pour amener l'Autriche et l'Espagne à des conférences préliminaires. — Le ministre Trautmandorff. — L'Autriche ne peut plus résister, pressée qu'elle est par son impuissance, par les réclamations de l'Allemagne et l'ultimatum de Mazarin. — Conduite de la Bavière.

### I

Ce n'est pas en 1648 qu'on avait commencé de parler de paix, mais bien déjà en 1640. A cette époque, fatigués de dissentiments qui ne profitaient qu'aux étrangers, les Allemands appelèrent de tous leurs vœux la fin des hostilités, et Ferdinand III, cédant à leurs instances, avait entamé des conférences de pacification avec ses ennemis, car alors l'occasion de terminer la lutte, sans trop de dommage pour lui, n'était pas défavorable.

Mais la Suède, et surtout la France, étaient éloignées de la paix, ou du moins ne montraient pas à cet égard beaucoup d'empressement, par les mêmes raisons qui faisaient que l'Autriche y était portée.

La France ne traitant point, la Suède ne voulait pas

traiter sans la France, aux termes de sa promesse à Richelieu.

Plus tard, après les victoires de Kempen et de Leipsick, après les marches heureuses de l'Elbe et du Danube, après le triomphe éclatant de Rocroi, les coalisés pouvaient accepter des ouvertures de paix. L'Autriche, par un revirement subit, se refusa à cette humiliation. Elle comptait sur un retour de la fortune. Comment n'aurait-elle pas eu cet espoir ? Richelieu, si redouté, n'était plus, et le cardinal Mazarin, malgré son habileté et sa finesse tout italienne, ne passait pas pour le valoir. La France avait un roi dont le règne avait été inauguré par de brillants lauriers, mais c'était un enfant ; elle allait retomber — pensait la cour d'Autriche — comme après le meurtre de Henri IV ; elle allait être gouvernée par une Autrichienne, cette même Anne d'Autriche que Richelieu avait accusée de connivence avec la maison de Hapsbourg.

Mais après la victoire de Jankowitz, les Impériaux parlèrent d'un long armistice. Mazarin s'emporta : « La France, leur fit-il dire, ne veut ni armistice, ni neutralité, ni compromis quelconque. Elle veut une paix générale. »

L'Autriche faisait mine de résister, mais sa fierté cachait mal son désespoir. Elle n'avait plus confiance, elle se dépitait, elle luttait contre un fatal destin. Enfin, elle accepta le principe de conférences en vue de procurer « la paix à l'Europe et de régler le droit des États. » Son chargé de pouvoir fut le comte de Trautmandorff, le Metternich de l'Autriche au dix-septième siècle. Le lieu des conférences fut fixé à Munster avec un second siége à Osnabruck.

## II

Avant d'ouvrir les négociations pour une paix définitive, le plénipotentiaire autrichien crut être habile en proposant des paix particulières, afin de détacher la Suède de la France. Pour cela, il prend à part l'envoyé suédois, Salvius, qui commençait à être tourné contre la France par le comte de Tenaranda, premier plénipotentiaire espagnol. Trautmandorff le flatte donc, le caresse, lui dit que l'Autriche ne confondait pas les Suédois avec les Français, qui voulaient la ruine de cette maison ; que des indemnités territoriales leur seraient accordées ; que les Allemands avaient incomparablement moins d'éloignement pour la Suède que pour la France, *dont l'influence et le génie* (Trautmandorff l'avouait) *offusquaient et gênaient l'Allemagne toujours jalouse.* (VOLTMANN, *Négociations secrètes du traité de Westph.*)

Malgré ses avances et ses insinuations, le ministre autrichien ne réussit pas. Il n'obtint pas plus de succès que n'en avaient eu les Espagnols dans une récente tentative pour détacher la Hollande de la France. La Suède et la Hollande sentaient trop combien elles seraient peu capables, dans un traité de paix européen, de défendre seules leurs intérêts ou de donner « *sans la présence* et *l'appui de la France*, d'ailleurs victorieuse des Espagnols et des Impériaux, *une valeur et une autorité définitives à un acte devant intéresser et lier le continent.*

## III

Les nations intéressées à la paix, les cercles allemands, les premiers, poussaient l'Autriche à hâter l'ouverture des négociations générales. Le cardinal Mazarin avait eu l'habileté de faire ressortir, aux yeux de tous, la répugnance ou le mauvais vouloir de l'empereur d'Allemagne. Aussi les réclamations éclatèrent de toutes parts. A ces murmures se joignit la détermination prise par le duc Maximilien de Bavière de rechercher, à tout prix, l'amitié de la France, afin que son duché ne souffrit pas des difficultés et des lenteurs de l'Autriche. Il alla, pour atteindre ce but, jusqu'à faire à Mazarin, qui en instruisit les plénipotentiaires français de Munster, des révélations et des propositions les plus fâcheuses. En 1646, au commencement de l'année, il écrivit au nonce Bagni, à Paris, puis à Mazarin, que l'empereur lui avait dit à lui-même qu'il accorderait tout s'il ne pouvait détacher la Suède de la France, et que Trautmandorff, lui-même, malgré ses airs hautains et son caractère si rétif, avait un violent désir de conclure la paix ; enfin, que la Bavière contracterait volontiers une alliance secrète avec la France, ce qu'elle fit bientôt, en effet, par le traité d'Ulm, qui lui accorda la sécurité d'un État neutre.

Le mystère dont on couvrit cette conduite si déloyale de la part de la Bavière n'empêcha pas la cour de Vienne d'en avoir connaissance, c'est ce qui fit qu'elle pressa Trautmandorff de se montrer définitivement plus accommodant. Alors seulement commencèrent d'une manière sérieuse et suivie les négociations.

## IV

Les deux villes de Munster et Osnabruck n'étaient qu'à six lieues de distance l'une de l'autre. Les plénipotentiaires de Suède étaient à Osnabruck, et ils avaient un résident ou assistant à Munster; les plénipotentiaires français siégeaient à Munster, et ils avaient des résidents à Osnabruck. Les deux couronnes alliées l'avaient ainsi réglé, afin que, quoique traitant en commun, l'une n'eût pas l'air d'être subordonnée à l'autre. Ceux qui étaient alliés à la fois de la Suède et de la France, ou ceux qui avaient à régler avec les deux puissances, avaient des plénipotentiaires aux deux endroits; les alliés de l'une d'elles n'en avaient que dans une seule ville. L'empereur, comme étant celui qui avait à compter avec tous, et, d'ailleurs, en qualité d'empereur, avait des plénipotentiaires à Osnabruck comme à Munster.

Les puissances médiatrices étaient le pape Urbain VIII, que représentait Fabio Chigi, noble de Sienne, évêque de Nardo, le même qui devint pape en 1655 sous le nom d'Alexandre VII, et qui était le principal médiateur; la république de Venise, représentée par le chevalier Contarini.

En ce moment l'Europe entière fut en suspens, et l'on suivit avec anxiété toutes les vicissitudes de la lutte diplomatique qui devait fixer les droits et les devoirs des peuples indépendants sur un continent civilisé.

## CHAPITRE V

Conférences de Munster et d'Osnabruck. — Influence prépondérante de la France. — Son droit territorial en deçà du Rhin, des Alpes et des Pyrénées est proclamé. L'Alsace nous est acquise. — Singulière et importante déclaration pour la revendication des provinces cédées par l'Allemagne. — Les droits des autres puissances. — La France aurait pu empêcher l'*existence de la Prusse*. — Après le triomphe de l'influence française en 1648, Mazarin poursuit les négociations du traité des Pyrénées. — Cessions faites par l'Espagne à la France. — Un mot du maréchal de Grammont.

### I

Toute l'Europe, en effet, à l'exception de l'Angleterre, qui *adhérait tacitement* et qui acceptait pour *légitimes* et *nécessaires* les augmentations de territoire de la France, *jusqu'aux limites naturelles*, reconnues en 1610, à Henri IV par la reine Élisabeth et Maurice de Nassau ; à l'exception de la Suisse, des duchés de Parme, de Ferrare et de Gênes, qui *adhéraient tacitement aussi à la politique d'équilibre, poursuivie par la France, sur le plan de Henri IV ;* à l'exception de la Russie, qui n'intervenait pas encore dans le règlement des affaires européennes ; de la Pologne, qui s'abstenait, et de la Turquie, qui était regardée (d'après la politique du grand dessein) comme en dehors du concert des puissances chrétiennes, toute l'Europe, disons-nous, se trouva représentée aux conférences de Munster et d'Osnabruck. (P. Bougeant, comte de Garden, dans F. Combes.)

Jamais on n'avait vu d'assemblée diplomatique aussi universelle, de même qu'il n'y en avait pas encore eu d'aussi importante par la grandeur des intérêts qu'on allait y discuter. Les conciles œcuméniques, qui représentaient toute la chrétienté, avaient eu seuls jusqu'alors ce caractère d'universalité.

Les congrès de Munster et d'Osnabruck étaient véritablement les États généraux de l'Europe, un tribunal suprême, un sénat du continent et une parfaite réalisation de la grande pensée de Henri IV, qui s'était proposé d'employer ce moyen pour reformer, sur la base de l'équilibration des forces, la carte de l'Europe.

On y voyait cinquante-cinq députations d'États, sans compter le Saint-Siége et Venise, qui n'étaient que médiateurs. Ces députations se composaient, en réunissant les plénipotentiaires et les résidents, de cent cinquante députés formant deux réunions distinctes, mais devant s'entendre pour un traité unique ou du moins commun.

En face de l'Empire humilié et de l'Espagne abattue par la France, on voyait, d'abord, la France; puis la Suède, le Danemark, le Portugal, les sept Provinces-Unies, la Savoie, le duché de Mantoue, le grand-duché de Toscane, puis les grands États de l'Allemagne avec les électorats, les margraviats, les landgraviats, les évêchés, les Confessions, les villes libres, les villes impériales, les villes hanséatiques, etc. L'énumération des pièces gothiques de l'échiquier allemand tient un in-folio de protocoles.

## II

La discussion des intérêts importants de la France constitue, avec l'organisation politique et religieuse de l'Allemagne, la partie principale des négociations de Munster. L'Europe aujourd'hui n'a d'attention que pour cette partie de la question française, et nous n'insisterons que sur ce point. Il s'agit de prouver, d'ailleurs, que les traités de Westphalie reconnurent et constituèrent *notre droit territorial* jusqu'à des limites que les événements ont consacrées de fait, et que d'autres événements ne sauraient infirmer ou détruire. En faisant de la France la clef de voûte de l'équilibre, l'Europe de 1646 et de 1648 a voulu que la France pût être en mesure de répondre toujours à la grandeur de sa tâche, et pût connaître jusqu'où son droit pouvait s'étendre territorialement parlant. C'est un droit de propriété qui a été théoriquement reconnu et implicitement libellé, lorsque les frontières du Rhin, des Alpes et des Pyrénées étaient admises comme étant nos limites naturelles sur le continent. Et, en réalité, l'Europe rentrait dans la tradition gauloise, dans la tradition gallo-romaine et dans la tradition de Charlemagne, en s'inclinant ainsi devant nos revendications légitimes. Le droit reste donc le droit, et la France est toujours en pleine possession du titre, deux fois séculaire après Westphalie et Utrecht, dix fois séculaire après Charlemagne, vingt fois séculaire après Jules César, de l'étendue de son légitime domaine. Ni les scissions féodales, ni les guerres européennes, ni les conventions passagères n'ont pu changer l'origine de ce domaine, ni l'étendue de ce droit. Opposer origine à origine, race à race sur tout ce qui est territoire franc. en deçà du Rhin, des Alpes ou des Pyrénées, c'est appuyer une double hérésie ethnographique et politique, c'est plaider l'usurpation.

Mais arrivons aux conférences de Munster.

La France avait des diplomates habiles. Souvent, et cela depuis Philippe le Bel, leur grand maître, elle a eu l'heureuse fortune d'être représentée par des négociateurs d'une force incomparable.

Louis d'Orléans, duc de Longueville, était chargé des pleins pouvoirs et de la signature; mais il était secondé par le comte d'Avaux et, surtout, par Abel Servien, marquis de Sablé, ancien conseiller d'État de Louis XIII et ancien coadjuteur du maréchal de Toyras dans la négociation de paix en Italie, sous Ferdinand II. Mazarin avait en très-haute estime les talents et le caractère de Servien. Il lui donna, en secret, sa confiance absolue.

## III

Abaisser la maison d'Autriche et empêcher la prépondérance d'un empire allemand, soit en démembrant leurs États au profit de la sûreté de nos frontières ou de nos protégés, soit en occupant au cœur même de ces États des positions importantes pour la surveillance ou l'attaque, tel est le but que s'était proposé Richelieu et que, d'après ses plans, poursuivait le cardinal Mazarin.

Dans les instructions qu'il remit à d'Avaux et à Servien, il demandait que l'empereur et l'empire cédassent à la France, déjà maîtresse de Brisach, la haute et la basse Alsace et le Sundgaw. Il était recommandé aux plénipotentiaires, pour disposer les États de l'Empire à cette cession, d'invoquer les intérêts même de l'Allemagne. En présence d'un empire qui pesait sur tous, n'importait-il pas aux Allemands d'être protégés par une puissance qui égalât le despote en force? Or, quel était le moyen de rendre cette protection efficace et durable? N'était-ce pas d'y intéresser la puissance qui l'offrait, par la possession d'un territoire gallo-germain reconnu *Franc* par Charlemagne, germanisé depuis, mais qui appartenait à la France par la tradition primordiale et par l'irrésistible puissance des aspirations et des mœurs? Nos ministres devaient surtout faire valoir cette raison au duc de Bavière, dont les domaines étaient comme investis et pressés de tous côtés par la maison d'Autriche.

Là ne se bornaient pas les exigences de la France. Nos armées avaient occupé la Lorraine, province nationale de tout temps et reconnue telle dès les premiers Capétiens. En occupant le pays où elles furent reçues *par des compatriotes*, les armées françaises avaient voulu punir le duc de Lorraine, Charles IV, qui, pendant la période française de la guerre de Trente ans, était passé tour à tour d'un camp dans un autre avec la légèreté d'un esprit sans consistance et craintif.

Mazarin prétendit la garder, aussi bien que les Trois-Évêchés, à la charge, par la France, de rembourser à l'empereur d'Allemagne les subsides que le duc de Lorraine s'était engagé à lui payer pour participation à la guerre qui venait de finir.

Mazarin aurait aussi désiré obtenir un privilége politique, dont la concession aurait pu nuire à l'Autriche, pour l'avenir, beaucoup plus que l'abandon de ces territoires. C'était que la France eût, aux Diètes de l'Empire, les voix de la Lorraine; et pour gagner l'empereur, il offrait de payer le double de l'argent dû par la Lorraine pour les frais de la guerre.

Quelle influence n'aurait pas acquise immédiatement, en Allemagne, un État comme la France, ayant des territoires allemands, ayant des alliés et étant le centre d'une opposition armée qui avait vaincu le Saint-Empire !

La France eût remplacé le parti saxon ou féodal en Allemagne, ce parti saxon dont les chefs habituels, les électeurs de Saxe, s'étaient ralliés au pouvoir impérial et à la maison d'Autriche.

C'est précisément en représentant ce parti saxon, délaissé par ces antiques chefs, que la Prusse, de nos jours, s'est élevée en Allemagne, d'abord au niveau de l'Autriche, et, en s'identifiant avec l'opposition politico-religieuse, a pu ensuite former, sur le projet de Gustave-Adolphe, un empire protestant au centre de l'Europe. La pensée militante de Luther a été ainsi réalisée; la

Réforme est sortie de l'abstraction et des controverses pour entrer dans la lutte par la domination, par le sceptre et l'épée ; et elle a pris la couronne de Charlemagne, qui venait des papes, pour lutter contre la tiare que porta Grégoire VII, un nom redoutable aux empereurs germains ; pour lutter, disons-nous, contre le souverain pontificat aujourd'hui menacé d'un Exode.

L'admission de la France dans ces Diètes germaniques aurait pu avoir pour l'Allemagne, si morcelée et si désunie, les mêmes résultats qu'eut autrefois pour la Grèce, également divisée, l'admission de l'ambitieux et rusé Philippe de Macédoine, avec les voix des Phocidiens, dans le conseil amphictyonique, qui était la diète suprême de la Grèce. La France aurait fini par tout conduire en Allemagne, et dans tous les cas, *elle eût rendu la Prusse impossible.*

## IV

A ces demandes directes de Mazarin, le premier ministre et plénipotentiaire de l'Empire affecta en premier lieu une indifférence et une inflexibilité extrêmes. Tout au plus s'il voulait confirmer la France dans la possession des Trois-Évêchés, qui était pourtant un fait accompli depuis longtemps ; quant à tout le reste, surtout à notre admission dans les Diètes germaniques, il refusa d'introduire le loup dans la bergerie, et il déclara que l'empereur ne pourrait jamais y consentir.

Mazarin se doutait bien, d'après les dernières révélations de Maximilien de Bavière, que les ordres de la cour de Vienne étaient tout le contraire de ses affirmations; mais comment amener la manifestation de ces ordres secrets, de ces instructions véritables, et obliger ainsi, par les murmures de l'Allemagne, qui voulait la paix à tout prix, la maison d'Autriche à céder? Mazarin fit dire à d'Avaux, à Servien et au duc de Longueville, de donner à entendre qu'on pourrait bien se contenter de la haute et de la basse Alsace, du Sundgaw et des forteresses de Brisach et de Philipsbourg; et, en même temps, comme il pensait que le duc de Bavière savait à quoi s'en tenir sur cet autre point des intentions réelles de l'Autriche, Mazarin ordonna au maréchal de Turenne, qui était vers le haut Rhin avec une armée, de se mettre en marche dans la Bavière, afin d'obliger, par l'intimidation, le duc Maximilien à dire à la face de l'Allemagne tout ce qu'il savait.

Effectivement, menacé par l'invasion française, Maximilien de Bavière déclara hautement aux électeurs que, d'après les communications confidentielles de l'empereur, il pouvait affirmer que Trautmandorff ne se conformerait pas à ses instructions et que la France, paraissant vouloir rabattre de ses prétentions, il n'y avait d'autre obstacle à la satisfaction de cette puissance, que le mauvais vouloir d'un ministre ridiculement jaloux de faire le maître.

## V

Le coup porta juste. Après une telle révélation il n'y eut plus moyen de reculer, et Trautmandorff déclara solennellement que l'Empire cédait en toute propriété la haute et la basse Alsace, ainsi que le Sundgaw avec les dix villes libres de l'Alsace. Strasbourg, ville impériale, passait sous la suzeraineté du roi de France, qui avait sur cette grande cité les mêmes droits qu'exerçaient les empereurs sur les villes impériales. Il ne voulut pas cependant céder pour Brisach et Philipsbourg. Mais Servien, qui était dans le secret des intentions de Mazarin, insista, fort du droit qu'il exposait, plus fort encore du prestige de la France : Brisach fut d'abord accordé, et enfin on capitula aussi pour Philipsbourg, où la France avait le droit de tenir garnison à perpétuité.

Il fut alors déclaré, au nom de l'Empire et au nom du Congrès, que « les pays cédés cessaient d'être allemands, c'est-à-dire que tous les liens qui les rattachaient à l'Empire étaient rompus définitivement; que les habitants de ces pays devenaient sujets français et ces pays mêmes incorporés définitivement à la monarchie française. » On ajouta que l'Allemagne n'accordait pas de voix à la France dans les Diètes germaniques, parce que les pays *qui faisaient retour à l'ancienne Gaule n'avaient aucun intérêt allemand et qu'ils ne pouvaient, par conséquent, être représentés utilement et légitimement aux assemblées de la Confédération ou de l'Empire.* De son côté, l'Allemagne, au nom de l'intérêt européen, de la garantie de l'équilibre, de la raison politique, de la tradition historique, des tendances de la population qui rentrait ainsi, librement et avec bonheur, dans le giron de l'ancienne patrie franque, s'interdisait, pour jamais, TOUTE REVENDICATION *des mêmes pays et des mêmes populations, déclarant, d'avance,* ILLUSOIRE TOUT

COUP DE LA FORCE, OU ILLÉGITIME toute convention qui viendraient détruire ce pacte solennel, intervenu dans les conférences de l'Europe assemblée.

Ces clauses furent définitivement arrêtées le 5 septembre 1646, à Munster.

## VI

Les négociations se poursuivirent à Osnabruck pour les intérêts de la Suède et des petits États de l'Allemagne. La France y défendit les intérêts de l'Empire devant les exigences trop lourdes des Suédois, mais elle procura à ses alliés un territoire allemand, la Poméranie citérieure, et les droits de vote qu'elle n'avait pu obtenir pour elle-même.

Ces indemnités territoriales, accordées aux Suédois, nuisaient aux intérêts de deux princes allemands, l'électeur de Brandebourg et le duc de Brunswick. L'électeur de Brandebourg, Frédéric-Guillaume, ne devait plus songer à la Poméranie citérieure ou Basse-Poméranie ; mais la France lui fit accorder Halberstadt et l'archevêché de Magdebourg, puis Minden et Carmin, par la cour de Berlin ou du Brandebourg (le comte d'Avaux lui conseilla de les obtenir plus vite en achetant les voix vénales de la diplomatie suédoise). Le duc de Brunswick fut ainsi vaincu numérairement par Frédéric-Guillaume, plus connu sous le nom de Grand-Électeur, jeune prince qui possédait déjà au plus haut degré l'art de corrompre. Brunswick dut se contenter de l'expectative du siége d'Osnabruck, à la mort de François-Guillaume de Bavière, qui en était évêque. On devait, dans ce cas, alterner entre un prince catholique et un prince protestant de Brunswick, clause monstrueuse s'il en fut jamais au point de vue religieux.

Ainsi, le Brandebourg, que nous pouvons dès ce moment appeler la Prusse, s'agrandissait, grâce à l'influence de la France, par Minden, par la succession partagée de Clèves et Juliers, dans la Westphalie, qu'il devait un jour posséder tout entière sous le nom de Prusse rhénane. Ainsi, par l'acte du 13 mai 1647, le Grand-Électeur réunissait son électorat à ses possessions de la rive droite du Rhin. (PUFFENDORFF.)

## VII

Les intérêts du Mecklembourg, ceux du landgraviat de Hesse-Cassel, du margraviat de Bade-Dourlach, du duché de Wurtemberg, de la maison Palatine, furent arrangés, reconnus par l'Empire et par l'Europe. Le système de l'arrondissement territorial leur fut appliqué.

Enfin on s'occupa des cantons suisses, dont l'existence politique n'avait jamais été reconnue par l'Autriche. La France, leur alliée, fit reconnaître solennellement leur indépendance.

D'après tous ces actes, on le voit, la défaite d'un Empire prépondérant au centre de l'Europe ne pouvait pas être plus complète, et jamais État n'avait subi plus que l'Autriche l'impitoyable loi des vainqueurs. Cette monarchie universelle, ce rétablissement de l'ancien empire romain qui était son idée fixe, comme celle des grandes maisons impériales qui l'avaient précédée, restait à l'état de projet, de prétention, de rêve.

Pour comble de malheur, au dedans, des règlements faits ou provoqués par le Congrès l'obligèrent aussi à faire à peu près l'entier abandon de ses plans de monarchie absolue et d'unité religieuse dans l'empire, irrémédiablement divisé, du Deutschland.

Malgré ces arrangements, l'Autriche conservait l'autorité politique et judiciaire accordée au Conseil aulique sur l'Allemagne. Elle n'avait, en réalité, été atteinte que dans ses plans ambitieux au dehors, et on avait été généreux envers elle, puisqu'on la laissait debout et avec le même titre, après qu'elle avait menacé l'existence de tous les autres. Les traités de Westphalie, de 1648, ratifiaient ce que le Congrès universel de l'Europe avait réglé, et l'ambassadeur français, le comte d'Avaux, put dire quelque temps après au pape Urbain VIII : « Votre Sainteté n'ignore pas que la pensée fondamentale de l'équilibre européen qui a animé les peuples et les rois, est d'empêcher les grands de dévorer les petits. » (P. Bougeant.)

Tel est le caractère du triomphe des puissances étrangères sur un État envahissant ou dont la force excède, par conséquent, menace.

Après la Fronde et surtout après la bataille des Dunes, en 1658, lorsque Mazarin, triomphant des Espagnols et des factions intérieures, revint à Paris d'un injuste et impolitique exil, il songea à compléter l'œuvre de Westphalie par le fameux traité des Pyrénées, qui devait, par l'abaissement de la maison d'Autriche espagnole, « compléter l'équilibre européen et porter à son comble la gloire des artisans célèbres de ce grand et précieux ouvrage. » (F. Combes.)

## VIII

Le premier ministre de France, le cardinal Mazarin, et le premier ministre d'Espagne, don Louis de Haro, se réservèrent l'honneur de conclure la paix, et, à la faveur d'un armistice, signé le 8 mai 1659, ils se rendirent, chacun de leur côté, à Saint-Sébastien, et, de là, dans l'île des Faisans, formée par la Bidassoa.

Cette petite île fut reconnue mitoyenne, appartenant moitié à la France, moitié à l'Espagne. Puis, au milieu, à égale distance des bords, on fit construire un pavillon, et c'est là que les deux ministres entrèrent en séance pour dresser, en détail et dans toutes ses parties, l'acte solennel qui, par nos frontières naturelles au midi et par une nouvelle alliance matrimoniale, devait consacrer entre les deux pays, jusqu'alors ennemis, la frontière des Pyrénées.

Tous les jours, Mazarin et Louis de Haro poursuivirent les négociations, et l'on compulsa les traités qui avaient été conclus successivement entre la France et la maison d'Autriche, d'Allemagne ou d'Espagne. Mazarin, vainqueur, n'eut pas de peine à obtenir tout ce qu'il voulut. Il trouvait, avec raison, que les Espagnols, par l'Artois, les Flandres, la Franche-Comté, le Roussillon et la Cerdagne, avaient le pied sur presque toutes les parties du sol français, gênaient la libre allure de la France, la tenaient, pour ainsi dire, en échec et l'empêchaient de se développer avec l'ampleur d'un État libre de ses mouvements et prépondérant, comme l'avait voulu l'Europe réunie à Munster en Westphalie.

Les négociations durèrent jusqu'au 7 novembre 1659. Après trente-deux articles consacrés à déterminer les relations commerciales entre l'Espagne et la France, le traité des Pyrénées stipulait 1° le mariage de l'Infante avec Louis XIV. On donnait à cette princesse 500 mille écus d'or en dot, moyennant quoi elle renonçait, pour sa postérité, à quelque titre que ce fût, à la succession du roi et de la reine d'Espagne. Louis XIV, après son mariage, devait signer cette renonciation.

2° Philippe IV cédait à la France le comté d'Artois, moins Saint-Omer et Aire ; 3° le comté de Flandre, Gravelines, Bourbourg, Saint-Venant et leurs dépendances ; 4° dans le comté de Hainaut, Landrecy et le Quesnoy, avec bailliages et annexes dépendantes ; 5° dans le duché de Luxembourg, Thionville, Montmédy, Damvillers, Ivoy, Chavancy, Marville ; 6° dans la province actuelle de Namur, entre Sambre et Meuse, Marienbourg, Philippeville et Avesne.

Du côté du midi, la France obtenait les comtés de Roussillon et de Conflans, excepté les localités situées sur le versant espagnol des Pyrénées. C'est aussi jusqu'à cette limite qu'on lui cédait le comté de Cerdagne.

Les frontières de l'est restaient dans le même état, puisque la Franche-Comté continuait d'appartenir à l'Espagne ; mais rien ne fut plus facile à Louis XIV de conquérir cette province, où le langage, les mœurs, les habitudes, tout était français.

Relativement aux possessions d'Italie, aux Pays-Bas et à la Navarre espagnole, les traités antérieurs firent autorité.

Après la signature de cet important traité, don Louis de Haro dit aux Espagnols qui l'accompagnaient : « Messieurs, allons rendre grâce à Dieu de cet événement ! L'Espagne était perdue ; elle est aujourd'hui sauvée. » C'est ainsi que l'Espagne se consolait de ses défaites multipliées par la satisfaction d'y survivre encore, de se sentir debout, quoique horriblement mutilée, et de pouvoir respirer librement après avoir craint d'être anéantie. Oui, sans doute, elle était sauvée et elle était liée pour quelque temps encore au mouvement européen par les Pays-Bas et par la Franche-Comté, mais ces épaves d'un grand empire « qui ne voyait jamais le soleil se coucher sur son horizon » allaient lui échapper par les conquêtes de Louis XIV, et elle était destinée à ne jouer désormais en Europe qu'un rôle secondaire, après y avoir régné en quelque sorte pendant plus d'un siècle !

Elle avait subi, à son tour, les irrésistibles coups de cette fatalité qui, en affranchissant l'Europe, la conscience et la pensée, par l'épée et le génie de la France, semblait poursuivre la maison d'Autriche tout entière, et rien ne dira mieux que ce trait le degré d'humiliation de ces superbes de la veille :

Le maréchal de Grammont, en demandant officiellement au roi d'Espagne la main de Marie-Thérèse, le jour même où le traité des Pyrénées était signé, parla ainsi à Philippe IV : « Sire, le roi mon maître vous accorde la paix ! » Et pour corriger l'amertume de cette parole, l'ambassadeur se tourna vers l'infante : « Et vous, madame, dit-il en s'inclinant, Sa Majesté vous donne son cœur et sa couronne. »

La France avait pris sa revanche du siècle de Charles-Quint !

## CHAPITRE VI

L'Europe a respecté le pacte solennel de Westphalie. — Elle a lutté contre la France elle-même dans l'intérêt du principe établi en 1648. — Fautes de Louis XIV. — L'Allemagne en profite pour ressaisir ce qu'elle a cédé. — Détresse de la fin du grand règne. — La victoire de Denain. — La paix d'Utrecht confirme le traité de Westphalie. — Les événements des règnes de Louis XV, de Louis XVI, de la Révolution et de l'Empire. — Continuation de la politique de l'*Équilibre*.

### I

Ce que l'Europe avait fait en 1648 dans l'intérêt du continent, elle n'hésita point à le renouveler contre la France elle-même, lorsque Louis XIV, donnant un essor exagéré à son ambition, menaça cet équilibre européen qu'on devait à notre initiative, à nos armes et à notre influence. Au lieu de l'Autriche occupant à la fois le trône électif d'Allemagne et le trône héréditaire de Madrid, c'était la maison de Bourbon qui, dès l'ouverture de la succession vacante de la branche espagnole, se trouva à la fois maîtresse à Paris et au delà des Pyrénées. Le duc d'Anjou, depuis Philippe V, pouvait même hériter du trône impérial germanique à la mort de l'empereur Joseph I<sup>er</sup>, en 1711. Avec cet avénement, l'équilibre des traités de Westphalie était dérangé, et tout à coup la puissance de Charles-Quint pouvait renaître avec une autre dynastie et avec beaucoup plus de dangers pour le continent. L'Europe n'hésita point; elle prit contre la France, déjà affaiblie par une succession de désastres dont la dernière période du règne de Louis XIV nous offre le lamentable spectacle, des précautions pour empêcher à tout prix la réunion des couronnes de France et d'Espagne, et pour amoindrir, dès à présent, ces deux puissances, en fortifiant, par la distribution des territoires qui leur étaient enlevés, les États destinés à nous faire contre-poids.

Mais aux fautes immenses de Louis XIV s'ajoutèrent les fautes et l'aveuglement de l'Angleterre, férocement jalouse et, en ce moment, victorieuse; de l'Autriche, implacablement rancunière; de la Hollande, qui donnait à ses légitimes ressentiments contre le grand roi un caractère d'ingratitude que ne méritait pas, pour ses anciens procédés si favorables, la nation française, dont elle était fière autrefois d'avoir l'alliance et l'appui!

## II

Un congrès était déjà assemblé à Utrecht, et, au commencement de 1711, les événements devinrent tellement funestes, par suite de l'épuisement général du royaume, et amenèrent la France à une telle extrémité, que Louis XIV, cet ancien maître de l'Europe, en était réduit, non plus même à proposer une paix honorable, mais à supplier pour obtenir une paix honteuse. Louis offrait de reconnaître l'archiduc Louis d'Autriche comme roi d'Espagne, d'abandonner à lui-même Philippe V, son petit-fils, de donner quatre grandes places en otage, de rendre Strasbourg et Brisach, de renoncer au vieux *droit carlovingien*, reconnu en 1648, c'est-à-dire à la souveraineté de l'Alsace, et de n'en rien garder que ce qu'on appelait la préfecture de Haguenau ; de raser toutes ses places depuis Bâle jusqu'à Philipsbourg, de combler le port de Dunkerque, qui était alors à l'Angleterre, ce que de nos jours, malgré l'avénement de la grande marine cuirassée des *monitors* garde-côtes, des *béliers*, des *torpilles* et autres engins formidables à l'étude, est en face de cette nation le port militaire de Cherbourg. Il proposait, en outre, de rendre, aux États de Hollande, Tournai, Lille, Menin, Ypres, Furnes, Maubeuge et Condé.

C'était effacer d'un coup le traité glorieux de Nimègue (1678), calqué sur les principes généraux de celui de Westphalie, qui reconnaissait les droits et la souveraineté de la France sur tout le territoire franc et carlovingien du Nord et de l'Est jusqu'au Rhin, et jusqu'à la Suisse ; du Nord-Est jusqu'aux Alpes du Sud et jusqu'aux limites précisées par le traité des Pyrénées. La paix de Ryswick (1697) confirma, sous la médiation de Charles XII, roi de Suède, les dispositions de Nimègue, quant aux droits et aux possessions légitimes de la France dans toute l'étendue de ses limites naturelles et quant à l'équilibre européen.

## III

Les ennemis de Louis XIV refusèrent, non point au nom du sentiment d'équité, de l'intérêt général ou de la foi jurée, mais en haine de cette France que l'Angleterre et la Hollande, séides de l'empire allemand, voulaient écraser et démembrer, comme si la mutilation de la France n'était pas — en tout temps — le suicide de l'Europe !

Dans cette extrémité, le petit-fils de Henri IV répara dans une heure de résolution suprême tout ce qu'il avait commis de fautes contre la France, contre les peuples, contre la liberté, contre la pensée, contre lui-même. Il se souvint qu'il était Français avant d'être roi, et qu'il fallait combattre ou mourir. Louis XIV décida de convoquer toute la noblesse et toute la jeunesse du royaume, et de marcher à leur tête à l'âge de soixante-quatorze ans.

Les événements pressaient d'ailleurs. On était en 1712. Après la prise de Gand, la capitulation de Lille et de Douai, le grand général anglais Marlborough avait continué son mouvement offensif par la Picardie. Les principales forces de la France s'étaient portées en désordre vers ce point. Les alliés s'arrêtèrent. Leur désastreuse victoire de Malplaquet, gagnée trois ans auparavant, les avait rendus timides. Ils avaient laissé vingt-deux mille hommes sur le terrain contre huit mille des nôtres, et, sans la blessure du maréchal de Villars pendant l'action, la France alors était sauvée. Ce souvenir, qui les remplissait de crainte, tant notre armée inspirait de respect à toute l'Europe, fit que les alliés perdirent un temps précieux en Picardie.

Louis XIV profita de ce temps d'arrêt pour réorganiser ses troupes ; puis il ordonna à Villars, rétabli de sa blessure, de prendre le commandement de cette armée, la dernière ressource de la France.

Le plan du maréchal avait été concerté avec Louis XIV. Le vieux roi, en lui confiant le dernier enjeu de la patrie, lui avait prescrit de livrer bataille quand même, dût-il, après la défaite, se retirer derrière la Loire, comme au temps de Charles VII.

D'après cet ordre, Villars avait résolu d'offrir la bataille aux ennemis dans des positions toujours assez fortes pour que la victoire leur coûtât aussi cher qu'à Malplaquet, et il avait calculé avec le roi de France qu'il pouvait avoir deux fortes journées de guerre au delà de l'Oise et une au moins sur les bords de la Seine.

Une circonstance heureuse, amenée par notre diplomatie — la France, autrefois, avait tant d'habiles diplomates ! — fit réussir en Angleterre l'intrigue de cour qui rappela de l'armée le duc de Marlborough, ce grand et redoutable capitaine, l'émule et, en ce moment, le compagnon d'armes du prince Eugène ; l'émule également des plus grands héros du siècle de Louis XIV. Les troupes anglaises ne secondèrent plus, dès lors, que faiblement les armées coalisées. Bientôt même, grâce à notre diplomatie, — infatigable, parce qu'il n'y avait pas de temps à perdre, et habile parce qu'il fallait réussir, —

une suspension d'armes fut publiée entre la France et l'Angleterre, et les troupes étaient en présence!

## IV

L'armée hollando-germanique, s'élevant à plus de cent vingt mille hommes, était campée entre l'Escaut et la Scarpe, forte position dont Denain était la tête. Cependant le prince Eugène, généralissime des alliés, fit le siége de Landrecies, et Villars ne put s'y opposer, tant il ménageait sa dernière armée. Il attendait une occasion favorable; elle se présenta. Le prince Eugène commit la faute de trop étendre sa ligne d'opération. Le dépôt de ses magasins dans Marchiennes était trop éloigné de Denain; ce dernier poste ne pouvait être secouru à temps s'il était attaqué. Un curé et un conseiller de Douai, examinant ces quartiers, furent les premiers qui s'aperçurent combien il serait facile d'enlever Denain. Cette idée fut communiquée au maréchal de Montesquiou, qui en donna avis à Villars. Le général en chef l'approuva et prescrivit des ordres pour le mettre aussitôt à exécution. Afin de donner le change au prince Eugène, il feignit de diriger toutes ses forces sur Landrecies, pendant qu'un corps d'élite se portait en toute hâte vers Denain.

Le comte d'Albemarle, lieutenant du général ennemi, s'y trouvait retranché avec dix-sept bataillons. Il fut informé par ses éclaireurs de la marche inattendue de l'armée française. Il en avertit en toute hâte le prince Eugène, en lui écrivant qu'il se faisait fort de résister pendant quelques heures, mais qu'il ne répondait pas de la bataille avant le coucher du soleil et qu'il attendait de prompts renforts. On était à la matinée du 24 juillet 1712.

Villars ne leur donna pas le temps d'arriver; ses ordres furent succincts et rapides, et le comte de Coigny fut placé de façon à surveiller les alliés. La garnison de Valenciennes fut dirigée par la droite vers Denain, tandis que le marquis de Vieux-Pont, Albergotti et le comte de Broglie les abordaient de front. Les colonnes d'attaque furent bientôt formées : trente bataillons, quatre-vingts compagnies de grenadiers furent placés en première ligne et s'avancèrent étendards déployés; une autre colonne d'infanterie les suivait. L'attaque se fit au pas de course. Le comte d'Albemarle ne put résister plus longtemps à l'impétuosité française stimulée par l'espérance du succès. Villars descendit de cheval et à la partie la plus formidable des retranchements de Denain, il se découvrit à ses troupes et aux ennemis en jetant son bâton de commandement au delà des positions qu'il pensait atteindre et en criant ces mots : *Tout pour la France et pour l'honneur !*

Les renforts du prince Eugène arrivaient, mais ils entraient en lutte avec le corps de Coigny. Le camp de Denain fut enlevé; on y entra pêle-mêle au son des fanfares, au bruit des tambours et aux cris de *Vive la France ! Vive Villars !* Les bataillons hollandais et allemands furent massacrés ou jetés dans l'Escaut. Le comte d'Albemarle rendit son épée, deux princes de Nassau, deux princes allemands, d'Holstein et d'Anhalt, furent faits prisonniers, ainsi que trois mille hommes.

Cependant le prince Eugène accourait et faisait attaquer le pont de l'Escaut, mais il n'arriva que pour être témoin du désastre, et il ne put y échapper lui-même ; son corps fut mis en déroute : dix de ses bataillons avaient été détruits et quarante restaient nos prisonniers. Le généralissime des Hollando-Allemands se mettait en fuite, n'ayant plus que le tiers à peine de l'armée à laquelle il avait promis le pillage de Paris, — ce but secret de toutes les invasions *barbares*, à la façon du vieux Rollon, ou *méthodiques* à la façon des Rollons modernes !

La victoire de Denain fut décisive, elle frappa la coalition au moment propice et la détruisit. Villars en profita avec son habileté ordinaire ; il délivra Landrecies, s'empara de Douai, du Quesnoy, de Bouchain, et poussa le prince Eugène l'épée dans les reins au delà de nos frontières. A la fin, ce fut à coup de plats de sabre que les Français refoulèrent l'invasion de 1712 et semèrent les grands chemins, suivis par les hordes germaniques, des cadavres de plus de quarante bataillons encore !

La bataille de Denain fut célébrée en France par d'unanimes acclamations ; elle avait sauvé notre indépendance nationale, car il y allait de notre existence ! Elle préparait le traité d'Utrecht. La face des choses avait totalement changé, car si la paix n'était plus avantageuse, comme à Nimègue et à Ryswick, du moins elle n'était plus déshonorante, comme avant le glorieux défi de Louis XIV, transformé en éclatante victoire par le génie de Villars.

## V

L'Europe respira.

Le Congrès d'Utrecht admit le droit de la France sur le territoire franc au nord, à l'est, au pied des Alpes et des Pyrénées. Une série de traités fut alors conclue :

1° A Utrecht, entre la France, l'Angleterre et l'Espagne. Louis XIV consent à démolir les fortifications de Dunkerque et de Mardick, mais la succession d'Espagne est terminée, Philippe V est reconnu roi. (Acte du 11 avril 1713.)

2° A Rastadt, traité entre la France et l'empereur d'Allemagne, par lequel les choses sont remises, en faveur de la France, dans l'état où elles étaient avant la paix de Ryswick. La Flandre française, l'Alsace, la Franche-Comté sont reconnues terres et provinces françaises à perpétuité. (Acte du 6 mars 1714.)

3° A Bade, traité complémentaire de Bade, entre la France et l'empire allemand, qui confirme les stipulations de Rastadt. (Acte du 7 septembre 1714.)

Les différences entre les traités de Westphalie et ceux d'Utrecht, tant dans le personnel des parties contractantes que dans l'objet même des stipulations, écrit E. Ortolan, sont dignes de remarque. A la tête des États coalisés lors de la paix de Westphalie, marchaient la France et la Suède, l'Angleterre était à l'écart; à la paix d'Utrecht, la Suède ne figure plus, c'est l'Angleterre qui mène les négociations, et c'est sous la garantie prépondérante de cette puissance, désormais placée au niveau de la France et de l'Autriche dans la balance de l'Europe, que se rétablit le nouvel équilibre. Louis XIV y reconnaît le droit héréditaire de la dynastie de Nassau; Frédéric de Prusse y paraît avec son nouveau titre de roi; le duc de Savoie, Victor-Amédée, y reçoit le royaume de Sicile, que sept ans après il fut obligé d'échanger contre le royaume de Sardaigne, et y prend dès lors le titre de roi que Henri IV avait voulu faire donner à son aïeul. Quant aux intérêts des trois religions, admises sur le pied d'égalité de droit en Allemagne, et à ceux des États de l'empire germanique, dans leurs relations avec l'empereur, il n'en est plus question. Mais sous la politique de Louis XIV, la France a perdu la position de protectrice de ces deux intérêts; *ce rôle passe à la Prusse, qui, à l'avenir, tiendra en échec la maison d'Autriche dans les affaires d'Allemagne...* jusqu'au jour où elle abattra l'Autriche, la rejettera de l'Allemagne et finalement absorbera celle-ci.

## V

Avant d'aborder la dernière application du système de l'équilibre européen réglé en 1815, on nous permettra d'insister sur la fortune d'une semblable théorie, qui entra si promptement en fait, depuis Henri IV, dans le droit des gens positif. Ce qu'une haute appréciation des nécessités et des aspirations des peuples avait inspiré à l'auteur du « *Grand dessein* » la science politique l'a défini ainsi : une seule nation ne peut s'écarter des principes de justice du droit international, sans s'exposer à l'opposition non-seulement de l'État menacé, mais encore de tous les États qui font partie du même système politique. Il en résulte, dès lors, une sorte d'équilibre moral qui ensuite entraîne — et cette conclusion est contraire à la doctrine de Heffter — un équilibre naturel des forces relatives des différents peuples.

Le principe de l'équilibre des forces naturelles entre les États, nécessité par cette circonstance, que c'est au moyen ou sous l'influence de ces forces que se termine en définitive les conflits internationaux, est un principe utile au maintien, en fait, de l'indépendance des nations. (ORTOLAN.)

La théorie nouvelle qui voudrait donner à un ou à un petit nombre de grands États en Europe, à trois ou quatre empires tout au plus, le droit de décréter ou de laisser décréter l'envahissement, la conquête par un seul, ou le partage en commun des territoires d'autrui; d'assujettir le faible aux puissants; de s'immiscer dans les affaires intérieures des autres peuples, quels que soient les vices d'organisation des pouvoirs publics dans un État, et quand bien même, soit par suite d'une civilisation arriérée, soit par toute autre cause, ces pouvoirs publics ne seraient pas la manifestation du progrès ou l'expression sincère de la souveraineté intérieure de cet État; de peser sur la conscience, sur la pensée, sur le génie intellectuel de l'ensemble de l'opinion, cette théorie de la force contre le droit doit être réprouvée par l'Europe, afin que le vingtième siècle ne se lève pas sur l'iniquité méthodiquement réglementée.

C'est même pour empêcher cette nouvelle sainte-alliance, non des rois contre les peuples, comme en 1814, mais de la force et des minorités oppressives, que le règlement de l'équilibre européen, par le concours de toutes les nationalités indépendantes, grandes et petites, devra assurer à l'avenir du continent des jours moins remplis d'anxiété et plus pénétrés de justice. Il faudra alors que les peuples soient écoutés dans leurs réclamations légitimes ; qu'il soit tenu compte de leurs aspirations, de leur origine, et qu'on ne puisse jamais défaire, dans la suite, ce que les traités solennels, les prescriptions séculaires et l'état de possession avaient créé. Dans cette œuvre, qui est toute de justice, la France se souviendra du mouvement de de 1648, qu'elle couronna par les traités de Westphalie, et l'Europe, sans exception d'aucun peuple, se félicitera d'avoir en définitive aidé à la réalisation de son équilibre national. Par quelles phases devrons-nous passer avant d'atteindre, non cet idéal, mais ce résultat très-pratique, très-positif et forcément nécessaire? Nul ne le sait, mais le droit ne s'effraye ni ne s'impatiente ; il est assuré d'avoir son heure, et les peuples qui comptent virilement sur son triomphe et qui sont prêts à soutenir et à amener virilement un tel triomphe, ces peuples — la France en tête — attendent avec sécurité!

## VII

Depuis Utrecht, des événements gigantesques avaient bouleversé l'Europe. La Régence, les règnes de Louis XV, de Louis XVI ; la période révolutionnaire et enfin l'épopée napoléonienne, avaient remis en question, tour à tour, l'existence des peuples, les traités et les anciens règlements internationaux.

En 1814, à la date du 30 mai, lorsque les alliés traitèrent avec la France, quatre protocoles séparés furent échangés entre Louis XVIII et chacune des quatre grandes puissances, l'Autriche, la Russie, l'Angleterre et la Prusse. C'était la paix. La Sainte-Alliance, formée d'abord entre les empereurs de Russie et d'Autriche et le roi de Prusse, s'ouvrit aux puissances qui voulurent y accéder. C'était un pacte entre les rois contre les peuples.

La France et l'Angleterre entrèrent dans cette ligue. Il y eut dès lors, pour le règlement des intérêts généraux de l'Europe, confié aux plénipotentiaires du Congrès de Vienne de 1815, cinq grandes puissances, parmi lesquelles la Russie, qui avait eu son Pierre le Grand et qui était entrée avec gloire et prépondérance dans la politique générale de l'Europe, et la Prusse, qui avait eu, à son tour, son Frédéric II et qui prétendait s'imposer singulièrement au continent. Depuis Westphalie, ces deux grands peuples tenaient une place importante sur la scène du monde ; d'autres peuples, importants aux conférences de Munster, étaient descendus à un rang secondaire, l'Espagne, la Hollande et la Suède, pour ne citer que les contractants de 1648. La Pologne avait cessé de vivre comme État.

L'acte final du Congrès de Vienne est resté avec un caractère principal et constitutif entre les États de l'Europe... Cet acte, ajoute Ortolan, est bien plus complet que ne l'avaient été ceux qui, déjà deux fois, avaient constitué les grands arrangements territoriaux de l'Europe. Quant au personnel des parties contractantes, à l'exception de l'empire ottoman, toutes les puissances européennes, même du second ordre, y étaient représentées... L'acte final du Congrès est un acte général et commun signé entre toutes les puissances, par conséquent, formant obligation réciproque pour chacune d'elles envers toutes les autres, différence profonde comparativement à la forme de traités distincts quoique analogues ou identiques, signés séparément entre les diverses puissances, comme il fut fait à la paix de Westphalie et à celle d'Utrecht.

L'équilibre réglé en Westphalie et à Utrecht était détruit... l'acte final embrasse l'Europe entière, il refait un nouveau système territorial, non-seulement pour quelques États, mais pour tous. C'est le plus grand ensemble de dispositions relatives au règlement des limites et des territoires qui ait jamais eu lieu par traité. Indépendamment des questions territoriales, l'acte final du Congrès de Vienne règle pour certains pays des questions d'organisation ou de constitution intérieure dont l'exemple le plus notable est celui de la *Confédération germanique*...

Les traités de 1814 et de 1815 ont cependant laissé subsister des causes importantes de dissolution dans l'important arrangement international qu'ils tentaient d'accomplir. Plus préoccupés de l'équilibre des forces matérielles et des restaurations dynastiques que de la souveraineté des nations, les plénipotentiaires du Congrès de Vienne ont mesuré les territoires et dénombré les habitants, sans tenir un compte suffisant des affinités ou des répulsions naturelles des populations ; le triple partage de la Pologne a été consacré par le règlement définitif des territoires européens, et ce partage était entièrement consommé en 1832 par la Russie, et en 1846 par l'Autriche, qui absorbait Cracovie.

## VIII

..... Les effets de ces vices d'organisation n'ont pas tardé à se manifester, et la diplomatie moderne, se rapprochant davantage des saines idées du droit des gens, a admis plusieurs des conséquences issues de ces manifestations et s'est habituée à accorder une plus large part au principe de la souveraineté nationale. Les Bourbons ont cessé de régner en France après la révolution de juillet. La Belgique s'est séparée des Pays-Bas ; les événements de la guerre d'Italie ont emporté d'autres familles restaurées en 1815 ; l'Autriche a perdu le Lombard-Vénitien; les populations des Alpes ont été réunies à la France; les cantons suisses ont augmenté leur cohésion en donnant plus de force au pouvoir du gouvernement central. La guerre de 1866, entre la Prusse et l'Autriche, celle de 1870, entre la France et l'Allemagne, ont détruit l'ancienne Confédération germanique et bouleversé de fond en comble le centre de l'Europe en créant un nouvel empire de Luther, entre les races latines, qui protestent sans abdiquer, et la race slave, qui se recueille et qui agira. Telle est l'œuvre de dissolution de l'équilibre politique et matériel de 1815, et nous ne parlons pas de l'Orient, de la Turquie, des Principautés, où d'autres événements se sont produits et se préparent qui ont réagi, qui réagiront encore sur l'Europe; de la Grèce, qui s'est séparée de la Turquie; de l'Égypte, qui tend à devenir puissance indépendante; de l'Inde, avec les conflits anglo-russes; de l'extrême Orient, avec les compétitions, le froissement possible des puissances actives de l'Europe sur ces théâtres et dans des mers lointaines.

Aussi l'acte final du Congrès de Vienne n'a-t-il pour la politique contemporaine qu'une valeur de document historique, et il est profondément vrai, comme Napoléon III le disait un jour, sans pour cela renforcer mieux sa politique d'observation ou d'action en Europe, *que les traités de* 1815 *ont cessé d'exister!*

L'examen de l'état présent de l'Europe nous le démontrera davantage, et nous reconnaîtrons ainsi, avec tous les hommes d'État du continent qui ne sont point inféodés à une politique circonstancielle d'iniquité, que le règlement de l'équilibre européen doit être repris à nouveau sur les bases des grands principes reconnus et proclamés en Westphalie et à Utrecht, en tenant compte *du sentiment des populations*, pour arriver à une délimitation équitable des territoires du continent.

## CHAPITRE VII

Les faits contemporains. — Ce qu'était la Confédération germanique. — Elle a garanti la paix pendant un demi-siècle au centre de l'Europe. — Les attaques de la Prusse. — Politique personnelle de la Prusse. — Elle est en contradiction avec les idées véritables du grand Frédéric. — La liberté de l'Allemagne n'est possible que par la fédération. — L'intérêt et l'équilibre de l'Europe sont intimement liés au fait du rétablissement de la Confédération germanique. — La Prusse en 1862, en 1866, en 1870-1871. — La justice en Europe. — Urgence.

### I

Nous entrons ici dans la discussion des faits contemporains, et nous allons nous trouver face à face avec un adversaire qui est aussi le perturbateur momentané de l'équilibre continental. Une plume française se doit à elle-même, à son pays, à l'adversaire surtout, de ne point se départir de la dignité qu'un tel sujet commande : nous resterons ferme et toujours modéré.

### II

La Confédération germanique était la paix. Les traités de 1815 n'avaient pas fait à la France la part équitable qui lui revenait, puisqu'on ne rendit pas, selon les tendances et les vœux formels des populations, à la *patrie franque*, au territoire gallo-carlovingien, ce que Charlemagne considérait, immédiatement après la rive gauche du Rhin, comme un domaine distinct du domaine germanique. Il disait volontiers, lorsqu'il se trouvait en deçà du Rhin et des Alpes : *Ici je suis l'empereur franc.*

Mais si l'aréopage de Vienne se trompa volontairement à l'égard de la France, il constitua le centre géographique de l'Europe de façon à maintenir l'équilibre, c'est-à-dire la paix, de façon également à empêcher toute conflagration générale sur le continent tant que l'Allemagne restait confédérée et neutre.

Si l'Allemagne, dans son ensemble, comme fédération d'États, avait pour objet de former, au centre de l'Europe, le boulevard inébranlable et inexpugnable au pied duquel devait échouer toute tentative d'agression de n'importe quelle puissance, aujourd'hui, depuis la guerre danoise, d'ailleurs, en laissant renverser l'acte constitutif du *Bund*, en s'arrogeant la mission d'être une puissance unitaire et agressive, l'Allemagne décrète la guerre permanente, à peine tempérée par des trêves plus ou moins longues et qui ne sont que de véritables armistices. Elle subira alors le funeste destin de devenir de nouveau le théâtre principal où se livreront toutes les luttes sanglantes qu'elle aura provoquées elle-même; une autre alternative n'existe plus.

Les résultats pratiques sont la meilleure pierre de touche d'une institution politique. Il était difficile de ne pas considérer la Confédération germanique comme un chef-d'œuvre, dans la véritable acception de ce mot.

Ceci ne veut pas dire que la constitution du *Bund* ne fût pas susceptible d'amélioration et qu'elle n'en eût pas besoin ; mais le fait que, durant un demi-siècle, aucun conflit au centre de l'Europe n'est venu troubler la paix générale est un phénomène unique dans l'histoire du monde. Et comme les violentes attaques dirigées contre l'acte constitutif de la Confédération, par les adversaires du *Bund*, prenaient leur source dans l'obstacle que cet acte opposait jusqu'ici à la réalisation de toute velléité agressive, il est bien avéré qu'aucune création politique ne saurait dans l'avenir sauvegarder plus efficacement que ne le faisait le principe fondamental de la Confédération, les intérêts solidaires de l'Allemagne, de l'Europe et, — nous permet-elle de le lui dire ? — de la Prusse en particulier.

Aussi longtemps que ce principe aura sa raison d'être, et il faudra y revenir tant que l'Allemagne sera le centre géographique d'un continent qui représente et résume la civilisation universelle, tout projet de réforme du *Bund*, qu'il faudra reprendre à nouveau, devra avoir pour but, avec une bonne organisation des forces défensives, d'opposer une puissante barrière à des tendances agressives, qui ont surgi dans son propre sein, à des tentatives d'absorption de la part de celui de ses membres qui prétendrait s'arrondir et augmenter ses possessions par des annexions aux dépens d'autrui. Ainsi a agi la Prusse, et lorsqu'on fera un jour la part de la justice, de la raison et de l'intérêt de l'Europe et des anciens confédérés allemands, les choses se régleront comme nous venons de le laisser entendre.

## III

La Prusse a détruit la Confédération germanique en la représentant comme une agrégation de petits États indépendants, mais inégaux en force, comme une espèce d'avorton diplomatique, comme une difformité politique. Elle a invoqué la pensée de Frédéric le Grand, qui essaya « *de remplacer ce tas de vieux chiffons qui composaient l'empire germanique* par un état prusso-allemand. » Ce sont les expressions textuelles des Prussiens. (*Ein preussisches Wort.* — 1864.)

A ce propos, on verra plus loin combien Frédéric II répudiait une semblable politique.

Après la guerre du Danemark, la Prusse s'est déclarée « retrouvée » et, à la conviction qu'elle avait d'être puissante par elle-même, elle a déclaré dès lors que sa puissance ne devait plus servir des intérêts étrangers à ceux de sa monarchie, en d'autres termes, que la Prusse n'avait plus à s'occuper des intérêts de la Confédération germanique, mais seulement des siens propres, quoique opposés à ceux du *Bund*.

En représentant l'idée catholique et la tradition autrichienne comme deux éléments inconciliables avec l'idéal d'un État allemand, conduit et représenté par la Prusse, la désagrégation s'est faite successivement, et les naïfs étaient convaincus plus que jamais que c'était un crime contre le développement politique de la race allemande, que de vouloir faire revivre et l'empire germanique et l'ancienne organisation du *Bund*. En inculquant cette conviction aux naïfs et aux indécis, la Prusse a pu faire admettre l'idée de délivrer enfin la vraie nation allemande du *marasme* où la Confédération l'avait plongée, et de la ramener à une vie politique pleine de vigueur et de force qui était l'apanage de la monarchie de Frédéric le Grand.

La nation prussienne, excitée par le parti féodal, avait hâte, sous l'influence de ses premiers succès sur l'Elbe, de revenir d'un long sommeil, « d'un long égarement, » de retourner aux traditions de l'époque du grand Frédéric et d'appliquer le *suum cuique* (devise de la maison de Brandebourg) aux intérêts de l'État prussien. Il s'agissait de rompre avec cette politique sentimentale qui avait voulu fonder une grande Allemagne en se conciliant des sympathies et en faisant des conquêtes morales.

On ajoutait que, si la source principale de l'impuissance de la Prusse se trouvait dans la situation contre nature où l'État de Frédéric s'était condamné lui-même, en s'associant à cette union d'États appelés la Confédération germanique, le retour vers une base plus naturelle des relations politiques de Berlin ne pouvait pas manquer d'exercer une influence salutaire sur les affaires particulières de la Prusse. Cette base devait consister indubitablement en ceci : que dans ses rapports mutuels avec les confédérés, la Prusse devait faire sentir le poids de sa puissance réelle. La Prusse, disposée à aider dans cette voie ses ministres et ses généraux, n'hésitait pas à croire au succès et à arriver quand même à la transformation nouvelle de l'Allemagne, en jetant celle-ci sous la dépendance absolue des Hohenzollern.

## IV

Sans doute, il fallait compter avec les puissances européennes, jalouses de maintenir l'équilibre, et surtout avec l'Autriche.

Et à propos de celle-ci, la Prusse, au commencement de cette période brûlante qui devait aboutir à Sadowa, ne disait-elle pas cauteleusement que si l'Autriche voulait agir en commun avec la Prusse, il serait facile de *simplifier* la constitution du *Bund* et de transformer celui-ci en groupes divers? Mais si l'empire de François-Joseph ne paraissait pas disposé à souscrire à de telles ouvertures, qui étaient le suicide de l'un, la reconnaissance implicite des prétentions de l'autre, la Prusse annonçait hautement qu'elle était assez forte pour donner seule l'impulsion nécessaire au développement des affaires de l'Allemagne.

Sous ce nom de *réforme* de la constitution allemande, la Prusse a donc constamment tendu à la dissolution du lien fédéral arrêté en 1815. Elle s'est faite centre d'attractions, au nom d'un intérêt national et de tendances de centralisation habilement exploitées, pour arriver ensuite à un asservissement réel des parties antérieures de ce grand Tout, libéral et intelligent, qui s'appelait, en face du principe d'autorité émané du vieil empire romain, *l'idée germanique.*

## V

L'Europe préoccuppait davantage la Prusse; non pas l'Angleterre, dont le gouvernement venait de se désintéresser d'une manière si funeste, pour l'antique prépondérance britannique, des événements de Duppel, précurseurs de Sadowa, et dont la reine se plaisait à s'intituler Prussienne de cœur; non pas la Russie, dont l'intérêt immédiat n'est plus en Occident et dont le chef actuel a tant de sympathies personnelles pour la dynastie de Hohenzollern; non pas l'Autriche, *l'ennemie nécessaire* et la proie forcée; non pas l'Italie, puisqu'elle était impuissante encore et dont l'intérêt urgent la poussait à accepter une alliance d'expédients avec l'Allemagne du Nord; non pas les neutres ou les secondaires, qui ne comptent que selon les circonstances; c'était la France, représentant ici la protestation tacite ou future de l'Europe, qui préoccupait autrement la Prusse.

C'était alors l'Empire et la politique de Napoléon III. Le principe des nationalités avait été proclamé en Italie et appliqué par l'annexion à la France de la Savoie et de Nice. Forte de cette théorie qui, étendue dans son sens arbitraire, ouvrait la porte à toutes les revendications possibles, pourvu qu'elles fussent appuyées par les armes, la Prusse, qui n'aurait certainement pas accepté de droit des nationalités pour la partie de la Pologne dont elle est maîtresse depuis 1772, fit prêcher en Allemagne le dogme nouveau, à la faveur duquel la grande nation germanique pourrait trouver un axe et un centre d'action sous l'égide de la Prusse. Mais la France accepterait-elle une extension aussi exagérée du principe des nationalités, et un grand empire sur le Rhin, même formé pacifiquement et au gré des parties, serait-il accepté et reconnu, comme conséquence de ce que l'on proclamait à Turin, à Florence, à Rome et à Naples? Le premier ministre de la politique d'absorption et d'agression, en Prusse, appréhendait les sentiments du souverain qui régnait aux Tuileries. M. de Bismarck, — il faut enfin que nous écrivions ici des noms, — s'était vanté, devant quelques hommes politiques, de ne pas trop redouter Napoléon III personnellement; mais il craignait chez nous l'explosion du sentiment public, le cri de *Cave tibi*, jeté à la partie encore indécise de l'Allemagne, et le subit et salutaire retour de nos hommes politiques au système de l'équilibre, que le *statu quo* germanique pouvait seul préserver. Tout en se prononçant avec quelque désinvolture sur Napoléon III, M. de Bismarck voulut, néanmoins, pressentir la pensée mystérieuse et, en apparence, impénétrable du chef de la nation française. De là ces entrevues célèbres d'où il résulte que le ministre prussien consentait, en faveur de la France, à des arrondissements nécessaires jusqu'à la ligne du Rhin, pourvu que l'empereur acceptât en faveur de la Prusse la logique du principe des nationalités. L'empire allemand était en germe. M. de Bismarck ne se retira pas découragé. Nous abandonnions *la politique française qui consiste à vouloir une confédération d'États autonomes au centre de l'Europe:* par les catholiques sous l'impulsion, sinon sous la direction de l'Autriche ; par les protestants, également sous l'impulsion et non sous la direction de la Prusse. Nous laissions se développer et se poser, dans le domaine des faits, le principe des nationalités en Allemagne ; et celle-ci, attirée par tous les artifices d'une diplomatie captieuse, ici par la violence, là-bas par la persuasion d'un besoin de gloire et d'influence, l'Allemagne du Nord abdiquait ses intérêts, ses traditions, son génie entre les mains de la Prusse, désormais maîtresse de l'empire germanique.

Alors la Prusse, elle, ne redouta plus la France ; elle aida le gouvernement des Tuileries à entrer dans la fausse voie des subtilités qui nous donnèrent un rôle trompeur à Venise, lors de l'abandon de celle-ci par l'Autriche, et un rôle de dupe lors de la paix de Prague, entre la Prusse victorieuse et François-Joseph vaincu. La France n'avait plus qu'à attendre l'heure fatale d'une consécration du *fait accompli* que la politique prussienne voulait obtenir par notre propre humiliation.

## VI

Il faut pourtant que l'Allemagne le sache bien : le parti féodal du Brandebourg, qui avait abattu l'équilibre européen à Duppel, à Sadowa et à Sedan, et qui promettait aux pauvres confédérés, aujourd'hui incorporés à la Prusse, à défaut d'une autonomie qui ne fut pas sans avantages, la gloire et la grandeur d'une monarchie à la Frédéric le Grand, le parti national prussien

s'était fait surtout l'apôtre des idées de Frédéric II, qu
cependant étaient bien contraires à la politique d'unification sous le sceptre des Hohenzollern.

La plus haute conception politique, et où se révèle l'homme d'État par excellence, consiste à unir dans de justes proportions l'idée romaine ou le principe centralisateur et d'autorité, à l'idée germanique, qui est le principe de l'indépendance individuelle des parties de l'antique Confédération. Il en résultait un tout harmonique. C'est ce qui a valu à Frédéric le titre de Grand. C'est par la mesure, la modération de ses projets, et non par leur extravagance, qu'il a manifesté sa supériorité et imprimé à sa politique un degré de perfection qui n'a jamais été dépassé.

Le principe dominant de la politique internationale de Frédéric, celui qu'il a pris pour guide depuis le premier jour de son règne jusqu'au dernier, était d'abord de garantir l'indépendance spéciale de la nation prussienne. Mais, loin de songer à porter, par là, le moindre préjudice au corps politique allemand ou européen, auquel cette monarchie appartient, ce prince était convaincu que, conserver à la Prusse sa position individuelle c'était, au contraire, servir efficacement les intérêts suprêmes d'un organisme politique dont cet État formait un des éléments essentiels.

Dans sa politique intérieure, au contraire, le roi obéissait au principe opposé, celui de partir du centre pour gouverner d'une manière absolue toute la périphérie. Surtout remarquons bien que, pour lui, ce principe n'était pas un but, mais seulement un moyen, au service du principe supérieur qui donnait l'impulsion à sa politique internationale, à savoir : l'idée germanique. En véritable homme d'État, il travaillait avec les matériaux qu'il avait à sa disposition. A l'époque de Frédéric II, la nation n'était pas encore parvenue à ce degré de culture politique suffisant pour offrir au gouvernement un choix d'hommes supérieurs capables par eux-mêmes de se pénétrer du grand roi et de comprendre leur temps. C'était donc par son entourage que Frédéric se vit dans la nécessité de marcher vers le but principal de son règne, en se prenant soi-même pour centre intellectuel de son peuple et en gouvernant celui-ci d'une manière absolue.

Rien n'exprime mieux l'idée qui fut le guide suprême du génie de Frédéric, et depuis son avénement au trône jusqu'à son dernier soupir, que les bases tracées de sa propre main d'un projet de *confédération des princes allemands*, afin de maintenir *intacte* cette Confédération germanique pour laquelle le *parti de la Croix*, de Berlin, a affecté un si grand mépris :

« Le but de cette alliance, — disait le roi, — consiste
« à sauvegarder les droits et les libertés des *souverains*
« allemands sans distinction de religion, et à empêcher
« que l'Autriche, déchirant page par page la constitu-
« tion germanique, ne finisse par l'anéantir complète-
« ment. Cette Confédération aura pour avantage de pro-
« curer à ses membres le moyen pacifique d'engager
« l'empereur d'Autriche, par leurs représentations una-
« nimes, à s'abstenir, ou de combattre, à forces réunies,
« ses projets s'il veut y persister. »

S'adressant ensuite à ses ministres, le roi s'exprima ainsi :

« Au feu ! messieurs, au feu ! Car il n'est pas permis
« de rester indifférent à la politique agressive que l'em-
« pereur d'Autriche (Joseph II) cherche à réaliser, et
« dont les conséquences seraient funestes pour l'Em-
« pire, pour l'Allemagne et pour l'Europe. »

Eh bien ! ne sommes-nous pas ici en présence de ces deux idées prédominantes de haute politique, caractérisées tout à l'heure ? Joseph II s'inspire de l'une, Frédéric le Grand est le représentant de l'autre. L'Autriche voulait, comme aujourd'hui la Prusse, asservir l'Allemagne, faire un empire sans États autonomes, sans initiative, sans liberté ; un empire procédant de l'absorption, visant à l'agression ; Frédéric veut l'indépendance de toutes les parties distinctes de la Confédération germanique, la liberté particulière de chacun des États, et l'on se demande, dès lors, comment le parti féodal et national de Berlin entend légitimer ses prétentions à l'héritage des idées de Frédéric le Grand, et comment il ose tromper ainsi l'Allemagne et conduire cette noble terre de la liberté individuelle et de la libre pensée, par un *chemin de gloire*, vers l'esclavage d'abord, à l'abîme ensuite.

## VII

Il est vrai que cette thèse étrange n'a été avancée que pour les besoins de la cause dont on poursuivait le triomphe jusque sur les bords de la Sprée. On voulait s'appuyer sur l'autorité d'un prince, dont on se prétendait le continuateur, en inaugurant pour la Prusse un programme politique nouveau, pouvant se résumer ainsi : « La Prusse doit renoncer aux chimères des conquêtes morales, qu'en véritable dupe elle poursuivait depuis un siècle en Allemagne. Elle doit viser aujourd'hui à des conquêtes réelles, même sur la terre germanique, afin de pouvoir jouer un rôle en Europe, et marcher de pair avec l'empire slave. Périsse, dit-elle, la tradition d'indépendance des États germaniques plutôt que la prépondérance de la Prusse ! »

Désabusés, les vaincus (ce ne sont pas seulement la France, et l'Autriche, et l'Angleterre,— car celle-ci a été plus abattue dans son influence que la France elle-même),— les vaincus de toute l'Allemagne s'aperçoivent que la Prusse a précisément foulé aux pieds ce principe des nationalités qu'elle invoquait pour appeler l'Allemagne à un renouveau d'influence et de gloire. Quels sont ces Allemands, *Prussiens d'élection*, au dire des partisans du nouvel empire du Nord, qui n'attendaient plus que la voix du devoir et la consécration de la victoire (l'aveu est excellent) pour se ranger sous l'étendard d'un seul maître ? Sont-ils dans les provinces rhénanes ? — Les Rhénans ne sont pas des Prussiens, s'écrie la coterie féodale. La province saxo-prussienne n'obtient pas plus de grâce à ses yeux, et les Silésiens ne sont encore pour elle que des Autrichiens. Quant à la province polonaise de Posen, il ne faut pas en parler, comme on le pense bien ; serait-ce donc dans le Brandebourg, en Poméranie, et dans ces autres anciennes provinces de l'État, qu'il faudrait aller chercher ces défenseurs *quand même* de l'autocratie de la Prusse? Oui, peut-être, mais là seulement.

Nous ne parlons pas des malheureuses provinces annexées depuis 1866 et 1871.

L'idée d'une patrie allemande a fait faire aux États germaniques des prodiges de dévouement et d'héroïsme; pour ces États, le sol de la Germanie a été de tous temps une terre sacrée; mais il faut entendre par patrie allemande une confédération d'États autonomes et libres. Ce n'est pas pour la Prusse, — encore bien qu'elle en ait profité et qu'elle ait cherché à dénaturer le caractère de ce patriotisme allemand et non prussien, — que les hommes de la revanche de 1813 se sont levés pour chasser l'occupant étranger.

Pas un de ces hommes célèbres d'alors, représentants du génie de la nationalité allemande et des idées auxquelles la Prusse devait sa résurrection, n'appartenait par son esprit à la monarchie prussienne, pour laquelle le glas funèbre avait tinté aux champs d'Iéna. Ce n'est pas comme Prussiens, et ce n'est pas exclusivement pour la Prusse que les hommes d'État et les grands capitaines, vengeurs de 1806, se levèrent contre Napoléon Ier.

Stein était né dans les provinces rhénanes; Blucher appartenait au Mecklembourg; Gneissenau était Wurtembergeois; Scharnorst, Hanovrien...

Si la Prusse profita, à cette époque de son histoire, du concours de tous les patriotes allemands, il ne s'en suit pas que les États qui lui donnèrent leur sang, leur or et leurs grands hommes, aient créé un titre de propriété en faveur de la Prusse et d'un empire unitaire prusso-allemand.

La Confédération du Nord a pu être abusée, entraînée. Elle recherchera, à coup sûr, la tradition de son génie dans l'ancienne organisation qui faisait sa gloire réelle et sa tranquillité ; qui assurait la liberté des peuples confédérés, l'autonomie des gouvernements divers, constituant cet admirable échiquier d'une haute république de peuples au centre de la civilisation.

## VIII

Et nous pouvons le dire, en invoquant la plume éloquente de Poirson : dans un siècle où les souverains de la plus grande monarchie de l'Occident, l'ancienne Autriche, avaient donné l'exemple, durant quatre-vingts ans, de ne prendre pour règle, de ne suivre pour loi dans leurs rapports avec les États voisins que la force et que les convoitises de leur ambition, Henri IV conçut la pensée d'établir l'empire du droit et de la justice, d'entourer les plus petits comme les plus grands États de garanties pour leur indépendance ; d'assurer à tous, indistinctement, leur autonomie, et, avec leur existence individuelle, la pleine liberté de leurs déterminations, la pleine jouissance d'eux-mêmes, dans tout ce qui ne nuisait pas aux intérêts et à la sûreté de la commune patrie.

Le principe dominant, la loi suprême d'une telle politique est donc l'autonomie, l'inviolabilité égale des grands et des petits États ; la condition que si une guerre malheureuse peut les rendre passibles de sacrifices, elle ne doit pas les priver de leur existence propre, de leur indépendance, de leur liberté d'être gouvernés, s'ils le désirent, par des princes indigènes, par leurs lois politiques et civiles.

En dehors de l'Allemagne, dans toute l'Europe méridionale et occidentale, les idées conçues, les plans formés par Henri IV pour l'indépendance des divers peuples du continent ont reçu leur exécution depuis le commencement du dix-septième siècle jusqu'à nos jours. Le Portugal, le royaume de Naples, le Milanais, la Vénétie, la Belgique, la Hollande, arrachés à la domination de la maison d'Autriche, qui avait tout envahi un moment, n'ont plus subi la loi de l'étranger et se sont appartenus.

Dans l'Allemagne, jusqu'aux événements accomplis jusqu'au fatal traité de Francfort en 1871, le droit public, le droit des gens, n'avaient pas pris une moindre consistance, n'avaient pas fait de moindres progrès. Ils avaient bravé et déjoué les efforts successifs de Charles-Quint, de Ferdinand II, de Napoléon I<sup>er</sup>. Par l'acte fédéral souscrit en 1815, quarante États, royaumes, principautés, villes libres ou républiques, étaient entrés dans la Confédération germanique avec leur autonomie, ne dépendant que d'eux-mêmes. Le but hautement proclamé de l'institution était de *maintenir l'indépendance et l'inviolabilité des États confédérés*, aussi bien que de protéger la sûreté extérieure et intérieure de l'Allemagne. (BALBI.)

Nulle puissance, plus que la Prusse, ne devait observer religieusement ce pacte, non-seulement consenti et souscrit, mais encore formé de moitié par elle. C'est alors qu'elle restait dans la tradition véritable de son grand Frédéric. Nulle, enfin, ne devait respecter davantage le droit public, elle qui lui avait dû son salut aux mauvais jours.

## IX

La Prusse s'est armée du principe des nationalités, mais ce principe est faux quand l'assentiment des peuples ne précède pas un acte d'annexion, quand un plébiscite des annexés ne ratifie pas une nouvelle extension de frontières. C'est de l'usurpation, avec l'odieux de l'hypocrisie en plus, et de semblables procédés ne fructifient pas. La conquête barbare s'épargnait, au moins, ces mensonges juridiques. L'Europe ne voudra pas consacrer ces doctrines et ces pratiques. Si, de plus, en invoquant le détestable vocable des *faits accomplis*, alors que ces faits n'ont été accomplis que par la fraude et la violence, un conquérant prétendait — au nom de l'intérêt général de la paix — ne plus laisser mettre en question ce qui fait l'objet des réclamations de la politique d'équilibre et des peuples violentés, il ne faudrait pas que le *droit* offensé se résignât, parce que force doit demeurer au droit et non pas à la force toute seule. Voilà pourquoi l'Europe arme ; voilà pourquoi les conquérants sont, avec raison, inquiets ; voilà pourquoi la civilisation désespère de la paix et proclame la permanence de la guerre tant que la raison n'aura pas repris son empire.

Et qu'on ne voie pas ici de puériles menaces : nous l'avons dit, la France ne menace pas, mais elle attend, persuadée que l'Europe lui donnera un grand rôle pour faire triompher la justice des peuples. Les peuples peuvent être stupéfaits, mais ils ne sont pas morts, — car l'indifférence aujourd'hui serait pire que leur déchéance, ce serait leur dégradation ; — ils en appelleront à une justice nécessaire. L'iniquité n'est pas dans les conseils des gouvernements ou sur le trône des rois. Il y a toutes les traditions du juste en Angleterre, en Russie, chez toutes les nations de l'Europe, bien que demeurées passives au moment du grand duel entre la France et la Prusse.

Donc la France attend. L'Europe peut au besoin lui décerner une mission de règlement pacifique au lieu d'un rôle sanglant et inévitable que la Prusse seule provoque encore.

## X

Si la France ne menace pas, si, comme nous le répétons sans cesse, elle attend, l'adversaire crierait-il encore une fois au danger parce que la France, comme Scipion maudissant Carthage, signale les iniquités de la Prusse ? Nous n'avons pourtant pas de haine : nous avons le souci de l'honneur, de notre sécurité et de la sécurité de l'équilibre ; nous avons soif de justice pour nous et pour le continent alarmé ; nous avons besoin de revenir à une *politique nationale hautement française*, à une politique qui répudie et condamne la conquête en Europe, où il n'y a rien à conquérir par la guerre ; à une politique qui nous mette non à la tête des peuples, mais dans leur concert ; qui fasse arriver les plus petits au niveau moral des plus puissants; qui répartisse les populations d'après leur choix librement exprimé, entre les groupes confédérés ou entre les peuples qui leur paraîtront répondre le mieux à leurs aspirations ou à leurs traditions d'origine; qui fasse, non plus le concert des cinq grandes puissances, mais le concert de toutes les puissances européennes, la supériorité des uns sur les autres ne s'établissant que par la valeur morale et la qualité des lois et des mœurs particulières, par le noble souci d'une dignité toujours maintenue haute et avec des armes prêtes à défendre le droit et la civilisation progressive.

Voilà le programme de la France : équilibre, égalité, liberté, travail, solidarité et responsabilité des peuples. Ce programme, elle préfère le porter et le soutenir dans les conseils du continent, plutôt que de le proclamer sur les champs de bataille. Ce n'est pas le programme de la Prusse. Et cette différence capitale entre elle et nous fait que la haine n'est pas de notre côté.

Mais où donc est véritablement la haine?

C'est la France qui avait contre la Prusse tous les griefs à la fois. La Prusse est née de l'influence de la France, lorsque celle-ci dicta à l'Europe, assemblée et consentante, les traités de Westphalie. Elle est née de la tradition libérale française qui, provoquant l'éclosion de nations nouvelles, imbues du génie de la Réforme, fit arriver dans la politique de l'équilibre la Prusse ambitieuse et jalouse. Pour nous punir de l'avoir faite nation agissante, elle nous a attaqués la première en 1792, et nous a envahis *sans provocation*. Elle a été contre nous l'âme de toutes les coalitions. Elle avait violé enfin les conventions particulières passées entre les deux États en 1805.

La France ne pouvait pas subir une telle conduite ; après des revers inouïs dans la guerre, depuis Iéna jusqu'à Friedland ; après des pertes de batailles et de places fortes dont on ne trouve aucun exemple dans un si court espace de temps, la Prusse était tombée à la merci de son vainqueur, qui pouvait en faire ce que bon lui semblait. Tel était pourtant l'empire du droit international, telle était la persistance du droit en Europe, du droit des gens contre la raison du plus fort, les ressentiments les plus légitimes, les enivrements de la victoire, que Napoléon revint sur son décret impérial qui partageait les États prussiens en quatre départements, nommés départements de Berlin, de Custrin, de Stettin, de Magdebourg ; qu'il laissa à la Prusse son indépendance, ses souverains indigènes, son étendue territoriale du 1er janvier 1772, celle qu'elle avait avant le premier partage de la Pologne. (Traité de Tilsitt.)

Lorsque, après les guerres de *redressement d'équilibre* en Crimée (1854) et en Lombardie (1859), la Prusse, dont les mauvaises dispositions à notre égard (la haine séculaire est toujours là, haine d'envie, de jalousie) ; lorsque, après le mouvement italien de 1860, la Prusse voulut grouper les États protestants de l'Allemagne sous le nom de Confédération du Nord, la vraie politique d'équilibre ne pouvait guère s'opposer aux vœux des populations, pourvu que celles-ci conservassent leurs autonomies particulières, ni s'opposer à l'établissement d'une unité diplomatique et militaire en face de l'Autriche, qui groupait les intérêts catholiques et politiques du Sud de l'Allemagne. Les deux confédérations se faisaient contre-poids, et l'équilibre de l'Europe n'était pas rompu. La France eut le tort de croire aux loyales prétentions de la Prusse, elle favorisa tacitement le mouvement qui allait constituer et enchaîner l'Allemagne du Nord.

Mais les événements ont donné un autre caractère à la politique de la Prusse, qui est devenue politique d'absorption et d'agression. Victorieuse de l'Allemagne par la diplomatie ou par les armes, la Prusse devait laisser aux vaincus de la Confédération germanique ce qu'elle avait obtenu, reçu elle-même en 1807 : sa violation du droit des gens est sans mesure comme sans excuse. En plus des duchés de l'Elbe, quatre États, le royaume de Hanovre, le grand-duché de Hesse électorale, le duché de Nassau, la république de Francfort, ont été dépouillés de leur indépendance par la Prusse, déclarés provinces de la Prusse. D'autres groupes ont été soumis au vasselage, Bade, la Bavière elle-même, — la Bavière, un des grands foyers du génie germanique !

Nous ne parlons pas des annexions de 1870-1871 : l'Alsace-Lorraine a protesté au parlement de 1874, à Berlin, par l'organe de l'un de ses députés, M. Teutsch, et cette protestation éloquente et patriotique prévaut et prévaudra contre les arguties du fait accompli et même contre les défaillances ou la casuistique singulière anti-française, antijuridique de l'évêque Rœss, de Strasbourg, et de ceux qui ne veulent plus mettre en question le traité de Francfort, comme si un accord arraché par la violence pouvait — dans l'Europe civilisée, où il y a une justice possible, avec l'Angleterre, la Russie, l'Autriche et tous les États libres — comme si cet accord, amené par l'extorsion, pouvait engager la partie victime de la violence !

Tous ces procédés sont la plus grande violation du droit des gens par la force qu'on trouve dans l'histoire et qu'on puisse même imaginer, puisque, d'une part, Ferdinand II lui-même, quels que fussent d'ailleurs ses secrets et ultérieurs desseins, n'osa pas, après sa victoire de Prague, incorporer le Palatinat à l'Autriche, et en investit le duc de Bavière; puisque, d'un autre côté, les adversaires de la Prusse, en 1866, ont agi d'après les décisions de la majorité de la Diète, conformément aux stipulations d'un pacte consenti il y a quelques années par la Prusse.

Certes, il faut l'espérer, la grande loi, la loi séculaire de l'Allemagne n'a pas péri complétement, mais elle est sérieusement menacée, et si l'Allemagne s'effondre, l'Europe oscille. La perturbation est déjà profonde, et le continent n'a plus de sécurité possible tant que l'équilibre ne sera pas réglé à nouveau. A Sadowa, l'Allemagne a été autant frappée que l'Autriche : elle a eu une nouvelle journée de Mulhberg. Qu'elle cherche au plus tôt, dans ses rangs, un nouveau Maurice de Saxe et un Gustave-Adolphe !...

## XI

L'Autriche, qui, jusqu'au traité de Westphalie, avait menacé l'autonomie des États de la Confédération, est appelée désormais à protéger et à couvrir ce qui reste de l'œuvre des siècles et du pacte de 1815. L'Europe ne désespère pas de voir arriver à ce noble but l'Autriche, grandie par l'épreuve, régénérée par ses éclatants progrès. Elle est nécessaire à l'œuvre de justice attendue par la civilisation contemporaine. Elle se présentera grande et forte au solennel réglement des intérêts européens.

La Russie, dont le gouvernement honore la politique et la civilisation universelle, dont les aspirations ne visent pas à la conquête du côté de l'Occident, ne sera pas la dernière à appuyer la politique d'équilibre réclamée par la France et par l'Autriche. Les considérations dynastiques s'effacent devant le droit supérieur des nations du dix-neuvième siècle, devant la saine et équitable conception des intérêts continentaux.

L'Angleterre, qui revient maintenant de la léthargie produite par la seule préoccupation de sa politique d'abstention, voudra retrouver en Europe son rang d'influence, et elle servira sa cause, ses intérêts immédiats ou lointains, en reprenant le programme de la reine Élisabeth, l'illustre alliée de Henri IV en 1610.

Toutes les autres nations, grandes ou petites, se souviendront que, devant une régularisation nécessaire de l'équilibre, il n'y a pas de politique des neutres possible, et que la France, les proclamant ses égales, ses alliées, devant l'aréopage futur, les attend avec confiance pour appuyer le droit en détresse.

## XII

Cette conclusion n'est pas l'éclair qui fera partir le canon d'une conflagration générale : c'est l'appel adressé par la France à la raison de tous, de tous sans exception ; et, à défaut d'entente préalable, c'est un cri d'alarme poussé par la conscience universelle, car l'urgence éclate, et il faut se pourvoir !

Sans équilibre rationnel, la paix, l'indépendance et la dignité n'existent pas pour l'Europe. — La France aura l'honneur de l'avoir écrit.

TROISIÈME PARTIE

# L'EUROPE ARMÉE

## CHAPITRE PREMIER

L'Europe est debout. — La Prusse a détruit l'équilibre continental. — Rapide esquisse des événements contemporains. — La question d'Alsace-Lorraine. — Arguments et sophismes de la politique prussienne. — Réponse d'après un livre patriotique : l'*Alsace*. — Très-curieuse et très-importante reproduction (M. Ed. About). — Situation faite aux pays français violemment annexés. — Une séance du Parlement allemand (3 mars 1874). — Aveu de M. de Moltke.

### I

L'Europe est debout, l'arme au bras, et chaque puissance, surtout chacune des cinq grandes puissances, relève, plus infranchissables que jamais, ses antiques frontières tracées par la nature ou rectifiées par la politique. Le droit du plus fort a déplacé l'axe de l'équilibre ; la force s'est érigée en dogme et l'alarme est entrée en permanence dans les conseils des gouvernements. Les puissants d'hier veulent se garantir contre les puissants d'aujourd'hui. On se prépare ; on se tient en éveil pour répondre à toute surprise des ambitions possibles, à toute oscillation inévitable. Il n'y a plus de sécurité pour personne. La guerre est la fatalité de toute situation fausse, et l'Europe est dans une situation fausse.

Les cinq grandes puissances s'appelaient autrefois la France, l'Angleterre, la Russie, l'Autriche et la Prusse ; aujourd'hui cette dernière disparaît, mais elle surgit démesurée, immense, envahissante, alarmante sous le nom d'Empire allemand.

Sur les ruines de la Confédération germanique s'élève l'Allemagne prussienne, et l'équilibre est rompu. On s'est armé, on s'arme plus que jamais pour conjurer les effets de cette réorganisation du centre de l'Europe. Nous allons voir quelle est aujourd'hui la force du groupe des grandes puissances, en analysant, État par État, les forces et les ressources des membres de ce groupe prépondérant.

Nous étudierons ensuite la force et le rôle éventuel des puissances secondaires dans la paix ou dans la guerre.

Si les plus grands se préparent, les petits remplissent leurs arsenaux. C'est la caractéristique d'une époque pleine de légitimes appréhensions, et, depuis le trouble jeté dans le monde civilisé par la Prusse impériale, l'Europe n'est plus la patrie de la conciliation et du droit, elle devient brutalement l'Europe armée.

## II

Avant d'entrer dans cette analyse, qui empruntera son éloquence à la statistique des faits et des chiffres, nous allons jeter un coup d'œil sur les derniers changements opérés en Allemagne, et desquels il faut prendre date, pour bien comprendre le malaise et les préparatifs actuels de l'Europe.

Les savants et encyclopédiques travaux de M. Bloch nous permettent, à ce sujet, de marcher sur un terrain où les détails statistiques, où les recherches et les considérations politiques et historiques, s'accumulent avec force et vérité. Nous revenons ainsi, mais avec les documents de la discussion contemporaine, sur la dernière partie de l'*Équilibre* dont nous avons écrit l'histoire.

Donc, en ce qui concerne le nouvel Empire allemand (voir M. BLOCH), l'année 1866 fit éclater la crise que pouvaient prévoir, depuis longtemps, ceux qui suivaient avec attention la lutte, tantôt sourde, tantôt ouverte, qui se poursuivait depuis 1848 entre la Prusse et l'Autriche. La Prusse, sous prétexte de réforme libérale et de souveraineté populaire, avait demandé qu'une Chambre nommée par tous les citoyens allemands fût élue et adjointe à la Diète germanique, qui n'était que la Chambre des princes. Ne pouvant réussir à faire passer cette résolution, la Prusse déclarait vouloir se retirer de la Confédération.

.....Conformément aux stipulations du pacte fédéral qui

déclarait l'*union perpétuelle*, les autres États allemands s'armèrent, sous la direction de l'Autriche, pour contraindre la Prusse à rester dans l'union. La Prusse n'avait pour elle que quelques petits États, comme le Mecklembourg, Hambourg, Brunswick et les duchés d'Anhalt et de Saxe. La guerre fut déclarée le 17 juin 1866 par l'Autriche, et le 18 juin par la Prusse. Celle-ci, qui avait tout fait pour provoquer les hostilités, s'arrangea de façon à se faire déclarer la guerre par l'empereur François-Joseph. La campagne ne dura que quelques semaines ; l'Autriche fut vaincue à Sadowa-Kœnigsgraetz, le 3 juillet suivant, et un armistice fut conclu le 22 du même mois, à la demande et sous la médiation de l'empereur des Français.

### III

L Prusse, victorieuse, s'annexa aussitôt la Hesse électorale et le Hanovre, qui avaient été du côté de l'Autriche pendant la lutte, et qui avaient surtout le tort plus grave de s'interposer entre les provinces orientales et les provinces occidentales du royaume prussien. Le Nassau et Francfort-sur-le-Mein, ainsi que le Schleswig-Holstein, furent également annexés à la Prusse.

La paix avait été signée à Prague, le lendemain de la conclusion de l'armistice, c'est-à-dire le 23 août 1866.

Par ce traité, l'Autriche *consent à la dissolution de la Confédération germanique, de laquelle on la rejette violemment.* Elle promet de reconnaître l'union étroite qui sera formée entre les États allemands situés au nord du Mein, et admet que les États allemands situés au sud de cette rivière puissent entrer, avec la Confédération de l'Allemagne du Nord, en une *association nationale* dont la nature sera déterminée ultérieurement.

Le traité de Prague contenait en outre un article inspiré par Napoléon III, accepté par la Prusse et par l'Autriche, naturellement, puisque celle-ci insistait pour son insertion textuelle dans l'instrument de paix. Voici cet article, que la Prusse a ouvertement violé; qui a fait, à la fois, l'objet des réclamations incessantes de la France, de l'Autriche et des États allemands intéressés. Il a été l'occasion d'une violation systématique et flagrante du droit des gens, de la foi jurée et des règles de l'honneur :

« .... L'empereur d'Autriche cède au roi de Prusse tous ses droits sur le Schleswig-Holstein acquis au traité de Vienne, du 30 octobre 1864, avec la restriction que les populations des districts septentrionaux du Danemark, *si, librement consultées, elles déclarent vouloir appartenir au Danemark, devront faire retour au Danemark...* »

Dans l'intervalle, entre les préliminaires du 26 juillet 1866, à Nikolsburg, et la paix de Prague, la Prusse avait conclu des traités offensifs et défensifs : le 13 août, avec le Würtemberg ; le 17, avec Bade ; le 22, avec la Bavière. Le traité avec la Hesse est du 3 septembre.

Le 24 août 1866, les membres restants de la Diète, réunis à Augsbourg, acceptèrent formellement la dissolution de la Confédération germanique. C'était, comme le dit avec juste raison M. Bloch, la fin des traités de 1815, que la France devait tant regretter plus tard.

## IV

La guerre de 1870 et les victoires remportées par la Prusse, maîtresse de la Confédération du Nord, hâtèrent la fondation de l'unité nationale préparée avec tant d'art et de ruses de la part de Berlin, et le 9 décembre 1870, sur la proposition de la Bavière, qui décrétait sa propre déchéance, la Confédération consacra l'accession des États du Sud à l'union fédérale fondée par les États du Nord. Il fut décidé, en troisième lecture, que les mots *Confédération allemande* seraient remplacés par ceux de *Empire allemand*, et que le chef porterait le titre d'empereur (*Deutscher Kaiser*).

Les États adhérents, outre ceux violemment annexés de Schleswig, de Hanovre, d'une partie de la Hesse, de Francfort, furent la Bavière tout entière, Bade et le Wurtemberg.

Et la Constitution de la Prusse impériale déclare que l'Empire allemand comprend tous les États que nous venons d'énumérer, *ainsi que ceux que des lois postérieures pourraient y ajouter !* — Article 1er (*textuel*).

— Quels États encore ? se demande l'Europe.

S'il nous était permis d'admettre ici ce que nous appellerons, jusqu'à nouvel ordre, une plaisanterie, nous dirions que les prussophiles ont positivement désigné comme contingents futurs de l'Empire allemand : 1° le Danemark et les îles ; 2° la Hollande ; 3° la Belgique ; 4° la Flandre française avec Lille, l'Artois et une partie du Pas-de-Calais ; 5° tout le reste de la Lorraine; 6° la Franche-Comté ; 7° Bâle et le Jura bernois. La Prusse se contenterait ainsi de ces acquisitions en renonçant aux possessions autrichiennes, à l'entrée de l'Adriatique par la côte de Trieste et à la Roumanie.

Mais reprenons notre discussion sérieuse. La Constitution nouvelle (art. 3) déclare que tous les Allemands sont sujets de l'Empire, et que celui-ci doit égale protection à tous les Allemands dans l'intérieur comme au delà de ses frontières.

L'Allemagne est une unité internationale; les pouvoirs législatifs de l'Empire sont répartis entre le *Reichsrath* (Conseil fédéral des États) et le *Reichstag* (représentants du peuple de tout l'Empire). L'empereur allemand a toute plénitude du pouvoir exécutif. Il convoque et commande les forces de terre et de mer de toute l'Allemagne. L'Empire n'a pas de ministère responsable, mais bien un chancelier impérial. On sait que cette charge est remplie par M. de Bismarck, que le roi Guillaume de Prusse, devenu lui-même empereur, a fait prince du nouvel Empire.

Les États de la Confédération ont abdiqué, entre les mains de l'autocratie prussienne, toutes les libertés politiques, civiles, administratives, judiciaires et militaires.

Si la Prusse, maîtresse souveraine de l'Allemagne, commande à la guerre ou préside à la paix, elle seule agit diplomatiquement, et le chancelier de l'Empire est le maître absolu de la direction des affaires extérieures. Telle est l'Allemagne vaincue, telle est la Prusse prépondérante.

Ces modifications profondes, cette révolution gigantesque au centre du continent et sur les débris du pacte international de 1815 n'ont pas appelé d'autre protestation, de la part de l'Europe, que les lents et silencieux préparatifs de celle-ci à la lutte inévitable qu'un tel déplacement d'équilibre et de forces conseille à tous ceux qui ne veulent ni s'effacer volontairement, ni périr par la violence. La France, vaincue en 1870-1871, n'était plus là pour empêcher l'envahissement désordonné, par un seul, du domaine physique et moral qui appartient à l'Occident civilisé et organisé. Les autres peuples ont laissé faire, et aujourd'hui il faut se préserver par des institutions militaires formidables.

On n'aurait eu qu'à s'entendre en 1870, à trois ou quatre puissances, pour défendre ce qui restait de l'œuvre de 1815. Les nations ont écouté leurs sentiments du moment et assisté avec indifférence à l'étranglement du droit dans la personne de la France, cette figure idéale de la justice et de la liberté des peuples. A l'heure présente, — quels que soient, d'ailleurs, les simulacres d'amitié entre voisins et rivaux, — chacun regrette son abstention à l'heure opportune, et ceint son front, sa poitrine, du triple acier des combats. Tous aiguisent le fer, broient la poudre, excitent leurs générations nouvelles, car une loi fatale, loi terrible, loi d'expiation qui nous enveloppe tous, retentit sur l'Europe et lui dit :

« Tu te battras, tu verseras des fleuves de sang, parce que tu n'as pas fait, à l'heure des transactions ou des compromis possibles, la part de la sagesse et de l'équité ! »

## V

Dans ce chapitre, relatif aux récents agrandissements de la Prusse, nous devons introduire forcément la question d'Alsace-Lorraine.

La France, en vertu d'un droit primordial, d'un droit consenti en 1648 et reconnu en 1815 ; la France possédait légitimement, jusques et y compris l'Alsace-Lorraine, tous les pays s'étendant à la rive gauche du Rhin... elle a dû consentir, devant les exigences de l'Europe, aux rectifications territoriales qui étaient encore intactes le 19 juillet 1870. Mais ce qu'un aréopage continental a institué, un aréopage européen peut seul le défaire, et jusqu'à ce que l'Europe, librement réunie, ait statué souverainement sur le droit de possession ou d'usurpation, la conscience publique se refusera à admettre la validité des annexions violentes dont la France, — au grand détriment de l'équilibre, — a été la première victime.

L'Alsace-Lorraine a été réclamée par la Prusse, « comme boulevard contre des guerres de revanche ou de revendication. »

Les préliminaires de paix, signés le 26 février 1871, ont été confirmés par le traité définitif de Francfort du 10 mai 1871. Une loi du 18 mai suivant, votée par l'Assemblée nationale française, a ratifié ce traité.

Reproduisons, — quelle que soit notre patriotique douleur à remuer de tels souvenirs, qui pèseront sur nos âmes jusqu'à l'heure de l'expansion héroïque, — reproduisons quelques-unes des dispositions de la loi prussienne, qui a donné son caractère définitif à ce traité fatal, obtenu le poignard sur la gorge :

« Article 1ᵉʳ de la loi du Reichsrath, 3 juin 1871. — Les territoires d'Alsace, et de Lorraine, *cédés* par la France, aux termes des préliminaires de paix, *sont réunis à jamais* à l'Empire allemand.

« Art. 2. — La Constitution de l'Empire allemand aura force en Alsace-Lorraine le 1ᵉʳ janvier 1873. L'article 3 de la Constitution de l'Empire entre immédiatement en vigueur dans les nouveaux pays conquis, c'est-à-dire que la nationalité allemande est conférée aux habitants des territoires annexés.

« Art. 3. — L'empereur d'Allemagne exerce le pouvoir exécutif en Alsace-Lorraine...

« Art. 4. — Les décrets et ordonnances sont contre-signés par le grand chancelier, qui en assume ainsi la responsabilité. »

Les pays détachés de la France forment, dans une unité, un État spécial, membre de la Confédération allemande.

## VI

Le 3 juin 1871, le prince de Bismarck monta à la tribune du Reichsrath et motiva cette décision du gouvernement central de Berlin :

« L'Alsace-Lorraine sera-t-elle annexée à la Prusse, ou formera-t-elle un pays de l'Empire immédiat ? Dès le commencement, je me suis prononcé pour la dernière alternative, d'abord pour ne pas mêler sans nécessité des questions dynastiques aux questions politiques, et puis parce que je vois que les habitants s'assimileront plus facilement le nom d'Allemands que de Prussiens.

« Pendant les deux siècles que les Alsaciens ont appartenu à la France, ils ont, *en vrais Allemands* (?), gardé une bonne dose de particularisme, et c'est sur ce fondement qu'à mon avis nous devons bâtir ; à l'encontre de ce qui s'est fait dans des circonstances analogues dans l'Allemagne du Nord, nous avons pour mission de fortifier d'abord ce particularisme.

« Plus les habitants de l'Alsace se sentiront Alsaciens, *plus ils se déferont de l'esprit français* (?); une fois qu'ils se sentiront complétement Alsaciens, ils sont trop logiques pour ne pas se sentir *aussi Allemands*. Par suite des artifices (?), je puis bien dire des intrigues (?) du gouvernement français, *le nom prussien est détesté en France* en comparaison de celui d'Allemand.

« C'est une vieille tradition de ce pays, de ne pas reconnaître les Prussiens comme Allemands, de flatter les Allemands comme tels et de les représenter comme sous la protection de la France vis-à-vis de la Prusse. Et de la sorte, il est advenu que le nom prussien a quelque chose de *froissant* en France, et chaque fois qu'on y veut dire du mal de nous, on dit : Le gouvernement prussien, ou les Prussiens, tandis qu'on dit : Les Allemands, s'il s'agit de reconnaître quelque chose de bon. Il n'y a guère à douter qu'en Alsace, cette politique de suspicion de la Prusse, pratiquée par la France pendant toute une génération, n'ait laissé des traces. En outre, comme je l'ai déjà dit, il est plus facile aux Alsaciens de se retrouver comme Allemands, que d'adopter le nom de Prussiens. Ce motif à lui seul serait suffisant pour moi. Quant à ce qu'il y aura plus tard à faire, dans l'intérêt de l'Empire et de l'Alsace, je pense qu'avant tout il *faudra entendre* les Alsaciens et les Lorrains eux-mêmes... »

## VII

A cet étrange discours nous opposerons les pages les plus chaleureuses du livre *l'Alsace*, par M. Edmond About. Nous reproduisons donc le chapitre « l'Émigration, » extrait de ce patriotique ouvrage :

. . . . . . . . . . . . .

« Les nombreux Allemands et les rares Français qui regardaient naguère encore la population alsacienne et les Lorrains de la frontière comme des Germains séparés, reviendront tous de cette erreur...

« Pour éclairer les esprits les plus prévenus, il suffira de comparer la conduite des annexés de 1866 à la résistance énergique, désespérée, qui sera l'éternel honneur des annexés de 1871.

« Lorsque le roi Guillaume, après avoir vaincu l'Autriche à Sadowa, imposa sa suzeraineté au Hanovre, à la Saxe, aux villes libres et à toute l'Allemagne septentrionale, c'est à peine si l'on entendit en Europe un bruit timide et discret de protestations isolées. Quelques princes boudèrent, quelques sujets firent les mécontents, mais bientôt la Confédération du Nord se précipita tout entière au-devant d'une servitude qui leur promettait l'unité, la grandeur et la force.

« Ces bottiers allemands ont toujours rêvé bottes. Après le plaisir insolent de fouler sous leurs bottes un plus faible qui n'en peut mais, ils mettent au premier rang l'honneur de se vautrer eux-mêmes sous la botte d'un grand, gros homme, lourd et fort.

« Aussi les Germains du Midi, catholiques et protestants, Bavarois, Wurtembergeois et Badois, pêle-mêle, rois et peuples, furent-ils prussifiés par miracle aussitôt qu'ils furent rossés. Ils se jetèrent sur le bâton qui les avait battus comme une bande d'enfants mal élevés sur un sucre de pomme, et quelques millions d'Autrichiens seraient venus en lécher leur part, si la fierté hongroise ne les eût menacés du fouet.

« Non-seulement les Allemands conquis ou à conquérir se sont offerts avec joie au despotisme brutal de la Prusse, mais le jour où M. de Bismarck ouvrit la chasse contre nos provinces, nos milliards et nos pendules, toute la nation courut aux armes comme un seul homme. Les pères et les fils se rangèrent sous ce drapeau noir et blanc qui leur avait fait si grand'peur en 1869 ; ils suivirent, comme un troupeau, le général de Moltke, qui avait canonné quatre ans plus tôt leurs frères ou leurs fils, et qui les conduisit tambour battant à de nouvelles boucheries.

« Entre les Brandebourgeois du prince Frédéric-Charles, les Bavarois de von der Tann et les Badois de von Werder, nos départements envahis n'ont pu faire aucune différence : c'était la même brutalité, la même gloutonnerie, le même culte pour le roi Guillaume. Le patriotisme saxon, hanovrien, hessois, wurtembergeois s'évanouit pour faire place à je ne sais quelle adoration servile. Les proscrits de la Prusse qui avaient trouvé un refuge au milieu de nous ne se souvinrent de notre hospitalité que pour guider leurs anciens persécuteurs et pour leur dénoncer les maisons riches.

« Voilà le véritable esprit des Allemands; ce peuple ne sait rien refuser au vainqueur; il a pratiqué de tout temps la religion de la force. Guillaume ne le verra jamais plus rampant que Napoléon ne l'a vu, dans Berlin même, après Iéna.

« Maintenant, reportez vos yeux sur l'Alsace ou sur cette partie de la Lorraine qu'ils appellent impudemment allemande. Si la population du pays annexé avait la moindre parenté morale avec la race germanique, je ne dis pas qu'elle se fût jetée dans les bras de ces nouveaux maîtres, mais il est certain qu'en deux ans elle aurait eu le temps de se résigner.

« Sortir d'une nation écrasée pour s'incorporer à un peuple qui fait la loi à l'Europe; échanger les lourdes charges qui pèsent et pèseront longtemps sur les contribuables français, contre les gains prodigieux de la victoire allemande; échapper aux terribles devoirs de la revanche, déserter sans crime une armée qui se refait laborieusement, et se ranger, le front haut, avec 1,200,000 camarades couverts de gloire, derrière les plus grands généraux de l'époque; enfin, rester chez soi, continuer la vie dans le pays fertile et charmant où on l'a commencée, pratiquer la culture, le commerce ou l'industrie sous les auspices d'un roi qui peut ouvrir à ses sujets les plus larges débouchés du monde, n'est-ce pas tout profit ?

« Oui, sans doute, pour des Allemands. Mais les loyaux Français de la Lorraine et de l'Alsace ont pris la question d'un autre point de vue. « Tout pour la France « et rien pour nous ! » Telle est l'admirable réponse qu'ils opposent aux flagorneries, aux promesses, aux conseils, aux menaces et aux violences de l'ennemi.

. . . . . . . . . . . .
. . . . . . . . . . . .
. . . . . . . . . . . .

« Pour assurer un résultat, plus conforme à ses intérêts qu'aux nôtres, le gouvernement de Berlin n'avait qu'à se montrer honnête ; je veux dire à exécuter le traité de Francfort dans son véritable esprit, sans en martyriser la lettre. S'il avait envoyé, dans les départements conquis, des fonctionnaires familiers avec la langue française ; s'il avait respecté les usages de la population, permis l'enseignement du français dans les écoles, laissé les noms des rues tels qu'ils existent de mémoire d'homme, calmé le zèle de sa police, respecté le secret des correspondances privées, et, pour tout dire en un mot, imité la modération dont nous lui avons donné l'exemple, en Alsace même, pendant plus de deux siècles, je crois qu'il eût, sinon coupé, du moins apaisé cette fièvre d'option qui l'exaspère aujourd'hui.

« L'option elle-même, si nombreuse qu'elle eût été, disons même si générale, ne devait pas fatalement entraîner l'émigration d'un peuple. C'est la chancellerie de

Berlin qui, dans l'espoir d'intimider les optants, a déclaré que tout Français né ou simplement domicilié en Alsace devrait abandonner son domicile à l'échéance du 1ᵉʳ octobre 1872, ou devenir Allemand malgré lui. Une telle mesure n'est pas seulement odieuse et révoltante pour l'humanité, elle est sotte : elle a jeté hors du pays des milliers d'honnêtes gens, laborieux, éclairés, riches, que le vainqueur avait intérêt à retenir, et qu'un gouvernement un peu intelligent n'eût pas renoncé à séduire.

« Enfin, c'est la chancellerie qui a précipité les choses et les a mises au pis, par sa prétention d'enrôler, dès demain, la jeunesse la plus française de France. La sainte horreur du casque à pointe a chassé plus de familles que le ressentiment des massacres, des incendies et des pillages allemands. On peut tout pardonner avec le temps à l'ennemi le plus implacable ; mais, vécût-on cent ans, on ne se pardonnera jamais à soi-même d'avoir porté les armes contre son pays.

. . . . . . . . . . . . . . . . . .

« L'histoire en main, j'ose dire que sous Louis XIV l'annexion de l'Alsace à la France fut un chef-d'œuvre de politique et d'administration. Si les populations se soumirent de bonne grâce à leur nouvelle destinée, ce ne fut pas seulement parce qu'elles sympathisaient de longue date avec nous, mais encore et surtout parce qu'elles furent *réunies* par des hommes sensés, modérés, confiants dans l'action du temps et dans la force d'attraction qu'ils avaient lieu d'attribuer à la France. Une noble province, profondément attachée à ses traditions et sensible par-dessus tout au point d'honneur, comprit, dès le premier moment, qu'elle pouvait devenir française en restant elle-même : on respecta sa langue, ses habitudes, ses priviléges, ses libertés ; le plus auguste représentant du droit divin et de l'autorité despotique ne toucha pas du bout du doigt aux institutions républicaines de Strasbourg !

« Rien n'y fut innové jusqu'à la Révolution, et les glorieuses nouveautés de 1789 n'excitèrent qu'un immense applaudissement dans les murs où Rouget de l'Isle devait bientôt improviser *la Marseillaise*. Si l'on peut reprocher quelque chose aux gouvernements qui se sont succédé chez nous depuis trois quarts de siècle, c'est un scrupule exagéré ou plutôt une trop grande condescendance aux idées du clergé alsacien, qui craignait la propagation de la langue de Voltaire : il doit bien déplorer aujourd'hui ses sermons et ses catéchismes allemands ! C'est le clergé des deux communions chrétiennes qui, dans un intérêt, hélas ! mal entendu, s'est opposé à l'enseignement du français sur cette terre si française. Nous avons eu grand tort de lui céder ; nous avons péché par excès de tolérance, personne ne nous accusera d'avoir commis un seul excès d'autorité.

« Les hommes de Berlin, s'ils étaient aussi forts en politique qu'en balistique, auraient tiré profit de notre expérience en évitant notre unique faute. Dans quel but ont-ils pris l'Alsace et une partie de la Lorraine ? Pour tourner contre nous Metz et Strasbourg et pour nous opposer la barrière des Vosges qui nous couvrait contre leurs invasions. Disons encore, si vous voulez, qu'ils étaient alléchés par les ressources de ces provinces ;

qu'ils convoitaient les mines, les carrières, les forêts de l'État, les plaines grasses, les grands outillages, et cette masse énorme de richesses naturelles ou factices qui produit des millions d'impôt. Mais ils pouvaient se donner tout cela, et même le garder quelque temps, sans dépeupler l'Alsace et la Lorraine. Les forteresses, ils les ont ; la ligne des Vosges, ils la tiennent ; le domaine, ils l'exploitent ; l'impôt, on l'eût payé entre les mains de leurs percepteurs, parce qu'on a l'habitude de le payer. On eût même envoyé les enfants dans leurs écoles allemandes ; ils y vont déjà : l'on se plie aux rigueurs de l'enseignement obligatoire ; on se fait une raison, on sait que les jeunes Français de l'intérieur apprennent l'allemand et on l'apprend comme eux, aux mêmes fins.

. . . . . . . . . . . . . . . . . . . . . .

« On pouvait dégrever les impôts, car le pays n'a plus de dette ; on pouvait transporter les voyageurs et les marchandises à vil prix sur des chemins de fer qui n'ont rien coûté ; on pouvait développer une telle prospérité dans ces provinces, que le patriotisme des âmes vulgaires eût succombé au régime émollient du bien-être. Quelle honte pour les annexés, et quel danger pour notre patrie !

« Nous y avons échappé, Dieu merci, et M de Bismarck, qui passe pour un esprit délié, a commis, dans notre intérêt, la plus énorme faute. L'expulsion des optants et l'imminence du recrutement prussien ont rendu tout accommodement impossible entre les conquérants et le peuple conquis. Le roi Guillaume, un peu gâté par l'habitude de gouverner des Allemands, a cru qu'il suffisait de commander pour être obéi en Alsace. M. de Moltke avait hâte de former ses régiments d'Alsace-Lorraine pour armer nos meilleurs soldats contre nous. Ces parvenus de la victoire sont pressés de jouir comme les parvenus de la finance ; il leur faut du pouvoir comptant et de l'obéissance immédiate, comme aux autres de l'amour tout fait. Ils n'ont réussi qu'à changer en solitude lamentable le coin le plus vivant, le plus laborieux et le plus éclairé de l'Europe.

« Quel fruit leur reviendra de tout le mal qu'ils ont causé ? Dans cette pépinière de héros, combien pourront-ils recruter de soldats contre la France ? J'entends dire qu'un appel aux volontaires d'un an, malgré les plus belles promesses et les facilités les plus attrayantes, n'a donné qu'un total de 144 candidats ; encore le renseignement est-il de source prussienne.

. . . . . . . . . . . . . . . .

« En revanche, il est avéré que toute la classe de 1872 a passé la frontière pour tirer au sort à Lunéville, à Nancy, à Belfort, à Paris. Sauf les boiteux, les bossus, les infirmes, on ne trouverait plus aujourd'hui dans les départements annexés un seul jeune homme de vingt ans : les officiers prussiens peuvent venir ; ils ne rencontreront personne, et pas plus dans les villages protestants que dans les centres catholiques. Les conscrits de l'an prochain et de l'année suivante ont devancé l'appel des Allemands par une fuite précipitée. Tout jeune homme arrivé à l'âge de raison met le marché à la main de ses parents et leur dit : Si vous ne pouvez pas m'expédier en France, laissez-moi prendre ma volée avec les camarades. On travaille partout, je gagnerai mon pain, soyez tranquilles : d'ailleurs, j'aimerais mieux le mendier que de coiffer le casque prussien.

« Ceux qui s'en vont prennent de grands partis ou s'arrêtent à la frontière, chacun selon ses espérances et son tempérament. S'ils pensent que le malheur du pays pourra durer longtemps et s'ils sont d'une humeur aventureuse, ils quittent tout, même la France ; ils s'embarquent pour le Canada, où l'on parle encore français.

. . . . . . . . . . . . . . . . .

. . . . . . . . . . . . . . . . .

« Les plus nombreux, heureusement, sont retenus par une superstition touchante : ils se fixent au plus près du pays, comme s'ils étaient sûrs que les iniquités prussiennes auront leur châtiment avant peu. Ils encombrent Belfort, Nancy, Gray, Épinal et les autres villes de l'Est, sans guère dépasser Dijon comme extrême limite. Pauvres gens! braves gens! le jour où leur pays redeviendra français, ils veulent être à portée d'y rentrer les premiers et d'un bond.

« On me citait une pauvre veuve de soixante ans qui a trois fils sous les drapeaux. Elle a opté et s'est installée à Visembach, premier village français sur la route de Sainte-Marie-aux-Mines à Saint-Dié. Tous les matins elle gravit à pied et péniblement la montagne, et, s'arrêtant près du poteau qui fixe la limite des deux pays, au sommet du plateau, elle porte tristement son grand regard vers l'Alsace. Elle interroge les nombreux et infortunés voyageurs qui sillonnent la route, émigrants eux aussi, et demande à chacun d'eux si elle ne pourra pas bientôt retourner au pays natal et regagner sa vieille demeure. Chaque jour elle accomplit ce douloureux et sublime pèlerinage. Le messager tant désiré n'est pas venu encore; vivra-t-elle assez longtemps pour le voir arriver ?

« Mais les plus malheureux de tous sont ceux qui restent.

« C'est à coup sûr par une faveur spéciale d'en haut que le roi Guillaume, M. de Moltke et M. de Bismarck, trois vieillards, poursuivent leurs glorieux desseins sans songer aux gens de leur âge, hommes et femmes, qu'ils plongent dans la misère et dans le désespoir. Les lois de la guerre semblent douces quand on les compare au régime de la paix prussienne : sur un champ de bataille, on ne tue que les jeunes; sur leur champ de conquête, en pleine paix, les grands hommes de Berlin tuent tout.

« Jamais les yeux de l'homme n'ont vu spectacle plus navrant que le départ de ces longs trains qui emportent la jeunesse alsacienne et lorraine loin du pays natal. Les garçons rient et chantent pour ne pas pleurer; ils ont bu, ils se sont monté la tête, et d'ailleurs la jeunesse est facilement éblouie par les mirages de l'inconnu. Mais quand la machine a sifflé, quand la dernière voiture a disparu avec tous les chapeaux qui s'agitent aux portières, il reste sur le quai une masse inerte, hébétée, stupide, et comme anéantie par l'accablement du malheur. Cela vit cependant, car cela souffre, et la respiration qui sort de cette matière opprimée est un vaste et unanime sanglot.

. . . . . . . . . . . . .

« J'ai suivi un vieux couple de paysans qui s'éloignait à petits pas; l'homme disait à la femme :

« — En avoir eu trois, et maintenant plus un!

« — Si seulement ils pouvaient être heureux! reprit la mère.

« — Et nous? De si bons ouvriers! Que ferons-nous sans eux? Comment vivre?

« Ils devisèrent longtemps sur ce ton, en s'essuyant les yeux de temps à autre, et sans entremêler à leurs plaintes un seul mot de malédiction. Mais lorsqu'ils furent arrivés à leur porte, avant d'entrer dans ce logis désert, le vieillard recula d'un pas, leva le bras au ciel et murmura d'une voix sourde :

« Mais s'il y a jamais une justice dans ce monde ou dans l'autre!...

. . . . . . . . . . . . . . .
. . . . . . , . . . . . . . .

« Comme on juge volontiers le prochain d'après soi, les Allemands n'ont pas prévu l'option, si ce n'est comme un accident rare et un caprice de quelques esprits mal faits. Lorsqu'ils ont vu que contre leur attente la meilleure partie de la population envahissait tous les bureaux pour réclamer la nationalité française, ils se sont consolés en disant que ces milliers d'optants ne songeaient qu'à protester contre la conquête et à faire acte d'opposition. C'est dans l'espoir d'arrêter un tel scandale qu'ils se mirent à violenter le texte du traité de Francfort, comme si ce traité, signé par nous sous le couteau, ne leur assurait pas d'assez beaux avantages. Ils décidèrent que l'option serait nulle si elle n'était suivie d'émigration avant la date du 1ᵉʳ octobre, et aux honnêtes gens qui venaient en foule pour opter, le fonctionnaire prussien répondit avec cette arrogance : « Que voulez-vous de moi? Je n'ai pas le temps de recevoir et d'inscrire des déclarations nulles : on sait bien que vous n'émigrerez pas ! »

« Quand il fut amplement prouvé que la jeunesse au moins optait pour émigrer d'urgence, et que les vieux parents resteraient seuls dans le pays, le vainqueur ne négligea rien pour enchaîner les fils à la condition de leurs pères; il décida que les chefs de famille ne pourraient pas opter pour leurs enfants mineurs sans opter pour eux-mêmes, c'est-à-dire sans abandonner tout ce qu'ils possédaient sur le territoire annexé. Le traité de Francfort avait pourtant garanti la personne et la propriété des optants! Dans leur tendresse ingénieuse, les parents s'avisèrent d'émanciper leurs fils pour qu'ils eussent le droit d'opter et d'émigrer sans le reste de la famille. Mais bientôt les gens de Berlin nièrent le droit indiscutable qu'ils avaient reconnu et consacré par des actes; leurs journaux nous firent connaître que les mineurs émancipés ne seraient pas admis à opter valablement. Par surcroît de précaution, ils affichèrent dans les communes la loi qui punit d'une amende de 50 à 1,000 thalers, selon leur fortune, les familles des réfractaires.

« Tout ce luxe d'injustice et de violence ne servit qu'à précipiter le courant de l'émigration. L'ennemi se flattait de retenir les fils, il réussit à chasser les pères et les mères.

. . . . . . . . . . . . . . . . . . .

Dans le nombre de ces honnêtes gens, j'ai remarqué et admiré une Allemande francisée par le mariage et restée veuve avec un fils. — A tout prix, disait-elle, il faut que cet enfant soit Français; il y va de sa carrière.

« — A quel état le destinez-vous?

« — Mais je veux qu'il entre à Saint-Cyr !

« Les familles qui ont trouvé moyen de vendre leurs maisons ou leurs terres à cinquante pour cent de perte n'ont pas cru faire un mauvais marché.

. . . . . . . . . . . . . . . . . . .

. . . . . . . . . . . . . . . . . . .

« Les ouvriers allemands sont accourus en assez grand nombre, mais outre la répulsion bien naturelle qu'ils inspirent à tous les vrais Alsaciens, ils ont des prétentions qui les rendent presque impossibles. L'urgence des travaux qui s'exécutent à Strasbourg et dans les cinq nouveaux forts autour de la ville a nécessairement élevé le taux de la main-d'œuvre. Il n'est si piètre ouvrier qui ne gagne de trois à quatre francs dans sa journée ; or, le travail des champs serait une ruine avec des auxiliaires d'un tel prix.

« Bien ou mal payé, riche ou pauvre, le Prussien est un homme fort peu semblable à nous. On se demande encore en Alsace s'il a quatre estomacs, ou deux, ou, par cas invraisemblable, un seul. Il se nourrit des aliments les plus grossiers qu'il absorbe en quantités effroyables. Un ou deux kilogrammes d'un pain noir, pétri de seigle et de sarrasin, sont la base de sa ration quotidienne. Il y ajoute du beurre, pour que le pain puisse glisser, de la charcuterie et de la viande froide.

« Ses repas ne sont point réglés comme les nôtres : il s'attable chaque fois qu'il a faim, et il a toujours faim et soif quand il a quelque argent dans sa poche. J'ai remarqué dans un petit restaurant de Strasbourg un brillant officier qui déjeunait de vin, de pain noir et de fromage. Cette sobriété m'humilia et je dis à l'ami qui me tenait compagnie : « Mais ces gens-là, au train qu'ils mènent, feront tous fortune chez nous. »

« Il répondit : « Gardez-vous de le croire. Le capitaine que vous voyez va déjeuner pour quinze ou vingt sous, mais c'est peut-être le quatrième repas de sa journée, et il est homme à en faire six autres, au même prix, avant le souper définitif qui le gorgera pour la nuit. Nos vainqueurs mangent mal, mais ils mangent sans trêve, et quoi qu'ils puissent gagner sur notre malheureuse province, ils avalent tout.

« Si la rusticité de leurs goûts leur donne un certain avantage à la guerre contre les peuples plus civilisés, si leur indifférence aux alcools doit nous servir de leçon, car la garnison de Strasbourg ne boit pas en un jour quatre verres d'absinthe, il n'en faut pas conclure que ces fiers conquérants soient plus rangés et plus sages que les Français. S'ils ne doivent acheter nos châteaux que sur leurs économies, ils attendront longtemps. Vous ne savez donc pas que les Français, si imprévoyants et légers en apparence, replacent bon an mal an les neuf dixièmes de leurs revenus mobiliers, tandis que les Germains du Nord, ces hommes lourds, n'en remploient guère qu'un dixième ? »

12.

. . . . . . . . . . . . . . . . .

« A part les militaires, les employés et les manœuvres, gent nomade qui peut s'en aller comme elle est venue, du jour au lendemain, les Allemands n'ont pour ainsi dire importé personne en Alsace : combleront-ils le vide qu'ils font ? J'ose en douter. Dans la ville que je connais le mieux, à Saverne, un aubergiste allemand assez malheureux en affaires était venu s'établir l'an passé. On croyait qu'il ne réussirait pas; c'était une erreur, car il a brûlé, et la maison qu'il louait n'est plus qu'une ruine. L'assurance a payé largement tous les meubles qu'il disait avoir eus ; cet homme a pu rentrer dans sa patrie avec un joli capital. Mais les propriétaires et les assureurs sont avertis ; ils sauront désormais que tout banqueroutier prussien est sujet à la combustion spontanée. A Strasbourg, à Colmar, à Mulhouse, l'invasion des marchands de tabac, qu'on signalait en 1871, est décidément refoulée : les Alsaciens ont dédaigné les produits infects et malsains de l'industrie germanique ; ils ne fument que les tabacs et les cigares de notre régie, et, grâce à une importation loyalement conduite, ils les payent moins cher que nous.

« Les Allemands, battus sur ce terrain, se sont mis à dresser d'autres piéges ; ils ouvrent une banque à chaque carrefour ; mais là encore, selon toute apparence, ils ne feront d'autres dupes qu'eux-mêmes. Pas un Alsacien ne commettra la faute de leur porter ses économies, et les californiens de l'agiotage auront le même sort que les vendeurs de mauvais tabac.

. . . . . . . . . . , . . . . . . . . .

« On raconte, et le fait n'est pas absolument incroyable, qu'un certain nombre de Strasbourgeois ont dit adieu sans trop de regret à notre colonie de fonctionnaires : il s'agit, vous le devinez, du vieux noyau protestant qui regrettait encore, après deux siècles d'annexion, sa chère autonomie. Si les grandes fortunes sont rares dans la ville, on y compte par milliers les familles aisées, laborieuses, respectables, qui vivent entre elles, et qui se suffiraient volontiers dans un petit État indépendant comme l'ancien Strasbourg ou tel canton de la Suisse moderne. Un observateur clairvoyant et très-probablement sincère m'affirme que cet élément de la population souffrait de se voir dominé et éclipsé par la colonie, et que le premier cri de plus d'une famille a été : Dieu merci ! nous voilà chez nous ! Mais il ajoute, et je le crois sans peine, que ce petit mouvement d'égoïsme ou de particularisme n'a pas duré. J'entends dire de tous côtés que les plus vieux bourgeois, les plus déterminés protestants, les boudeurs les plus maussades ont bientôt fait entre les anciens et les nouveaux fonctionnaires une comparaison qui n'est pas à l'avantage des Allemands. Ils se sont retournés presque instantanément contre leurs nouveaux maîtres ; ils s'apprêtent à prouver que la ville leur appartient, qu'ils sont chez eux, et le Prussien se trompe s'il croit qu'il en aura facilement raison.

« Tout n'est pas roses dans le métier de conquérant, et nos vainqueurs ont chaque jour une nouvelle occasion de rentrer en eux-mêmes. S'ils ne rencontrent qu'antipathie, résistance sourde ou déclarée dans les groupes qu'ils avaient lieu de croire hostiles à la domination française, que sera-ce dans les centres, où tout est franchement, naïvement, cordialement français?

« Arrêtons-nous à Schlestadt, par exemple. Là, les Badois du général Werder n'ont pas surexcité le patriotisme comme à Strasbourg par les horreurs d'un long bombardement. La place n'était pas en état de défense; il a suffi de brûler un quartier pour décider la petite garnison à se rendre. Le vainqueur a dû se dire en entrant : Voilà une population de dix mille âmes que nous avons achetée à bon compte.

« Mais savez-vous combien il leur en reste aujourd'hui, de ces dix ou onze mille âmes? Quatre mille, et qui ont opté, sans ignorer d'ailleurs que cet acte de patriotisme n'était qu'une protestation inutile. Six ou sept mille habitants ont émigré; tous les jeunes gens sont partis; le contingent de 1872 se réduit à un manchot, un pied-bot et un cul-de-jatte. L'horreur du joug allemand a fait fuir non-seulement les futurs soldats, mais les femmes, les vieillards et jusqu'à deux nonagénaires, M. Miltenger et le brave commandant Perron, quatre-vingt-onze ans, ancien soldat d'Iéna.

. . . . . . . . . . . . . . . .

« Voulez-vous admirer les bienfaits de la conquête allemande dans quelque grande cité? Allons à Mulhouse. Toutes les magnifiques villas qui s'élèvent en amphithéâtre au delà du canal, ou sur le revers de la montagne, sont fermées. Tous les hôtels des manufacturiers, dans le quartier neuf, sont déserts. Tous les chefs des grandes maisons, après avoir opté, ont transféré leur domicile réel sur le territoire français, à quelques heures de la ville. L'industrie de Mulhouse a divisé ses capitaux en actions; un gérant se dévoue et veut bien devenir Allemand *de nom* dans l'intérêt de chaque usine. Mais voici que les ouvriers s'émeuvent, eux aussi; cette forte et vaillante humanité qui sue et souffre dans les fabriques s'ébranle par masses énormes; elle élève la voix, elle veut protester, elle aussi, en faveur de la vieille unité française.

. . . . . . . . . . .

« Et quelque diplomate à la suite des armées prussiennes, quelque jurisconsulte roulant dans un caisson derrière le canon Krupp, viendra prouver par des arguments *in modo et figura* que cette option n'est pas valable! Parce qu'un ouvrier n'aura pas trouvé dans sa poche deux ou trois cents francs pour payer le voyage de sa femme et de ses enfants; parce qu'un paysan n'aura pas pu abandonner son toit, son coin de terre et sa récolte encore pendante à l'échéance du 1$^{er}$ octobre, vous croyez que ces braves gens seront, par cela seul, des Allemands comme vous? O la lugubre plaisanterie! Vous pouvez égorger les Alsaciens, puisque vous êtes les plus forts, mais il n'y a ni code, ni traité qui vous donne le droit de les déshonorer.

. . . . . . . . . . .

« Le pays annexé contenait 1,600,000 habitants; on estime que 1,100,000 ont opté et que 600,000 ont rendu leur option valable aux yeux des Allemands eux-mêmes en prenant le chemin de l'exil. Il y en a donc 500,000 qui, sans pouvoir quitter le pays, ont formellement réclamé la nationalité française. Ceux-là sont-ils à nous ou à la Prusse? Le roi Guillaume peut dire : Ils sont ma chose; mais, aux yeux du monde civilisé, un homme n'est pas une chose, et les optants ne sont que des corps volés dont l'âme appartient à la France.

« Quant aux 600,000 Alsaciens et Lorrains qui n'ont pas opté, leur abstention ne prouve rien, sinon que le vainqueur a su les intimider par ses menaces. Mais, moi qui les ai vus et entendus dans les campagnes et dans les villes, je sais ce qu'il faut croire de leur prétendue résignation. Que de fois, dans les ruelles de Saverne ou dans les sentiers de la forêt, j'ai vu de pauvres gens, ouvriers ou bûcherons, s'arrêter pour me dire : Bonjour, monsieur : vive la France! Que de fois une vieille femme ou une jeune fille de la plus humble condition a ouvert sa fenêtre au-dessus de ma tête, pour me jeter le même salut!

« Ces gens-là n'ont pas émigré, ils n'ont pas même opté, car les gendarmes et les policiers ne parlaient de rien moins que d'expulser tous les optants. En sont-ils moins Français à votre avis? J'ai laissé au pays plus d'un vieillard, qui m'avait dit en confidence : J'expédie d'abord mes enfants, mais dès que j'aurai mis ordre à nos affaires, vous pensez bien que je saurai les rejoindre. Ces cœurs de pères appartiennent-ils à la Prusse?

« Les Allemands ont rompu en visière à toute la civilisation lorsqu'ils ont eu le triste courage de renouveler en plein dix-neuvième siècle les horreurs de la conquête antique. Ils ont agi en vrais barbares, et j'espère ne pas mourir avant de les avoir vu châtier en barbares. Je ne souhaite pas qu'on les égorge en masse, mais je me console quelquefois de nos misères et de leurs crimes en rêvant que l'Europe, libre du nord au sud et de l'est à l'ouest, fera une exception contre eux seuls et les réduira tous en esclavage. Et quand on voit leur arrogance avec les faibles, leur platitude et leur servilité devant les forts, on a lieu d'espérer qu'ils seront aussi bons valets qu'ils auront été mauvais maîtres. » (E. About.)

## VIII

Une loi prussienne du 30 décembre 1871 avait organisé l'administration de l'Alsace-Lorraine, placée sous la direction d'un président supérieur, titre donné en Prusse aux gouverneurs des provinces qui renferment chacune plusieurs départements. (M. Bloch.) Le siège de la présidence provinciale est à Strasbourg, où réside également le préfet de la Basse-Alsace. Les chefs-lieux de préfecture de la Haute-Alsace et de la Lorraine sont Colmar et Metz.

Des pouvoirs arbitraires et illimités ont été conférés au gouverneur de la province conquise. C'est contre ces pouvoirs que les députés d'Alsace-Lorraine, nommés pour siéger la première fois en 1874 au Parlement allemand, ont protesté, après avoir déjà protesté contre la conquête non soumise au suffrage des populations.

Pour faire voir quelle est la situation faite à ce malheureux pays, dont la Prusse voudrait faire une Pologne — mais qui ne sera pas la Pologne, parce que la France régénérée sera là et que l'Europe, plus éclairée à son tour, se prépare, — nous allons reproduire, pour l'enseignement des contemporains, l'analyse des débats du 3 mars 1874, à la séance du Parlement allemand, siégeant à Berlin.

## SÉANCE DU PARLEMENT ALLEMAND

### 3 mars 1874

Il est procédé à la première et à la deuxième lecture de la motion de M. Guerber, député d'Alsace-Lorraine, portant abolition du paragraphe 10 de la loi concernant l'administration de l'Alsace-Lorraine.

M. Guerber, développant cette proposition, déclare prendre la parole, non pas pour offenser personne, mais pour formuler de sérieuses plaintes.

L'orateur ajoute que le paragraphe 10 renferme la principale prescription de la loi et confère au président supérieur de l'Alsace-Lorraine un pouvoir plus grand que celui de n'importe quel monarque européen. M. Guerber fait observer que les prescriptions de la loi française, adoptées par le gouvernement allemand, datent de l'époque orageuse de 1849 ; qu'elles n'avaient été décrétées qu'en considération d'un danger imminent et extrême, et ne conviennent pas du tout à la législation de l'Alsace-Lorraine

L'orateur formule contre le gouvernement allemand, au sujet des mesures prises contre la presse et l'expulsion prononcée contre des Alsaciens-Lorrains, plusieurs accusations que l'Assemblée accueille par des rires réitérés.

M. Guerber rappelle en particulier l'affaire Rapp. Il termine en priant l'Assemblée d'adopter sa proposition.

\*\*\*

Le commissaire fédéral Herzog combat, au nom du gouvernement de l'Empire, la motion de M. Guerber, et prie le Parlement de la rejeter. L'orateur expose que l'état de siége était une conséquence indispensable de l'annexion; il dit que la sécurité ne renaîtra que petit à petit dans l'Alsace-Lorraine. Il déclare que le gouvernement a fait dresser une statistique des éléments révolutionnaires des pays annexés, et que le résultat de cette enquête a prouvé la nécessité d'admettre le paragraphe 10 dans la loi administrative. L'orateur ajoute que les résultats du pouvoir dictatorial consistent seulement dans l'expulsion de quelques agitateurs et dans la suppression des journaux les plus dangereux. Le commissaire fédéral déclare que l'affaire Rapp ne répond pas à l'idée que s'en fait le préopinant, que M. Rapp emmenait les enfants alsaciens hors du pays pour faire d'eux des ennemis de l'Allemagne, et qu'il était donc à la tête d'une association hostile à l'Allemagne. M. Herzog ajoute que, de toutes les passions, la haine religieuse est la plus terrible, et que c'est pour venir à bout du principal agitateur de cette catégorie que le gouvernement allemand a expulsé M. Rapp de l'Alsace-Lorraine.

M. Herzog poursuit en disant que l'on a interdit seulement les journaux les plus dangereux, que deux cents journaux français sont répandus dans l'Alsace-Lorraine, où il en entre huit mille exemplaires, et que les pays annexés sont exposés, après comme avant, aux excitations qui émanent de la France. Le commissaire fédéral déclare que l'antipathie que l'on nourrit contre l'Allemagne s'est manifestée de la façon la plus éclatante dans le discours prononcé par M. Teutsch au sein du Reichstag, discours qu'aucun autre Parlement n'aurait écouté avec autant de patience (très-vrai), et que l'on ne peut pas, quinze jours après une telle manifestation, demander au gouvernement de renoncer à un des moyens dont il dispose pour réprimer des tendances dangereuses pour l'État.

M. l'abbé Winterer, député d'Alsace-Lorraine, parle en faveur de la proposition. L'orateur signale les persécutions dirigées contre l'Église catholique, que l'on veut anéantir.

M. Puttkammer propose de renvoyer la proposition à une commission.

Le chancelier de l'Empire, prince de Bismarck, intervient personnellement, et dans le discours qu'on va lire, où l'ironie affecte de prendre le pas sur l'éloquence, le ministre de la conquête reproduit le fond de son discours du 3 juin 1871.

M. DE BISMARCK monte donc à la tribune et répond en ces termes :

« En présence de la responsabilité personnelle qui pèse sur moi, je considère qu'il est de mon devoir de faire connaître mon sentiment sur cette affaire. Je me console des imputations que j'ai entendues en songeant qu'elles se sont produites ici et non à Versailles, devant le Reichstag et non au sein de l'Assemblée nationale française, où, dans le cas inverse, elles n'auraient pas rencontré une tolérance égale à celle que nous leur avons accordée.

« Nous n'avions pas espéré que les orateurs qui ont porté la parole dans cette enceinte salueraient nos institutions avec enthousiasme. Il faut se faire aux institutions étrangères : quand deux siècles auront passé sur l'annexion de l'Alsace-Lorraine à l'Allemagne, le parallèle tournera au bénéfice de l'Allemagne, qui est la mère patrie de l'Alsace-Lorraine, nous en avons vu la preuve aujourd'hui même dans l'aisance avec laquelle les députés alsaciens-lorrains manient la langue allemande.

« Nous avons besoin de l'état de siége dans le nouveau pays de l'Empire. Je n'ai pas le droit de diminuer dès maintenant les pouvoirs du président suprême. En France, 48 départements sont en état de siége. Il est incontestable que la France laisserait subsister l'état de siége en Alsace.

« Des discours tels que ceux que nous avons entendus

ici dans la bouche des députés alsaciens-lorrains n'ont pas été tenus en Alsace. Ne le seraient-ils pas sans l'état de siège? C'est là une question qu'il ne m'appartient pas d'examiner. Maintenant que j'ai appris ici à connaître ces messieurs, je chargerais gravement ma responsabilité si je voulais restreindre les pouvoirs du président suprême. Songez donc un peu à la façon dont nous sommes arrivés à l'annexion. Nous avons besoin d'un boulevard pour la protection de l'Empire. Les Alsaciens ne sont pas absolument exempts de reproche, eu égard au passé. Ils partagent la faute de la guerre qui nous a été criminellement déclarée. A cette époque ils n'ont pas protesté. Aujourd'hui rien ne leur est plus facile que de faire usage ici de la liberté complète de la tribune pour attaquer nos institutions. La proposition actuelle n'est pas sans avoir quelque connexion avec celle de l'autre jour. A quelles attaques Mgr l'évêque Rœss n'a-t-il pas été en butte pour le seul fait d'avoir reconnu la paix de Francfort?

« En repoussant la proposition, vous donnerez au gouvernement et à sa politique une marque de confiance. En l'adoptant, vous donneriez votre approbation à l'attitude que les députés alsaciens-lorrains ont cru devoir observer jusqu'à ce jour. En thèse générale, je n'ai rien à objecter contre l'examen de la proposition par une commission. Le gouvernement ne redoute point cet examen; mais je ne pense pas qu'il soit possible d'arriver ainsi à une prompte solution de cette affaire. Prouvez au gouvernement votre confiance en repoussant la proposition. » (Vifs applaudissements.)

M. Puttkammer retire sa demande de renvoi à une commission.

M. Windthorst appuie la proposition.

M. Puttkammer la combat.

La première délibération est close.

Une motion d'ajournement ayant été rejetée, la deuxième délibération s'ouvre immédiatement.

M. Banks propose le renvoi à une commission.

La clôture de la discussion est mise aux voix et déclarée.

La motion de renvoi à une commission est rejetée.

Est également rejetée une motion de M. Krueger, député du Sleswig, tendant à accorder aux pays d'Empire une représentation particulière.

La proposition Guerber-Winterer va être mise aux voix.

M. Banks, au nom de ses collègues du parti progressiste, déclare que le renvoi à une commission n'étant pas ordonné, lui et ses amis se voient dans l'obligation de voter la proposition, sans s'associer d'ailleurs aux arguments à l'aide desquels ses auteurs l'ont défendue.

La proposition Guerber-Winterer est rejetée par 195 voix contre 138. Ont voté pour, les Alsaciens-Lorrains, les démocrates socialistes, le centre et le parti progressiste.

## IX

Cette imposante minorité fera certainement méditer M. de Bismarck et les geôliers de l'Alsace-Lorraine. Nous ne réfuterons plus rien; le meilleur commentaire du discours de M. de Bismarck ne se trouve-t-il point, par anticipation, dans un autre discours de M. de Moltke, lorsque, demandant à l'Allemagne des hommes, des armes et de l'or pour une longue série d'années, le chef du grand état-major prussien jette en manière d'épouvantail, aux députés germains, ces paroles d'incontestable vérité :

« Ce que nous avons obtenu *en six mois* par les armes, il est possible que nous devions le défendre par les armes *pendant un demi-siècle,* afin qu'on ne nous le reprenne pas. Il ne faut pas nous faire illusion : depuis nos guerres heureuses, nous avons gagné en considération, *mais on ne nous en aime pas mieux pour cela!* »

Voilà pourquoi le baillon, l'arbitraire des préfets prussiens! mais c'est égal : les annexés se résignent assez fièrement; les vaincus d'hier se préparent aux grands devoirs, et l'Europe observe cette fois sans indifférence.

## CHAPITRE II

Statistique militaire des puissances de l'Europe. — Les cinq grandes puissances : Empire allemand, Autriche-Hongrie, Grande-Bretagne, France, Russie. — Détails politiques, administratifs, militaires et financiers. — La marine française et reproduction d'un travail de M. Chevalier, capitaine de frégate. — Groupe des puissances secondaires : Italie, Espagne, Suède-Norwége, Turquie, Belgique, Hollande, Danemark, Suisse, Portugal et Principautés danubiennes.

### I

Nous allons présenter ci-après, par ordre alphabétique, la situation militaire de chacune des cinq grandes puissances formant le groupe prépondérant européen.

Nous commencerons donc par : 1° l'Empire allemand ; 2° l'Empire d'Autriche-Hongrie ; 3° la Grande-Bretagne ; 4° la France ; 5° la Russie.

Toutefois, nous intervertirons l'ordre alphabétique en ce qui concerne la France : nous la placerons la dernière dans ce groupe, à cause de l'étendue plus considérable des renseignements et des statistiques.

Le groupe secondaire, celui dont les principaux États peuvent être éventuellement appelés à apporter un considérable appoint dans l'œuvre du rétablissement de l'équilibre, viendront ci-après, par ordre d'importance : 1° l'Italie ; 2° l'Espagne ; 3° la Suède-Norwége ; 4° la

Turquie; 5° la Belgique; 6° la Hollande; 7° le Danemark; 8° la Suisse; 9° le Portugal; 10° la Grèce; 11° les Principautés danubiennes.

## § I

## GROUPE DES ÉTATS PRÉPONDÉRANTS

### I

#### L'EMPIRE ALLEMAND

1° La constitution définitive du nouvel Empire *décrète en principe le service* MILITAIRE OBLIGATOIRE POUR TOUT ALLEMAND. LE REMPLACEMENT N'EST PAS ADMIS. La durée du service est de sept années, à partir de l'âge de vingt ans, dans l'armée active, dont trois ans sous les drapeaux et quatre ans dans la réserve, puis de cinq ans dans la landwehr, en tout douze années (voir M. BLOCH). Jusqu'à nouvel ordre, le pied de paix de l'armée allemande est fixé à 1 pour 100 de la population. Cette proportion ne peut être changée que par une loi. Or, la population de l'Empire allemand étant, d'après le recensement de 1872, de 41,058,140 habitants, le contingent absolu doit être de 410,582 soldats, et lorsque, en ce moment (1874), la Prusse soutient un projet de loi par lequel elle réclame 401,000 hommes, on doit reconnaître que la lettre de sa constitution n'est pas transgressée.

L'article 61 de la même constitution de l'Empire allemand porte que *toute la législation militaire prussienne* doit être introduite dans l'ensemble des pays allemands, et cette unité de la législation doit être maintenue pour l'avenir. Les frais et charges de l'organisation militaire (armée et marine) de l'Empire doivent être supportés par tous les États avec une parfaite égalité ; il ne peut y avoir de privilége ou d'exemption pour un État ou pour une classe.

Jusqu'à ce qu'il en soit décidé autrement, il est mis à la disposition de l'empereur une somme de 225 thalers ou 843 francs 75 par homme de l'armée sur le pied de paix.

Les économies qui pourront être faites sur le budget militaire profiteront à la caisse de l'Empire et jamais à un gouvernement d'un État particulier, sauf la Bavière et le Wurtemberg.

Les troupes de terre de tout l'Empire formeront *une armée unitaire* sous les ordres de l'empereur, tant pendant la paix que pendant la guerre. La même série de numéros d'ordre s'étend sur tous les régiments de l'armée allemande. La couleur et la coupe de l'uniforme doivent être conformes à celles de l'armée prussienne, mais les souverains des contingents pourront déterminer les emblèmes ou cocardes, etc.

L'empereur a la surveillance de l'armée ; il peut la faire inspecter et tenir la main à ce que tout soit en bon état. Il fixe le nombre des hommes qui doivent être présents sous les drapeaux, la répartition des troupes, les garnisons, etc. Toutes les troupes allemandes doivent obéissance à l'empereur et lui prêtent serment. Il nomme les commandants supérieurs des contingents, ainsi que ceux des forteresses. Les généraux doivent être agréés par lui. Il peut choisir les officiers dans n'importe quel contingent. Il a le droit d'établir des forteresses sur tout le territoire de l'Empire. Sauf conventions contraires, la nomination des officiers dans les contingents appartient aux souverains des États qui les fournissent. Ces souverains sont les chefs, mais en sous-ordre, de leurs troupes et jouissent des honneurs qui se rattachent à cette position. Ils peuvent requérir dans un intérêt de police les troupes stationnées sur leur territoire, même lorsqu'elles appartiennent à un autre État.

Lorsque la sécurité publique d'un État quelconque est menacée, l'empereur le déclare en état de guerre ou de siége, en appliquant la loi prussienne intérieure.

Telles sont, sauf quelques petites modifications en ce qui concerne la Saxe, le Wurtemberg et la Bavière, les dispositions constitutionnelles de l'Empire allemand en ce qui concerne l'organisation militaire.

## II

Le caractère particulier de cette organisation d'ensemble, c'est qu'une partie seulement de l'armée est sous les drapeaux, tandis que l'autre est dans ses foyers.

Ce système a pour but de donner au pays la plus grande force militaire possible sans de trop gros frais. On sait que ce système a été inventé en Prusse après la paix de Tilsitt. Cette paix, qui enlevait à la Prusse la moitié de son territoire, lui interdisait d'entretenir plus de quarante-deux mille hommes sous les drapeaux.

Pour tourner cette difficulté, on renouvela toutes les six semaines le personnel des recrues, les exerçant et les renvoyant après leur avoir appris le maniement des armes et les manœuvres. Ce qui fut d'abord un expédient devint bientôt une organisation permanente, qu'une série de lois et de règlements ont améliorée dans ses détails et perfectionnée dans son ensemble.

Les forces militaires de l'Empire allemand se divisent en armée, marine et landsturm.

Comme nous l'avons dit, tout Allemand doit le service militaire dans l'armée pendant douze ans. Sur ces douze ans, il passera trois ans sous les drapeaux, quatre ans dans la réserve, cinq ans dans la landwehr, qui n'est plus, comme autrefois, divisée en deux bans. Les quatre années dans la réserve sont comptées comme service, car le soldat est censé en congé, il peut être rappelé à chaque instant, et quand il est rappelé, il rentre dans son régiment et fait partie de la ligne, tandis que la landwehr forme des régiments et des divisions séparés destinés à soutenir la ligne.

Enfin le landsturm (arrière-ban ou levée en masse) se compose des jeunes gens de 17 à 20 ans et des hommes libérés de 33 à 42 ans. La levée en masse est destinée à maintenir la sécurité dans le pays et au besoin à former la garnison des forteresses.

Le recrutement a lieu tous les ans. On tire au sort, car le chiffre de l'armée fixé par la loi ne peut être dépassé; on s'arrête aux numéros suffisants pour former le contingent légal. Au delà de ces numéros, les conscrits restent pendant trois ans à la disposition de l'autorité, et ils servent en temps de guerre, car ils forment la « réserve de remplacement. »

L'Empire allemand admet certaines atténuations au service militaire : les incapacités physiques ou notoires (on est presque inflexible sur le chapitre des réclamations) ; les soutiens de famille, mais dans des cas extrêmes, et encore la libération n'est jamais que temporaire.

Il y a enfin le volontariat d'un an, que la France a emprunté à la Prusse, et dont nous parlerons au chapitre *France*.

### III

Nous connaissons le chiffre général admis et arrêté pour le pied de paix. Voyons maintenant (*Statistique militaire officielle de* 1874) quel est l'effectif de l'armée allemande sur le pied de guerre.

En entrant en campagne, la Prusse impériale peut mettre en ligne :

|   | OFFICIERS | MÉDECINS | HOMMES | CHEVAUX |
|---|---|---|---|---|
| États-majors............... | 797 | 8 | 6.130 | 6.957 |
| Infanterie, 443 bataillons... | 10.212 | 880 | 456.203 | 16.998 |
| Chasseurs, 26 bataillons... | 574 | 52 | 26.780 | 1.040 |
| Cavalerie, 372 escadrons... | 2.145 | 279 | 59.813 | 65.658 |
| Artillerie, 258 bat.; 1,548 can. | 1.200 | 287 | 59.732 | 63.637 |
| Génie (pionniers), 59 comp.. | 441 | 59 | 18.328 | 8.327 |
| Train, 297 compagnies..... | 546 | 421 | 27.730 | 38.193 |
| Troupes de dépôt......... | 3.996 | 488 | 240.964 | 28.705 |
| Troup. de garn. (landwehr). | 7.570 | 776 | 368.401 | 32.310 |
| Total....... | 27.481 | 3.250 | 1.264.081 | 261.825 |

Non compris le landsturm; non compris l'intendance, l'administration, les employés infirmiers, ces derniers services (en dehors du landsturm) comprenant 22,000 hommes, dont 2,600 médecins et enfin 20,000 chevaux.

Le budget annuel de la guerre en temps de paix est de 91 millions de thalers pour l'armée,

| | |
|---|---|
| soit en francs. . . . . . . . . . . . . . . . | 341.250 000 |
| Pour la marine (en francs). . . . . . . . | 15.250.000 |
| Pensions par suite de la guerre de 1870-1871 (approximativement et en francs) | 46.175.000 |
| Total. . . . . . . . | 402.675.000 |

Si, à ce budget de plus de 400 millions — budget annuel de la paix — nous ajoutons la réserve monnayée (au Trésor de guerre prussien) constituée en partie avec l'indemnité française, nous saurons que l'Empire allemand peut entrer en campagne :

| | |
|---|---|
| 1° Sans emprunt avec le Trésor prussien. . . . . . . . . . . . . . . | 600 millions. |
| 2° Avec le budget normal.. . . . | 400 millions. |
| Total. . . . . . . . | 1 milliard disponible |

sans compter les *réserves métalliques* des États et les ressources extraordinaires des impôts.

## IV

L'Empire allemand n'attache qu'une médiocre importance à sa marine. D'après les observations du ministre de la marine devant le Parlement, l'armée est seule le pivot de la puissance allemande, et le nouvel Empire n'est pas appelé à figurer dans les grandes batailles navales ou à entrer en concurrence avec des puissances maritimes telles que l'Angleterre et la France.

Selon lui, « la mission de la marine allemande consiste uniquement dans la défense des côtes, de façon à maintenir la liberté de la mer dans leur voisinage et à ne pas être réduit à fermer les fleuves et à employer les torpilles, mais encore à disposer, dans les ports, d'escadres qui permettent de faire des sorties et de profiter de la faiblesse des ennemis. »

D'après un plan de 1867, continué en 1873 et 1874, 20 millions de thalers (le thaler vaut 3 fr. 75) devaient être consacrés au port militaire de Wilhemshafen ou port de Jahde; pour Kiel, on demandait 12 millions de thalers. Les travaux et les dépenses continuent.

Les navires à construire jusqu'en 1877 doivent porter la flotte à 16 bâtiments cuirassés, 20 corvettes, 8 avisos, non compris les canonnières et les navires-écoles. En ce moment, il y a déjà 6 navires cuirassés, 10 corvettes et 5 avisos.

Voici quel est l'effectif du personnel de la marine allemande arrêté de 1874 à 1877 :

| | |
|---|---:|
| Officiers d'état-major............... | 350 |
| Matelots, etc...................... | 5.600 |
| Mécaniciens et chauffeurs........... | 1.019 |
| Ouvriers........................... | 460 |
| Infanterie de marine, officiers ..... | 47 |
|     Id.    Id.    soldats............ | 1.372 |
| Artillerie de marine, officiers ...... | 36 |
|     Id.    Id.    soldats............ | 1.248 |

Le système de recrutement des marins est emprunté à celui de l'inscription maritime française. Le total des inscrits est de 26,000 pour les côtes de l'Allemagne du Nord. C'est sur ce chiffre que se prélève le contingen annuel des matelots.

## V

### 2° EMPIRE D'AUTRICHE-HONGRIE

L'Autriche-Hongrie est un composé de nationalités diverses, où l'idée fédérale semble maintenue par les ultramontains et les féodaux au grand préjudice de la double couronne de Habsbourg et de Saint-Étienne. L'unité, la grande unité sous la forte main des Austro-Hongrois, devrait se dresser fière et énergique en face de l'unité prussienne.. Quelle est la confédération qui n'ait pas eu, dans l'histoire, ses pages tragiques de guerre civile ? Ni la Grèce, dans les temps antiques, ni les États-Unis, ni la Confédération germanique, dans les temps contemporains, n'ont échappé à ce funeste sort. Entretenir les différences de races, c'est nourrir la haine et préparer à tout instant la révolte.

Sur une population de 35 millions 905 mille habitants, l'Autriche-Hongrie peut disposer en temps de guerre, d'un effectif réel de 900 mille hommes.

La loi du 5 décembre 1868 a décrété pour tout l'Empire (Cisleithanie et Transleithanie) le service obligatoire qui prend le sujet austro-hongrois dès l'âge de vingt ans.

Le remplacement est aboli.

La durée légale du service est de cinq années dans l'armée active, de cinq ans dans la réserve et de deux ans dans la landwehr.

Les jeunes gens tirent au sort pour former le contingent annuel, qui est pour l'Autriche de. . . . . . . . 56.548 hommes.

Pour la Hongrie, y compris la Croatie, de. . . . . . . 40.792 hommes.

Soit en total : 97.340 soldats.

Les jeunes gens apportant le numéro qui les classe au-dessus du contingent appartiennent pendant douze ans à la landwehr, pour être appelés en temps de guerre.

Le contingent général en temps de paix est de :

  212.000 hommes
et de 38.000 chevaux.

En temps de guerre, nous le répétons, les contingents annuels, la landwehr, les réserves, peuvent mettre en ligne de combat environ 900 mille hommes.

La marine militaire (Adriatique) comprend 72 bâtiments dont 12 cuirassés, ceux-ci armés de 522 canons. Sur le pied de paix, le personnel des forces navales est de 5,700 officiers et marins, et de 11,500 sur le pied de guerre.

## VI

Les finances, ce soutien des nations et ce *nerf éternel de la guerre,* ne sont pas prospères en Autriche.

L'empire austro-hongrois a la maladie du *déficit.* Ce n'est plus ici du trésor de guerre des Hohenzollern qu'il faut parler, trésor augmenté Dieu et la France le savent ! En Autriche, sur un budget général de 408 millions de florins en recettes, soit, à 2 fr. 50 le florin (non déprécié s'il n'est pas en papier-monnaie), une somme de un milliard vingt millions, on dépense 434 millions de florins, soit un milliard quatre-vingt-cinq millions de francs.

Le déficit annuel est de 65 millions de francs.

Nous ne tirons aucune conséquence, nous exposons les chiffres, voilà tout.

Les dépenses de la guerre sur le pied de guerre sont de :

| | |
|---|---|
| Florins . . . . . . . . | 95.165.000 |

Celle de la marine :

| | |
|---|---|
| Florins . . . . . . . . | 11.255.000 |
| Total . . . | 106.420.000 florins. |

En cas d'entrée en campagne immédiate, l'Autriche n'a que la ressource des impôts de guerre, des emprunts onéreux, de l'émission et du cours forcé du papier-monnaie.

Nous faisons les plus sincères vœux pour que cette

situation se redresse et s'améliore. L'Autriche-Hongrie a droit à toute la sympathie du monde politique et financier de la France et de tous les peuples équitables.

## VII

### 3° ANGLETERRE

L'armée, en Angleterre, procède de l'enrôlement volontaire. Les Anglais ont pour principe inviolable de ne jamais demander leurs forces permanentes ou extraordinaires au recrutement avec ou sans tirage au sort.

Ce n'est ni par inclination ni par patriotisme, dit L. Smith, que se font la plupart des enrôlements pour l'armée permanente et régulière. Le besoin est le grand recruteur. Des sergents continuent de parcourir les villes et les campagnes pour remplir les vides de l'effectif. Le schako garni de rubans, l'œil fier, le jarret tendu, ils déploient leur belle prestance et s'installent dans les tavernes ; ils font avec aplomb des descriptions fantastiques de la vie militaire, de ses honneurs, de ses avantages, des agréments de toutes sortes qui attendent les soldats anglais dans les pays lointains. Mais le temps n'est plus où ces séductions trouvaient des dupes ; le prestige est à peu près évanoui ; en général, l'Anglais n'aliène sa liberté que pour obtenir la subsistance qu'il ne sait comment se procurer autrement.

Le recruteur a toujours un shilling (1 franc 16 centimes) prêt à passer dans la main du pauvre diable qu'il amorce ; dès que celui-ci a reçu la pièce il ne s'appartient plus, mais il a droit momentanément à deux choses importantes pour lui, la nourriture et le logement. De plus, la loi venant en aide aux recrues leur donne vingt-quatre heures de répit pour réfléchir et arriver aux moyens de se dégager.

Au bout de ce délai, recruteur et recrue doivent se présenter devant un juge de paix qui confirme l'enrôlement, s'il ne constate aucune irrégularité et si la reine ne soulève pas d'objection. Le jeune homme peut déclarer qu'il entend s'enrôler pour telle arme ou telle branche de service ; s'il s'enrôle pour la cavalerie ou l'infanterie, il peut désigner le régiment dans lequel il veut entrer. S'il ne fait pas de déclaration semblable, il est à la disposition militaire.

Il peut encore, d'après la loi du 9 août 1870, qui a changé la durée du service, s'engager soit pour douze ans dans l'armée active, soit pour six ans dans cette armée et six ans dans la première classe de la réserve.

Tous ces points réglés, il est donné lecture à l'enrôlé de plusieurs articles de la loi militaire et de la formule du serment de fidélité qu'il prête sur la Bible.

Le juge de paix doit, au contraire, remettre la recrue en pleine liberté s'il constate que les choses ne se sont pas passées régulièrement ou si le jeune homme, déclarant se désister, rend avec le shilling le prix de la subsistance qu'il a reçue et y ajoute 20 shillings comme dédit.

Tout individu qui fait une fausse déclaration en s'enrôlant, et tout individu enrôlé qui ne se présente pas devant un juge de paix ou qui ne rend pas ce qu'il a reçu, est puni comme vagabond et emprisonné pour trois mois.

## VIII

Les enrôlés sont emmenés au dépôt ou à la garnison à laquelle ils sont destinés. Là, ils sont soumis à des visites de médecin, à la suite desquelles plus d'un tiers (386 sur 1.000) sont renvoyés comme incapables de servir. C'est à peu près le même chiffre qu'en France. Les recrues définitivement admises reçoivent la prime d'enrôlement, soit 80 francs en temps de paix, 175 francs en temps de guerre. Le soldat anglais est le mieux payé de tous les soldats de l'Europe : équipé, entretenu, nourri, blanchi, il lui reste par jour 3 pences (30 centimes) ; selon les années de service et la bonne conduite, il touche en plus 10 centimes, 20 centimes, 30 centimes de haute paie supplémentaire. Au bout de chaque cinq années de service, il a par-dessus tout cela droit à 10 centimes par jour ; tous les cinq ans la même haute paye s'ajoute à la première ; il peut donc arriver à 60 centimes par jour. Ainsi, un soldat anglais, resté sous les drapeaux pendant trente ans, toucherait par jour sa paye nette de 30 centimes ; celle de bonne conduite, 20 centimes en moyenne (elle peut être de 30 centimes), plus la haute paye de chaque cinq ans de service, soit 60 centimes : au total donc, 1 franc 20 centimes par jour. Et comme il a dû se rengager au bout des douze années réglementaires, passer six ans dans l'activité et six ans dans la réserve où il est placé toujours sous le coup d'appel, il reçoit, en quittant l'armée, un brevet de pension montant à 340 francs par an et qu'il va manger où il veut.

## IX

La population de l'Angleterre européenne étant de près de 31 millions d'habitants, d'après le dernier recensement, l'effectif de l'armée britannique s'élève :

| | | |
|---|---:|---|
| Troupes régulières d'Europe. | 133.649 | officiers et soldats. |
| Troupes régulières de l'Inde et des colonies. | 62.957 | » |
| Total . . . | 196.606 | » |
| A cet effectif il faut ajouter : | | |
| La réserve. . . . . . . | 35.000 | » |
| | 231.606 | » |

Les troupes auxiliaires, la milice nationale, dans laquelle sont compris tous les hommes de 18 à 35 ans, et qu'on ne peut appeler qu'en cas de danger suprême ; les volontaires qui s'inscrivent tous les ans, qui font des manœuvres et qui s'équipent à leurs frais, la *Yeomanry*, corps de cavalerie et de sûreté, constitué volontairement dans les campagnes par les propriétaires ruraux et les fermiers ; les troupes auxiliaires peuvent donc donner, avec le patriotisme anglais, à une heure décisive pour la patrie, au moins douze cent mille combattants.

Les états-majors, les instructeurs, l'artillerie, les armes

et le matériel de ces troupes auxiliaires sont constitués en permanence. Le personnel tout prêt s'élève déjà, avec les volontaires annuels et la milice, à 350,000 hommes, officiers et soldats.

Le budget de l'armée, pour l'Angleterre, est actuellement de 380 millions de francs.

En cas de guerre (surtout de guerre d'invasion), les formidables engins de défense, préparés sur les côtes et les remparts vivants de l'armée et des volontaires, permettraient à la Grande-Bretagne de faire des miracles de résistance. Nous ne parlons pas des moyens financiers dont elle disposerait alors. Qu'il nous suffise de dire que, en 1814 seulement, pour la seule année de 1814, elle dépensait aisément pour soutenir la guerre continentale, après quatorze ans de luttes formidables contre Napoléon I$^{er}$, un milliard deux cents millions.

La seule année 1855 (guerre de Crimée) lui a coûté, pour 250 mille hommes sous les armes, la somme de 717 millions; nous le répétons, pour 1855 seulement.

Que ne peut-on pas attendre de l'Angleterre le jour où, pour ressaisir une grande influence compromise par l'équilibre menacé, et à l'effondrement duquel s'ajouterait naturellement sa décadence irrémédiable, elle voudra donner au droit public de l'Europe des gages effectifs de sa solidarité?

## X

Si le recrutement anglais a quelque chose d'anormal avec l'idée patriotique et essentiellement nationale qui s'attache aujourd'hui à la composition d'une armée, on ne saurait méconnaître les soins jaloux que cette grande puissance apporte à l'éducation des officiers. Les écoles militaires de Wolwich, de Chatam, l'institution royale d'artillerie, le collége de Sandhurst forment les sujets les plus distingués pour toutes les armes spéciales, et les études sont partout très-sérieuses et très-sérieusement suivies. Des examens généraux entrecoupent et terminent chaque série d'études. L'officier d'état-major anglais peut rivaliser avec les plus savants officiers de l'Europe. L'émulation est grande aujourd'hui chez les officiers, depuis l'abolition, par la reine Victoria, en 1871, de la vénalité des commissions militaires. La part a été largement faite au mérite.

Ce progrès est immense pour l'avenir de l'armée britannique. Les cadres se renforceront de bons et braves officiers et sous-officiers studieux, arrivés à force d'études, de bons services et de dévouement ; le jour où la fortune, qui est le privilége d'un grand nombre parmi ces officiers, n'établira pas des impossibilités d'existence pour le plus grand nombre, alors le progrès sera complet, et les plus dignes (s'ils sont quelquefois les plus pauvres) pourront arriver là où leur mérite et où l'intérêt de la patrie les appelle.

## XI

La marine britannique pourrait être appelée un « État dans l'État. » C'est l'institution nationale par excellence. Si nous devions entrer ici dans tous les détails que cette question spéciale comporte, un volume de statistique serait suffisant à peine.

Voici ce que l'Angleterre possède comme bâtiments de guerre, y compris les navires-écoles, les transports, les pontons et les canonnières :

| | |
|---|---:|
| Grands vaisseaux cuirassés. | 12 |
| Grandes frégates cuirassées. | 8 |
| Navires à flot (vapeurs). | 346 |
| Bâtiments de la défense des colonies, vapeurs, navires à voiles et divers : chiffre approximatif. | 193 |
| Sur chantier, environ (tous types) | 25 |
| Total. | 584 |

bâtiments de guerre inscrits au service de guerre, portant environ 4,600 canons, depuis les plus gigantesques types jusqu'aux calibres ordinaires, et jaugeant 416,000 tonneaux pour 68,500 chevaux vapeurs.

La marine royale britannique recrute son personnel dans l'élément si précieux de la navigation marchande. Tout matelot de la marine marchande est enregistré par le gouvernement et doit servir à tout appel de l'amirauté, depuis l'âge de 18 ans jusqu'à celui de 55, pourvu qu'il ait été en mer plus de deux ans et qu'il ne soit pas le maître d'un bâtiment de pêche.

Ce genre d'*inscription maritime* peut donner actuellement à l'Angleterre près de 185 mille matelots prêts à servir.

La marine de guerre emploie en moyenne (statistiques actuelles comparées avec celles de M. ROBERT MAIN) :

| | |
|---|---|
| Officiers d'état-major et subalternes . | 5.800 |
| Matelots. . . . . . . . . . . . . | 25.200 |
| Mousses, élèves-mousses et élèves-matelots. . . . . . . . . . . . . | 6.000 |
| Officiers et matelots des garde-côtes . | 3.500 |
| Mousses à bord des garde-côtes. . . | 600 |
| Infanterie de marine, officiers et soldats à terre . . . . . . . . . . . | 22.000 |
| Total : | 63.100 |

A ce chiffre il faut ajouter la réserve maritime récemment organisée. Ce sont les gardes-côtes volontaires de la réserve navale. Ils ne sont point employés au service actif, mais ils peuvent être appelés en cas de besoin. Le personnel se décompose ainsi :

| | | |
|---|---|---|
| Officiers et matelots . . . . | 34.000 | inscrits. |
| Mousses. . . . . . . . . . . | 7.000 | — |
| Soldats de marine à terre. . | 6.000 | — |
| Id. en mer. . | 8.000 | — |
| Gardes-côtiers permanents . | 4.300 | — |
| Total . . . | 59.300 | inscrits. |

Le budget général de la marine anglaise pour la solde des officiers, marins et soldats de la flotte, ainsi que pour l'entretien du matériel naval, les constructions, les approvisionnements, les énormes dépenses de toute nature qu'entraîne un si gigantesque service, s'élève à

10 millions de livres sterling, soit 250 millions de francs.

Et encore l'Angleterre est dans une période de grandes économies.

## XII

#### 4° EMPIRE DE RUSSIE

La Russie a une étendue de 545 millions d'hectares. Sa population de 72 millions d'habitants est insuffisante pour cette superficie déserte et inexplorée sur tant de points favorables. Mais, comme les statistiques démontrent que cette population s'accroît de 600,000 individus chaque année, il arrivera un moment, avec les grands progrès politiques et sociaux accomplis, surtout depuis l'émancipation des serfs; avec les progrès nouveaux qui seront la conséquence de ceux qui sont dus à l'initiative puissante et éclairée de l'empereur Alexandre II, il arrivera un moment, disons-nous, où la Russie prendra un rôle immense dans l'univers civilisé.

Sa force — et elle n'a plus besoin d'extensions en Europe — lui permettra d'être la pondération et la conservation de l'équilibre occidental. Elle lui donnera autorité et qualité pour juger et agir au nom de la justice et du droit rationnel des nations. Jamais plus belle mission ne fut réservée à un empire. Nous nous tromperions beaucoup si cette mission éminente et unique n'était pas réservée à la Russie.

## XIII

Une seule volonté souveraine, irresponsable et illimitée préside au gouvernement de la Russie. Source de tous les pouvoirs, le czar ou autocrate est le chef et le législateur suprême de la nation. Comme chef de l'État, l'empereur est chef de peuples et chef d'armées. Il donne l'investiture à toutes les charges, à tous les commandements, à tous les fonctionnaires de l'Empire. Il a la haute main sur l'administration, les finances et même la religion nationale, car, aux attributions politiques et militaires, il joint les prérogatives spirituelles : il est le chef, le pape du culte grec orthodoxe et le président du saint Synode. (Édouard Hervé-Thevenard.)

La Russie est divisée en gouvernements ou en provinces; chaque gouvernement se divise en districts ou arrondissements. Le principe de l'administration russe est la centralisation absolue. Les fonctionnaires des chefs-lieux de provinces sont nommés par l'empereur; les mandataires des communes et des assemblées provinciales sont désignés par les communes et confirmés par le pouvoir central.

L'empereur gouverne avec un ministère, un sénat, sorte de conseil d'État et de Cour de cassation. Il a pour premier ministre un chancelier de l'Empire, qui est le délégué suprême du czar pour la politique extérieure.

Le service militaire est obligatoire en Russie pour

tous les sujets russes, depuis l'ukase de 1873-1874, qui n'établit aucune faveur pour personne.

Déjà les statistiques officielles du ministère de la guerre présentaient (sur document) 1,600,000 combattants avant le service obligatoire. Depuis le dernier ukase, on ne s'avance pas trop en affirmant que la Russie aura 2,000,000 de soldats, desquels il faut toujours défalquer les malades, les impropres au service, les non-valeurs de toute sorte, ce qui donne 1,750,000 hommes.

Autrefois, le service militaire demandait au serf toute sa vie. Aujourd'hui, le serf libéré est, comme tous les sujets de l'Empire russe, soumis au service obligatoire pendant douze années.

Trois écoles impériales militaires forment des officiers pour toutes les armes spéciales, et il en sort une moyenne de 5 à 600 officiers par an, qui viennent remplir les cadres. Le corps de l'état-major et des officiers russes est éminemment distingué et instruit.

La marine russe a pris une extension extraordinaire depuis le traité de Paris de 1856 ; cette extension sera plus considérable encore depuis la révision de ce traité, puisque la mer Noire va redevenir le théâtre militaire de la puissance navale russe.

Actuellement, la Russie compte environ 360 bâtiments de guerre, armés de 4,600 canons, sans compter les docks flottants et les pontons, transports et autres bâtiments, du service des rades et arsenaux maritimes.

Les équipages de la flotte comptent environ 50,000 hommes. La Russie aspire à occuper le troisième rang parmi les puissances maritimes de l'Europe,

## XIV

Le budget russe, pour l'armée et la marine, était, en 1863, de 526,000,000 de francs. Depuis dix ans, avec les progrès accomplis dans la balistique, dans les types de l'armement sur terre et sur mer, avec l'immense accroissement de l'effectif, les dépenses annuelles vont prendre un développement qui n'est pas évalué à moins de 750,000,000 par an, pour l'amirauté et l'armée territoriale.

Or, les ressources de la Russie sont restreintes.

La différence entre les dépenses et les recettes est un passif d'au moins 110,000,000 de francs par an (nous ramenons le rouble à notre unité monétaire française). Pour combler le déficit, la Russie a recours aux expédients de l'emprunt et à la circulation en grand du papier-monnaie.

Pour soutenir une longue et ruineuse guerre, la Russie, avec le pouvoir absolu de l'empereur, pourrait imposer chez elle le cours forcé des assignats ; mais c'est là une ressource bien précaire, sinon dangereuse. Il faut attendre mieux d'un sol si privilégié dans certaines régions, et de l'essor industriel et commercial que les procédés intelligents d'un gouvernement libéral doivent favoriser sans cesse.

## XV

### 5° FRANCE

La France a remplacé la loi de 1832 par une loi récente de salut national qui déclare *soldats tous les Français valides* de 20 à 29 ans.

C'est la loi du 27 juillet 1872.

Antérieurement, la conscription, le tirage au sort, les dispenses nombreuses, le remplacement ou l'exonération enlevaient au pays 400,000 combattants.

Aujourd'hui, notre armée comprend (et nous suivons ici pas à pas la méthode et les observations de M. le colonel du génie E. de la Barre Duparc, ancien directeur des études à l'école militaire de Saint-Cyr) :

1° L'armée active ; 2° la réserve de l'armée active ; 3° l'armée territoriale ; 4° la réserve de l'armée territoriale.

L'armée *active*, indépendamment des hommes ne provenant pas des appels, se compose de tous les jeunes gens déclarés propres à un service militaire et appartenant aux cinq dernières classes appelées. En effet, l'*appel* existe encore, et il sert à déterminer, par le tirage au sort et la série des numéros, l'ordre de priorité dans lequel les jeunes gens d'une classe doivent servir si on ne les conserve pas tous sous les drapeaux. Les appelés servent donc de 20 ans à 25.

La *réserve* de l'armée active se compose de tous les

hommes également déclarés propres à un service militaire et compris dans les quatre classes antérieures à celles formant l'armée active. En d'autres termes, la réserve de l'armée active comprend tous les Français âgés de 20 à 29 ans qui ne font plus partie de l'armée active, c'est-à-dire qui y ont déjà accompli cinq ans de service ou un engagement volontaire d'un an.

L'*armée territoriale* se compose de tous les hommes qui ont accompli le temps de service prescrit pour l'armée active et sa réserve. L'inscription est permanente de 29 à 34 ans.

La *réserve de l'armée territoriale* est composée des hommes ayant accompli le temps de service exigé dans cette dernière armée. Cette position, dans la réserve, dure six années, de 34 à 40 ans.

Les indignes, les condamnés à l'emprisonnement ou à la surveillance de la haute police, sont exclus de l'armée française.

Il n'y a d'exemptions que celles qui résultent d'infirmités rendant impropre à tout service actif ou auxiliaire dans l'armée. Les cas d'exiguité de taille et de tempérament maladif peuvent être ajournés deux années de suite à un nouvel examen de conseil de révision.

Les dispenses, à leur tour, ont été restreintes.

Il y a aussi des sursis d'appel. Ces sursis ne confèrent ni exemption ni dispense. Ils sont accordés aux jeunes gens qui les demandent, en vue de ne pas interrompre une exploitation indispensable, sur l'avis du maire, du conseil municipal et du sous-préfet. Toutefois, la proposition des sursis ne peut dépasser, par département et par classe, la proportion de 4 p. 100 du nombre de jeunes gens reconnus propres au service militaire dans cette classe et compris dans la première partie des listes du recensement cantonal. Cette liste du *recensement* est devenue la liste du *recrutement* depuis que le service est obligatoire.

La répartition entre les départements du nombre de soldats de chaque classe à fournir à chaque arme et à chaque corps est faite par le ministre de la guerre.

Le général commandant le département, assisté du commandant du dépôt de recrutement, fait la désignation par arme. Cette opération terminée, les jeunes gens sont appelés et ils doivent être dirigés sur les corps.

Malgré le service obligatoire pour tous, l'armée française contient encore des engagés volontaires.

La durée de l'engagement volontaire est de cinq ans; mais en temps de guerre la loi du recrutement de 1872 admet à s'engager, pour la durée de la guerre, tout Français ayant accompli le temps de service prescrit pour l'armée active et la réserve.

Il y a enfin le volontariat d'un an. En prouvant un certain degré d'instruction, soit par la production d'un diplôme de bachelier ou de fin d'études, ou d'un brevet de capacité, ou d'un certificat d'études, soit en satisfaisant à un examen spécial relatif à l'agriculture, au commerce ou à l'industrie, et en versant une fois pour toutes une prestation fixée actuellement à 1,500 francs, le volontaire d'un an accomplit une seule année de service, après laquelle il est versé dans la réserve de l'armée active, ce qui lui permet de moins interrompre la carrière civile à laquelle il se destine.

## XVI

L'armée active constitue les corps d'armée, imaginés par Napoléon Ier, et imités depuis par toutes les puissances européennes.

En principe, une armée se compose de divisions groupées pour former des corps d'armée et fractionnées elles-mêmes en (2 ou 3) brigades, qui comprennent chacune 2 à 3 régiments. Il y a en outre une réserve. Au moment du départ, chaque corps d'armée et la réserve ont pour commandant, soit un maréchal, soit un général; mais il n'est pas interdit pour une action de guerre, au commandant en chef de l'armée, de réunir ensemble deux corps d'armée pour constituer le centre où une aile du corps de bataille, et alors il désigne le commandant temporaire de ce centre ou de cette aile.

L'armée, le corps d'armée, la division, ont chacun un chef d'état-major d'un grade variable, suivant l'importance de la fraction d'armée à laquelle il appartient; cet officier transmet les ordres, fait effectuer les reconnaissances, recueille sur l'ennemi tous les renseignements possibles.

L'artillerie et le génie ont aussi des officiers de leur état-major particulier attachés à l'état-major du corps d'armée ou de la division.

L'administration est représentée, dans chacune de ces fractions, par un intendant ou sous-intendant et divers officiers des services administratifs.

Enfin, la police des armées en campagne ou dans les camps est placée sous la direction d'un prévôt, qui est un officier de l'arme de la gendarmerie accompagné de brigades mobiles.

## XVII

A l'heure où nous écrivons ces lignes, la mise à exécution de la loi de réorganisation générale de l'armée est loin d'être complète, et cependant il n'est pas d'intérêt plus urgent pour un pays tel que la France. Le système de défense étudié par le conseil supérieur de la guerre, l'organisation des subdivisions régionales pour l'appel et l'instruction des réservistes (art. 10 de la loi générale) doivent préoccuper avant tout l'Assemblée, le gouvernement et l'administration militaire. La constitution des cadres doit être poussée jusqu'au bout : elle est capitale. La position et l'avenir des sous-officiers doit aussi préoccuper l'autorité compétente. Le sous-officier, mieux traité, comme la nécessité des temps l'exige, restera au régiment, et il faut retenir à tout prix le vieux sous-officier. Il est la force, le *ressort* des rangs. L'armée territoriale ne peut pas non plus exister sur le papier seulement : ne nous laissons pas surprendre ! Le maréchal Niel avait toujours peur des surprises, et il n'avait pas tort. Nous avions la guerre, et la garde mobile n'existait que théoriquement. Elle nous donna beaucoup d'hommes, beaucoup de dévouement, mais pas de soldats, pas d'armée. Enfin, l'instruction militaire, dans les lycées et colléges, ne doit pas rester rudimentaire et se borner pour

les jeunes gens pleins d'entrain et de bonne volonté,
à 2, 3, 4 années d'école de peloton et de gymnastique
classique. Il leur faut l'étude vraie, sérieuse, *régimentaire* du maniement de l'arme, du tir, des marches et
des promenades topographiques. Il y a temps pour tout,
et le grec ou les mathématiques n'auront nullement à
souffrir, parce que les élèves auront consacré deux heures de plus par semaine à une instruction dont la patrie
retirera les premiers fruits.

## XVIII

Quand l'organisation des grands commandements et
des corps d'armée sera définitive et régulière, l'armée
active se trouvera sur le pied de la mobilisation, et nul
doute qu'on n'adopte l'idée des meilleurs généraux, celle
de faire camper les corps et de former par régions des
camps volants ou retranchés. On ne doit pas oublier que
ce sont les meilleures fortifications, ces fortifications vivantes qui se meuvent, se transportent, se déplacent selon les nécessités de la stratégie et de la tactique. Il est
une foule de détails dans lesquels nous pourrions entrer
ici, mais l'intérêt du pays nous commande de n'effleurer qu'à peine les généralités de la question. Nous sommes persuadés en France — nous parlons des esprits
justes — que le pouvoir législatif et le pouvoir exécutif
légueront au pays une œuvre *faite* et intelligemment
*comprise* avec la nouvelle organisation militaire de la
France. Seulement, le devoir patriotique nous commande

de crier à l'Assemblée et au gouvernement : « Hâtez-vous ! »

Par le service obligatoire, avec l'armée active, les réserves actives et les engagés volontaires, la France n'hésite pas à compter sur la possibilité d'avoir un jour en ligne *un million de combattants.*

Nous disons un million de combattants et non pas 1,400,000 soldats, comme on pourra aisément les inscrire. Il faut seulement compter ceux qui sont utiles, ceux qui agissent effectivement quand la patrie crie *aux armes !*

| | |
|---|---|
| Donc, si nous avons. . . . | 1.000.000 de soldats |
| Réserves, non-valeurs. . . | 400.000 — |
| Dépôts, etc., armée territoriale, 1ᵉʳ ban. . . . . . | 600.000 — |
| Id. 2ᵉ ban. . . . . . | 400.000 — |
| La France armée présenterait donc un total de . . . . | 2.400.000 hommes debout. |

Qu'on ne nous fasse pas d'objection : nous avons des raisons pour écrire ainsi ces chiffres.

Pourrions-nous utilement armer toutes ces masses ? — Oui. L'armée active a son matériel prêt. Il y a les fusils, les canons *nécessaires*, et nous avons du fer, du bronze et de l'acier. Nos arsenaux feront le reste pour les deux bans de l'armée territoriale, et si l'idée des camps retranchés prédomine (c'est notre vœu), on pourra prévenir ou singulièrement gêner une invasion si, à la ligne des forteresses existantes ou projetées, on ajoute une sorte de circonvallation mobile de camps retranchés, où la masse du 1er ban de l'armée territoriale ira occuper un poste utile et militant, tandis que le 2e ban fournira la garde des villes et des places fortes. Dès que la guerre est déclarée, c'est le 1er ban de l'armée territoriale qu'il faut appeler en même temps que les réserves actives, et il faut établir des camps. Fuyez les villes pour les troupes qui arrivent de la vie civile, de la vie de famille, des fonctions publiques ou libérales, des champs, des ateliers ! Faites camper immédiatement ! Alors, c'est le devoir qui commence et non l'enthousiasme factice des milieux dissolvants. Les camps donneront des soldats, et dans la lutte il faut plus que des citoyens patriotes : il faut des soldats, rien que des soldats ! L'esprit patriotique n'en existe pas moins, et ses résultats, parce que le devoir devient rigoureux, austère et silencieux, n'en sont que plus réels, plus féconds.

## XIX

Les études constantes et sérieuses auxquelles se livrent tous les officiers de l'armée française promettent au pays, outre un concours d'héroïsme qui a toujours été l'apanage de ce valeureux corps, une somme de connaissances nouvelles qui n'aura pas à craindre la comparaison du bagage technique des têtes allemandes ; et si l'on convient que, chez nous, la faculté d'assimilation et la facilité d'exposition et d'application sont incontestablement plus grandes, nul doute qu'à un moment donné, l'officier français n'excite au plus haut point l'étonnement des hommes de la Prusse qui ont mis cinquante ans à dresser des espions et à préparer, sur la carte de France, une invasion stratégique que la moindre circonstance favorable de notre côté pouvait réduire en un désastreux fiasco pour les mathématiciens du grand état-major berlinois.

Nous voudrions enfin pouvoir entrer ici dans quelques détails concernant l'outillage de guerre, les quantités d'armes, de canons et de matériel dont la France peut actuellement disposer et dont elle fera bien d'augmenter encore le nombre. Mais cela nous est interdit et nous avons assez dévoilé nos moyens quand nous avons écrit que un million d'hommes en ligne sur 1,400,000 soldats armés, était *pourvu* d'avance. On a donc fabriqué plus d'armes et fondu plus de canons que la Prusse ne le suppose. C'est ce qu'il est important de constater. Mettons-nous à l'œuvre pour faire des soldats, des armées, des camps retranchés, voilà tout. L'or, le fer et la poudre, ne manquent pas à la France.

Mais, par exemple, nous entrerons dans un autre ordre de confidences qui démontrera à la Prusse et à l'Europe la force et la facilité de nos moyens d'action. Il ne faut pas que la France se croie absolument dépourvue, et que M. de Bismarck, qui... plaisante les « Gaulois » dans son discours du 3 mars 1874 (cité seulement en partie dans notre chapitre *Alsace-Lorraine*), nous prenne pour des ilotes auxquels on peut impunément servir, sous la forme de discours berlinois, ces provocations périodiques et systématiques d'un vainqueur de hasard, mais qui n'a pas encore le don de l'ironie... bien élégante.

## XX

La force d'un peuple vient de ses gros bataillons et surtout de sa masse d'or. Celui-ci soutient ceux-là et contribue à faire sentir plus vivement leur pointe et leur influence dans le monde. Il ne suffit pas d'avoir chez soi beaucoup de docteurs-bottiers en disponibilité (dans les divers États de l'Amérique du Sud, tous les porteurs d'eau et fabricants de panamas sont également docteurs ou généraux), pour les jeter en bandes de plusieurs centaines de mille sur l'horlogerie des nations voisines. Il faut entretenir ces bandes, avant d'escompter le pillage d'autrui et la rançon du vaincu. Il faut même admettre que le pays ci-devant envahi ne sera pas toujours la terre bénie des hommes d'appétit, et que le résultat de la guerre ne sera pas nécessairement le triomphe du même drapeau. Alors il faut donc beaucoup d'argent avant, pendant et après. C'est à quoi la Prusse a songé.

En ce qui concerne la France, on peut dire d'elle que toutes les tentatives faites jusqu'à ce jour pour connaître exactement le rapport qui existe entre ce que l'État exige et ce que la contribution générale peut rendre, sont restées infructueuses; cela prouve que la richesse de la France est incalculable. Et comme le revenu minimum de la France est de 25 milliards par an (nous allons le prouver), un budget de 2 milliards 500 millions ne représenterait que 10 p. 100 de ce colossal revenu.

D'après M. Bloch, dont nous suivons les justes remarques et les consciencieuses statistiques, la propriété immobilière, qui a été l'objet de deux recensements en 1821 et en 1851, a donné dans cette dernière année 83 milliards 744 millions de francs ; or, de 1852 à 1873, malgré la dernière guerre, l'augmentation des revenus du sol, la plus-value des maisons, des constructions et des usines, a augmenté au moins d'un tiers. La propriété immobilière représente donc cent cinquante milliards avec un revenu (à 5 p. 100 seulement) de 7 milliards 500 millions.

Le capital mobilier de la France, réparti dans tous les établissements financiers publics et privés, dans les entreprises générales et particulières, dans les chemins de fer, etc., est représenté par 39 millions 200,614 titres connus (rente sur l'État, actions et obligations) ; il donne un revenu annuel de 845 millions ce qui (à 8,45 p. 100, moyenne des intérêts et dividendes) représenterait encore cent milliards de capital.

Nous ne parlons pas ici des placements privés d'importance considérable ou secondaire, mais totalement inconnus. On suppose qu'ils ne représentent pas moins de cent millions. A 5 p. 100 ils donneraient donc cinq millions.

De sorte que les 7.500.000.000 sol et immeubles,
845.000.000 mobilier et titres,
5.000.000 placements divers,
représentent un revenu annuel de. 8.350.000.000 de francs.

auxquels il faut ajouter : 1° les produits du commerce

général, évalués, d'après les tableaux de l'importation et
de l'exportation, à. . . . . . 7.000.000.000
   2° Ceux du petit commerce de détail, de la petite industrie. à. . . 7.000.000.000
   3° Les revenus de l'industrie manufacturière. . 4.500.000.000

formant un total de . . . . 18.500.000.000
ce qui, avec les . . . . . . 8.450.000.000 foncier et mobilier, etc.

donnent en totalité. . . . . 26.950.000.000 de produit annuel représentant aisément plus de 700 francs par tête de Français.

Les chiffres que nous venons d'écrire n'appartiennent pas à la fantasmagorie ; ils ressortent de la situation économique, mathématiquement établie pour notre pays, et nous avons la prétention de croire, avec M. Bloch, que ce n'est pas 25 milliards, mais 30 milliards qu'il faudrait écrire, pour donner le produit annuel du sol, des immeubles, des capitaux, des valeurs industrielles, du mouvement commercial de la France entière.

Que cette situation rassure les patriotes et que chacun redouble d'ardeur et d'activité ; là se trouve l'arsenal des arsenaux !

## XXI

## MARINE FRANÇAISE

Nous allions également entrer dans quelques détails statistiques et techniques sur la situation de la marine militaire française, lorsque nous avons été retenu par les mêmes scrupules qui nous ont fait abréger et généraliser le chapitre spécial de l'armée.

Il nous suffira de dire ici que la marine française tient à honneur de conserver dans le monde le rang que le talent et la bravoure de ses officiers, que son matériel formidable et les ressources de la science nouvelle lui assurent dans l'estime et le respect de tous les peuples. Nous pourrions prouver ici quelle est la collaboration nouvelle et toute-puissante de la science dans les applications qui se font chaque jour dans nos arsenaux, et en mer, des procédés gigantesques destinés à commander au moins l'attention d'autrui. Nous devons nous borner. C'est un devoir impérieux; mais nous n'abrégerons pas pour cela le chapitre qui revient dans ce livre à notre marine nationale, et nous céderons la place aux extraits les plus intéressants de l'étude de M. le capitaine de frégate Ed. Chevalier sur la *marine française et la marine allemande* en 1870-1871. C'est dans un intérêt patriotique que nous faisons le plus large emprunt au livre de l'honorable commandant.

. . . . . . . . . . . . . . .

## Composition des forces navales de la France et de l'Allemagne.

\* Dans les premiers jours du mois de juillet 1870, alors que la marine était encore sur le pied de paix, les forces navales présentes sur nos rades ou naviguant près des côtes, prêtes, en un mot, à se porter là où les circonstances l'exigeraient, étaient composées ainsi qu'il suit, savoir : quatre frégates cuirassées, *Magnanime*, *Provence*, *Héroïne*, *Couronne;* deux corvettes cuirassées, *Montcalm*, *Atalante;* un aviso, le *Renard*, composant l'escadre d'évolution de la Méditerranée, sous les ordres de M. le vice-amiral Fourichon ; à Cherbourg, les frégates cuirassées *Gauloise*, *Flandre*, et la corvette cuirassée la *Thétis*, appartenaient à l'escadre de la Manche, placée sous les ordres de M. le contre-amiral Dieudonné. Les autres navires en état de prendre la mer étaient des transports, des garde-pêches ou des stationnaires à vapeur, qui ne pouvaient être employés pour l'offensive. A l'extérieur, nous avions la corvette cuirassée la *Belliqueuse*, dans le Levant ; une seconde corvette cuirassée, l'*Alma*, faisant route pour le Japon, et une frégate ou corvette à batterie, à hélice et en bois, dans chacune de nos stations navales des Antilles, de la Plata, des mers du Sud, de Bourbon et des côtes occidentales d'Afrique. Quelques corvettes à batterie barbette et quelques

---

\* Ed. Chevalier.

avisos complétaient les forces militaires que nous avions à l'étranger.

*<br>* *

Aussitôt que la guerre fut résolue, on pressa l'armement des navires de guerre placés dans les différentes catégories de la réserve. Outre les navires destinés à la haute mer, on arma, pour la défense des rades et des côtes, les béliers le *Taureau* et le *Cerbère*, et quelques batteries flottantes. Des transports furent tenus prêts à recevoir une destination. A la fin de juillet ou dans les premiers jours d'août, nous avions en mer ou sur nos rades, prêts à se joindre à l'escadre d'évolution ou à la division de Cherbourg, les navires désignés ci-après : vaisseaux : *Magenta* et *Solferino* ; frégates : *Océan, Guyenne, Surveillante, Valeureuse, Revanche, Savoie, Invincible, Normandie* ; corvettes cuirassées : *Jeanne-d'Arc, Armide, Reine-Blanche* ; les corvettes à hélice à batterie barbette : *Château-Renaud, Decrès, Laplace, Cosmao* ; les avisos *Bourayne, Dayot, Hermitte, Linier, d'Estrées, Forfait, Kléber* ; les garde-côtes *Rochambeau, Cerbère, Taureau* ; les batteries flottantes *Opiniâtre, Protectrice, Embuscade, Foudroyante*, etc., etc., et plusieurs canonnières du type *Étendard*.

L'*Océan* était une frégate cuirassée à éperon et à fort central surmonté de quatre tours fixes. Le fort central, percé de six sabords, était armé de quatre canons de 27 centimètres et de deux canons de 16 centimètres. Sur chacune des tours fixes, munies à l'intérieur d'une plaque tournantes, était placé un canon de 24 centimètres,

Cette frégate, lancée le 15 octobre 1868, armait pour la première fois. Son tirant d'eau dépassait 9 mètres à l'arrière et 8 mètres à l'avant; elle avait atteint, aux essais, près de 14 nœuds, avec une consommation de 129 tonneaux de charbon en vingt-quatre heures. L'approvisionnement total du combustible était de 600 tonneaux.

L'*Océan* n'était blindé que jusqu'à la hauteur du pont de la batterie dans les parties placées sur l'avant et sur l'arrière du fort central. Le *Magenta* et le *Solferino* étaient des bâtiments à éperon, incomplétement blindés, comme l'*Océan;* toutefois ils différaient de ce bâtiment en ce qu'ils n'avaient pas de fort central. Construits pour porter cinquante-deux canons de 16 centimètres, ils avaient été modifiés l'un et l'autre depuis l'apparition de la nouvelle artillerie. Le *Magenta* avait reçu dix pièces de 24 centimètres dans sa batterie et quatre pièces de 19 centimètres sur le pont. Le *Solferino* avait subi une transformation plus considérable; outre les pièces de 24 centimètres dont sa batterie était armée, il avait, sur son pont, des pièces de même calibre installées sur des tours fixes avec plaques tournantes. La vitesse, aux essais de ces deux vaisseaux, avait été de 12 nœuds 88 centièmes pour le premier et de 12 nœuds 70 centièmes pour le second, avec une consommation, en vingt-quatre heures, de 177 tonneaux de charbon pour le *Magenta* et de 145 pour le *Solferino*. Ce dernier prenait 625 tonneaux et le premier 700 tonneaux de charbon, ce qui constituait, à toute vitesse, un approvisionnement de quatre jours.

15.

⁂

Les dix frégates *Gauloise*, *Valeureuse*, *Magnanime*, *Revanche*, *Provence*, *Savoie*, *Guyenne*, *Surveillante*, *Flandre* et *Héroïne*, appartenaient au même type ; c'était la reproduction de la *Gloire*, avec quelques améliorations indiquées par l'expérience acquise dans la campagne d'essais de 1863. Ces frégates, mises en chantier en 1861, avaient été construites pour porter trente-quatre pièces rayées du calibre de 16 centimètres. Leur armement avait, depuis cette époque, subi diverses transformations. Au moment où la guerre éclata, elles avaient huit pièces de 24 centimètres en batterie, et sur le pont, les unes, six pièces de 16 centimètres, les autres, quatre pièces de 19 centimètres. Toutes avaient une pièce de ce dernier calibre dans l'hôpital, tirant en chasse dans la direction du bâtiment. Ces frégates portaient de 600 à 650 tonneaux de charbon, avec une consommation, à toute vitesse, qui n'était pas la même pour chacune d'elles. Cette dépense variait de 80 à 120 tonneaux. Aux essais elles avaient obtenu des vitesses comprises entre 13 et 14 nœuds. Le tirant d'eau des frégates, type *Guyenne*, était de 7 mètres à l'avant et de 8 mètres 40 centimètres à l'arrière. La *Couronne*, sans être exactement du même type, différait peu de ces frégates.

La *Gloire*, la *Normandie* et l'*Invincible* étaient les trois premières frégates cuirassées construites en France. Elles avaient été mises en chantier, après la guerre de Crimée, alors que, frappé des brillants résultats obtenus par les batteries flottantes devant Kinburn, le département de la marine cherchait à résoudre le problème difficile de construire des navires ayant les mêmes avantages militaires et capables de tenir la mer. Ces frégates ne marchaient plus, consommaient beaucoup de charbon, et, en raison de leur degré d'usure, il n'avait pas été possible de les armer avec la nouvelle artillerie.

Les corvettes cuirassées étaient, à l'exception de la *Belliqueuse*, à éperon et à fort central. Ces corvettes portaient quatre canons de 19 centimètres, en batterie, et deux canons rayés de 16 centimètres, sur des tours fixes, à plaques tournantes, établies sur le pont. Elles prenaient 250 tonneaux de charbon, ce qui représentait quatre jours de marche à toute vapeur. Leur tirant d'eau était de 5 mètres 80 centimètres devant et de 6 mètres 90 centimètres derrière. Quoique leur déplacement, en charge, atteignît 3,400 tonneaux et que la date de leur construction fût récente, la force de leur marche n'était que de 450 chevaux. Les essais de ces corvettes avaient donné des résultats variant entre 11 et 12 nœuds. La première corvette cuirassée, la *Belliqueuse*, lancée à Toulon en 1865, avait conservé son armement primitif, savoir : quatre canons de 19 centimètres et six canons de 16 centimètres.

Nous arrivons aux garde-côtes *Rochambeau*, *Taureau*, *Cerbère*, et aux batteries flottantes. Le *Rochambeau*, construit en Amérique et lancé à New-York en 1865, avait été acheté par la France. C'était un monitor gigantesque, à fort central et à éperon, long de 115 mètres, large de 22, avec un tirant d'eau de 6 mètres. Son armement consistait en quatre canons de 27 centimètres et dix canons de 24 centimètres. Le *Taureau* et le *Cerbère*, béliers cuirassés à éperon, étaient destinés, concurremment avec les batteries flottantes, à assurer la sécurité des ports, des rades et du littoral. Les béliers, dont l'action avait lieu par le choc, n'avaient qu'un canon de 19 centimètres, dans une position dominante, sur un massif placé à l'avant. Les batteries flottantes appartenaient à différents modèles. Celles qui étaient armées avaient trois canons de 24 centimètres et quelques pièces d'un calibre inférieur, les autres avaient du 19 et du 16 centimètres. Enfin quelques-unes, qui dataient de la guerre de Crimée, n'étaient armées que de pièces de 16 centimètres et de canons de 50 à âme lisse. Si on excepte les quelques batteries flottantes armées de canons de 24 centimètres, ce matériel avait peu de valeur.

On comptait parmi nos corvettes à batterie barbette et avisos plusieurs types. Quelques-uns de ces bâtiments, comme le *Laplace*, le *Phlégéton*, le *Primauguet*, et même le *Cosmao* et le *Dupleix*, quoique ceux-ci fussent d'une construction plus récente que les premiers, étaient des marcheurs médiocres et de grands consommateurs de charbon. Leur armement consistait en pièces de 16 centimètres placées aux sabords du travers. Les avisos, appartenant soit au type *Limier*, soit au type *Bourayne*, étaient des bâtiments neufs; la plupart d'entre eux armaient pour la première fois. Les premiers avaient aux sabords quatre pièces de 14 centimètres, et, entre le mât d'artimon et le grand mât, une pièce de 16 centimètres qui pouvait être transportée à l'arrière. Les seconds avaient six pièces de 14 centimètres en batterie, et une pièce de 19 centimètres sur l'avant. Ces navires, mus par une machine, de 230 chevaux pour les uns et de 250 pour les autres, atteignaient difficilement 12 nœuds en calme, et à cause de leur haute mâture, il suffisait d'un peu de vent et de mer debout pour leur faire perdre quelques nœuds. Une corvette à batterie barbette, de 450 chevaux, le *Château-Renaud*, faisait exception à cette règle. Une autre corvette de 450 chevaux, l'*Infernet*, avait aussi une grande marche, mais ce bâtiment ne fit sur la scène maritime qu'une très-courte apparition. En janvier 1871, il appareillait de Brest pour rallier le *Château-Renaud*, envoyé sur les côtes d'Amérique avec l'ordre d'intercepter les transatlantiques allemands. Ce bâtiment, à peine à la mer, trouva du très-gros temps, et, peu de jours après sa sortie, il fut contraint de rentrer au port. L'*Infernet* ne pouvait porter son artillerie, composée de trois pièces de 19 centimètres placées au milieu du navire, l'une à l'avant, la seconde au centre et la troisième à l'arrière. L'arrière du navire avait beaucoup souffert, et il fallut remplacer les canons de 19 centimètres par des canons de 16 centimètres. Les préliminaires de paix étaient signés avant que cette corvette fût en état de reprendre la mer. L'*Aigle* et l'*Hirondelle*, anciens yachts impériaux, et le *Desaix*, ancien *Jérôme-Napoléon*, étaient des bâtiments de marche supérieure, surtout en comparaison avec les corvettes et avisos que nous pouvions employer. Ces navires avaient obtenu les vitesses d'essai ci-après indiquées, savoir : l'*Aigle*, 13 nœuds 80 centièmes ; l'*Hirondelle*, 17 nœuds ; le *Desaix*, 14 nœuds 26 centièmes ; mais ces bâtiments, en raison du service auquel ils étaient affectés, n'avaient pas d'artillerie, et ils n'étaient pas disposés pour recevoir soit une, soit plusieurs pièces de gros calibre. On se contenta d'ajouter cinq canons de 12 en bronze aux deux pièces de même calibre qui constituaient l'armement du *Desaix* comme yacht. On procéda de la même manière pour l'*Hirondelle*, ce qui permit d'utiliser immédiatement ces deux bâtiments.

Il importait d'entrer dans ces détails techniques, afin de faire ressortir les conditions principales que remplissaient les divers navires de notre flotte, soit pour naviguer, soit pour combattre. A l'aide de cet exposé, il devient facile de se rendre compte de l'emploi auquel nos bâtiments pouvaient être affectés, en d'autres termes, du but utile que chacun d'eux pouvait atteindre.

Nous allons maintenant examiner quelles étaient les forces maritimes dont l'Allemagne disposait. La marine de la Confédération du Nord, quoique de création récente, avait déjà pris une certaine extension, et elle offrait, ainsi qu'on va le voir, des ressources dont un ennemi entreprenant pouvait tirer parti. Au début de la guerre, les Allemands avaient, à la mer ou dans les stations étrangères, quelques bâtiments parmi lesquels figuraient des corvettes à batterie couverte, comme l'*Arcona* et la *Hertha*, portant vingt-huit canons et mus par des machines de 350 à 400 chevaux. Ces corvettes, qui marchaient médiocrement, avaient à craindre la rencontre de ceux de nos bâtiments qui auraient eu à la fois une grande marche et une bonne artillerie; mais elles étaient plus fortes, au point de vue militaire, que la plupart des bâtiments que nous avions dans nos stations lointaines au moment de la déclaration de guerre. A l'exception des quelques navires dont nous venons de parler, la flotte allemande était, en juillet 1870, près des côtes ou dans les ports de la Jadhe et de Kiel. Elle comptait, outre un grand nombre de canonnières pouvant être utilement employées à la défense des côtes, quelques corvettes à batterie couverte, du modèle de l'*Arcona*, les corvettes à batterie barbette de 450 chevaux et de quatorze canons l'*Augusta* et la *Victoria*, cette dernière du modèle de l'*Augusta*, aptes à faire le service de croiseurs rapides; enfin des avisos, parmi lesquels le *Grille*, ancien yacht du roi de Prusse, construit au Havre, navire de très-grande marche, qui devait servir à éclairer l'ennemi sur nos mouvements le long de son littoral.

La fraction véritablement importante des forces maritimes de l'Allemagne était représentée par les frégates cuirassées *Roi-Guillaume*, *Frédéric-Charles* et *Prince-Héritier*. Le *Roi-Guillaume*, bâtiment cuirassé à éperon, revêtu d'une armure de 20 centimètres d'épaisseur, portait vingt-trois canons de 96. La vitesse de ce navire, aux essais, avait dépassé 14 nœuds et demi, et son tirant d'eau était inférieur à celui de l'*Océan*. Le *Frédéric-Charles*, construit en France, quoique d'un modèle plus petit que nos frégates type *Guyenne*, était armé de seize canons de 96, c'est-à-dire du même calibre que ceux du *Roi-Guillaume*. L'armement du *Prince-Héritier*, le plus petit de ces trois navires, comportait également seize canons, les uns de 96 et les autres de 72. La vitesse d'essai de ce dernier bâtiment avait été de 14 nœuds, et celle du *Frédéric-Charles* de 13 nœuds. L'épaisseur de leur armure était comprise entre 12 et 13 centimètres. Ces trois cuirassés étaient de construction récente, puisqu'ils avaient été lancés, le premier en Angleterre en 1868, le second à la Seyne en 1867, et le troisième à Londres pendant le cours de la même année. Le *Roi-Guillaume* était une machine de guerre plus puissante qu'aucune de nos frégates et que la plupart des cuirassés anglais. Les trois frégates allemandes étaient, sous le rapport de l'artillerie, fortement armées, puisque les deux premières portaient, l'une vingt-trois et l'autre seize canons de 96. Or, ce canon, en acier fondu, du poids de 14,650 kilogrammes, lance, avec une charge de 20 kilogrammes de poudre prismatique, des projectiles de 150 kilogrammes. D'après des expériences faites en Allemagne, en 1868, cette pièce, que les Prussiens regardent comme supérieure au canon anglais Armstrong de 9 pouces, traverserait, à la distance de 470 mètres, une plaque de $0^m$, 209 millimètres, et à la distance de 700 mètres, une plaque de $0^m$, 182 millimètres. Nous avons dit que l'artillerie du *Prince-Héritier* était composée de canons de 96 et de 72. Cette dernière pièce, dite de 72 cerclée, perçait, si on s'en rapporte aux essais faits en Prusse à la même époque, des plaques de 0$^m$,208 millimètres à la distance de 456 mètres.

On appréciera mieux la puissance de l'artillerie des cuirassés allemands, si on se rappelle que l'armement de nos frégates *Gauloise*, *Surveillante*, *Revanche*, etc., ne comportait que huit pièces de 24 centimètres lançant des projectiles de 144 kilogrammes, une pièce de 19 centimètres dont le projectile pèse 75 kilogrammes, et quelques pièces de 16 centimètres à peu près insignifiantes. Aux trois frégates cuirassées *Roi-Guillaume*, *Frédéric-Charles* et *Prince-Héritier* seraient venus se joindre, si la lutte avait eu lieu près des côtes, les monitors cuirassés *Arminius* et *Prince-Adalbert*, armés l'un et l'autre de plusieurs pièces de gros calibre, marchant bien, surtout le premier, et tirant peu d'eau.

*Plan de campagne définitif de la marine allemande. — Dispositions maritimes prises par les Français. — Envoi de deux escadres, l'une dans la Baltique, l'autre dans la mer du Nord.*

Dès le début des hostilités, dans la guerre franco-allemande, la situation, au point de vue maritime, se dessina nettement. Le 19 juillet, date de la déclaration de guerre, il y avait déjà plusieurs jours que les navires prussiens qui naviguaient dans les mers d'Europe s'étaient mis à l'abri de toute atteinte, soit dans les ports de la Baltique, soit dans les ports de la mer du Nord. C'est le 16 juillet que l'escadre d'évolution, commandée par le prince Adalbert, prévenue à temps, sur les côtes d'Angleterre où elle évoluait, avait mouillé dans la Jahde.

Le rôle que devait jouer la marine de la Confédération avait été arrêté à l'avance dans les conseils du roi Guillaume. Les travaux de défense et l'armement des forts et batteries sur les côtes de la Baltique, et surtout à Kiel, étaient, en juillet 1870, parvenus à un état d'achèvement à peu près complet. Des torpilles, préparées depuis longtemps, étaient placées en réserve dans les arsenaux, et il suffisait d'un ordre du ministre de la guerre pour qu'elles fussent disposées aussitôt à l'entrée des ports et des fleuves. Telle était, au point de vue de la défense, la situation véritable des ports et du littoral allemands dans la Baltique. Cette situation avait été regardée à Berlin comme pleinement rassurante, et il avait été décidé qu'on ne laisserait dans cette mer que des corvettes en bois, des avisos et des canonnières, en un mot des bâtiments sans importance militaire. Quelle qu'ait été la confiance des Prussiens dans leur organisation militaire, confiance qui a amené cette guerre, ce n'est peut-être pas sans appréhension qu'ils eussent laissé à Kiel des forces navales qu'une défaite sur le Rhin pouvait mettre, en même temps que cette importante position, entre les mains des Français et des Danois. C'est sans nul doute ce sentiment qui les avait conduits, en prévision des événements, à pousser énergiquement les travaux de défense et d'armement de la baie de Kiel entrepris en 1867. Il avait été arrêté à Berlin que les cinq navires cuirassés, qui constituaient la véritable force maritime de la Confédération, resteraient dans la Jahde. La mer du Nord offrait une bonne position maritime et militaire. Les bâtiments allemands, mouillés à Wilhemshafen, prenaient le large, si une occasion d'agir se présentait, avec une bien autre facilité que s'ils fussent restés dans la Baltique, dont on ne peut sortir que par une seule issue, facile à garder, le détroit de Cattégat. Dans l'hypothèse de l'envoi d'une expédition française dans le nord, la présence des cuirassés prussiens dans la Jahde constituait contre notre flotte de transport une menace qui nous obligeait à un plus grand déploiement de forces maritimes, à une surveillance extrêmement active des embouchures de l'Elbe, du Weser et de la Jahde. Enfin, au mouillage de Wilhemshafen, les cuirassés prussiens se trouvaient bien placés pour défendre le cours de ces trois fleuves. L'*Arminius* et le *Prince-Adalbert*, bâtiments à petit tirant d'eau, étaient dans de bonnes conditions pour surveiller les mouvements de nos navires le long du littoral. Telles étaient les dispositions, en ce qui concerne la marine, arrêtées en vue de la guerre dans les conseils du gouvernement allemand. Le plan de campagne adopté était purement défensif. Il ne restait hors des ports allemands, quelques jours après la déclaration de guerre, que les bâtiments qu'il n'avait pas été possible de rappeler, c'est-à-dire ceux qui servaient dans les stations lointaines. Ces navires étaient les corvettes

*Medusa* et *Hertha*, dans les mers de l'extrême Asie, et dans l'océan Atlantique, la corvette l'*Arcona* et la canonnière le *Météore*.

Dès le début de la guerre, il parut manifeste que la supériorité maritime de la France ne serait pas contestée. Notre commerce continua à naviguer avec une sécurité entière, tandis que celui de l'ennemi s'arrêta immédiatement. Cette situation ne pouvait être maintenue qu'à la condition de bloquer les ports allemands, ou d'exercer une telle surveillance qu'aucune escadre, division ou bâtiment, ne pût sortir sans être poursuivi par des forces supérieures. Si on se rappelle ce que nous avons dit de la composition de la flotte allemande, on voit qu'elle comptait trois frégates cuirassées d'une réelle importance et deux autres navires de plus petite dimension également cuirassés, l'*Arminius* et l'*Adalbert*. Ces bâtiments, qu'ils fussent réfugiés à Kiel ou dans la Jahde, devaient être soigneusement observés. Il fallait prévoir le cas où ces forces, se dérobant à notre surveillance, sortiraient de la Jahde pour se porter, soit dans la mer du Nord, soit dans la Baltique, où Kiel leur offrait un refuge. C'est pourquoi nous devions avoir dans la Baltique et dans la mer du Nord des forces suffisantes pour combattre l'ensemble de ces bâtiments, s'ils tentaient quelqu'une de ces surprises qui sont la ressource des faibles.

Le vice-amiral Bouët-Willaumez appareilla de Cherbourg le 24 juillet, avec une escadre composée des bâtiments désignés ci-après, savoir : les frégates cuirassées *Surveillante*, portant le pavillon du vice-amiral commandant en chef; *Gauloise*, portant le pavillon du contre-amiral Dieudonné; *Flandre*, *Guyenne* et *Océan;* les corvettes cuirassées *Thétis* et *Jeanne-d'Arc*, et quelques avisos. La mission de cette escadre consistait à surveiller les quelques navires de guerre laissés dans cette mer, les ports ennemis, et principalement Kiel, et à bloquer les côtes allemandes de la Baltique. Les forces dont l'amiral Bouët-Willaumez disposait pour satisfaire à ces obligations étaient, au point de vue des bâtiments de ligne, supérieures à ses besoins. Par contre, il n'avait pas un nombre suffisant de corvettes et d'avisos rapides, qui lui eussent été très-utiles dans cette mer. Mais, d'autre part, il ne faut pas perdre de vue que le plan de campagne arrêté dès le début de la guerre comportait l'envoi d'un corps d'armée dans la Baltique. Dans cette prévision, la marine avait réuni à Cherbourg une division d'infanterie de marine, armé des transports et préparé des approvisionnements. L'attaque de Kiel eût été certainement une des premières opérations exécutées par nos troupes. Dans cette affaire, la marine et l'armée devaient concerter leur action, et agir par terre et par mer contre les défenses de la ville et du port. Si l'expédition avait eu lieu, et nous venons de dire qu'il y avait toute chance, si ce n'est certitude, qu'il fût ainsi, elle eût exigé le déploiement de forces maritimes dans la Baltique. Aux bâtiments cuirassés qu'emmenait l'amiral Bouët, il eût fallu en adjoindre d'autres, tels que le *Rochambeau*, l'*Onondaga*, les quelques batteries flottantes qui eussent pu rendre des services, en un mot tous ceux de nos navires propres à jouer un rôle dans cette affaire. Il n'y avait donc aucun inconvénient à envoyer, dès le 25 juillet, une escadre qui, par sa composition, ne représenterait qu'une partie des forces nécessaires pour opérer conformément au n plan qu'on devait mettre à exécution quelques jours plus tard. Pendant que l'amiral Bouët faisait route avec les bâtiments que nous avons désignés, on hâtait dans les ports l'armement de ceux qui n'étaient pas prêts au moment de son départ. Enfin, à la date du 24 juillet, l'escadre de la Méditerranée, dont nous parlerons plus loin, n'était pas arrivée à Brest. Or il était utile, jusqu'à ce que cette escadre eût paru dans la mer du Nord, que l'amiral Bouët fût en mesure d'envoyer, si besoin était, un détachement de sa flotte en observation devant la Jahde.

Afin d'en finir immédiatement avec cette question plusieurs fois controversée, de savoir s'il était possible ou non d'atteindre les cuirassés allemands avant que ceux-ci se fussent mis à l'abri dans un de leurs ports, nous ferons connaître les mouvements de ces bâtiments dans le cours du mois de juillet. Le 10 de ce mois, les frégates cuirassées *Roi-Guillaume*, *Prince-Frédéric-Charles* et *Prince-Héritier* sortirent de Plymouth pour aller évoluer au large. Cette division fut rejointe presque aussitôt par le cuirassé *Prince-Adalbert*, laissé en arrière pour porter à l'amiral les ordres que celui-ci, au courant de la situation politique, attendait de son gouvernement. Après avoir pris connaissance des dépêches qui lui étaient adressées, le commandant en chef de cette escadre, le prince Adalbert de Prusse, prit la route de la mer du Nord, et le 16 juillet, tous ses bâtiments étaient mouillés devant le port Guillaume. Rappelons que la déclaration de guerre est du 19 juillet, et la démonstration sera complète. Tout ce qui a été dit sur la capture possible de l'escadre prussienne dans le trajet des côtes d'Angleterre aux côtes allemandes est du domaine de la fantaisie.

Lorsque les complications politiques survenues à la suite de la candidature du prince Hohenzollern au trône d'Espagne, eurent pris un caractère de gravité tel que la guerre dût paraître inévitable, il eût semblé naturel que l'escadre d'évolution qui manœuvrait en ce moment dans la Méditerranée reçût l'ordre de se rendre immédiatement à Cherbourg. L'escadre d'évolution représente une force organisée, instruite, ayant de la cohésion, c'est-à-dire une force toujours prête à agir. A ce titre, c'est à elle qu'il appartient d'être mise la première en mouvement. Il n'en fut pas ainsi. On craignait, dit-on, à Paris, qu'il n'existât entre la Prusse et l'Espagne une entente secrète par suite de laquelle les cuirassés prussiens qui se trouvaient dans la Manche se fussent portés dans un des ports de cette puissance, et de là dans la Méditerranée, si cette mer avait été dégarnie de forces. Dans le cas où cette hypothèse fût devenue une réalité, l'ennemi eût eu la possibilité d'enlever les transports qui amenaient en France les régiments rappelés de l'Algérie. Dans tous les cas, nous nous trouvions dans la nécessité de suspendre tout mouvement de troupes entre l'Afrique et la France jusqu'à ce que des forces suffisantes eussent contraint les navires prussiens à la retraite. En conséquence, ce fut à Oran que l'escadre vint mouiller lorsque survinrent les premières difficultés politiques. Elle y resta jusqu'au 19 juillet, époque à laquelle elle reçut l'ordre de se rendre à Brest. L'amiral Fourichon quitta ce dernier port le 7 août, avec une partie de ses bâtiments, et le lendemain 8 il fut rallié, à son passage devant Cherbourg, par un certain nombre de navires qui se tenaient sous les feux, prêts à le rejoindre. Cette escadre, composée des frégates cuirassées *Magnanime*, portant le pavillon du commandant en chef ; *Héroïne*, *Provence*, portant les pavillons des contre-amiraux Jauréguiberry et Devoulx ; *Valeureuse*, *Revanche*, *Invincible* ; de la corvette cuirassée l'*Atalante*, et de quelques corvettes et avisos, fit route pour la mer du Nord, et, le 11 août, elle mouilla en vue d'Helgoland. Conformément à ses instructions, l'amiral déclara en état de blocus la partie des côtes allemandes comprenant les embouchures du Weser, de l'Elbe et de la Jahde.

On a paru surpris que nous ayons envoyé dans la Baltique, mer resserrée et peu profonde, des bâtiments cuirassés à grand tirant d'eau ; cela vient sans doute de ce que l'on a oublié que nous n'en avions pas d'autres à opposer aux frégates cuirassées prussiennes. En 1870, il ne s'agisssait pas de discuter la question des tirants d'eau de nos bâtiments de ligne, mais bien de se servir du matériel existant et d'en tirer le meilleur parti en nous conformant aux règles de la guerre. Nous aurons à examiner si nous étions en mesure d'envoyer d'autres bâtiments qui eussent agi sous la protection des cuirassés de ligne et quelles étaient, sous ce rapport, les ressources de nos arsenaux. Nous le répétons, aux bâtiments de ligne prussiens il fallait opposer des bâtiments de ligne français, et le fait même de notre supériorité maritime nous obligeait à avoir, aussi bien dans la Baltique que dans la mer du Nord, une escadre cuirassée plus forte que la totalité des navires cuirassés ennemis.

Nous avions à prendre des précautions de même nature relativement aux corvettes *Medusa*, *Herta*, *Arcona*, et à la canonnière *Meteor*, c'est-à-dire à envoyer dans chacune de nos stations lointaines des renforts suffisants pour que les forces prussiennes fussent dans l'impossibilité de nous nuire. Le département de la marine avait aussi le devoir de mettre notre littoral à l'abri de toute attaque, non pas probable, mais possible de l'ennemi. Les batteries flottantes et les béliers avaient été armés pour répondre à ce besoin. Enfin l'envoi sur toutes les grandes routes maritimes, et surtout aux atterrages de la Manche, de croiseurs chargés d'intercepter le commerce allemand, complétait l'ensemble des mesures que nous avions à prendre aussitôt après la déclaration de guerre.

*Préparatifs faits par la marine en vue d'une expédition dans le Nord. — Les désastres de nos armées nous obligent à renoncer à ce projet. — Sphère d'action des flottes en dehors des rencontres sur mer.*

Cette première partie de la tâche imposée à la marine une fois accomplie, quels services pouvait rendre notre flotte? Telle est la question que nous avons à examiner. Elle est d'une haute importance, car elle ne regarde pas seulement le passé, mais elle a surtout trait à l'avenir. C'est là qu'est l'intérêt principal du sujet. Il s'agit, en effet, de savoir quelle force la marine peut apporter à la défense nationale dans le cas où, par suite de circonstances que nous n'avons pas à prévoir ici, la France se trouverait engagée dans une nouvelle lutte avec l'Allemagne. Les militaires et les marins ont le devoir de faire de ces questions une étude constante. Les services que la marine pouvait rendre découlent des principes qui servent aujourd'hui de règle à l'emploi de la marine dans une guerre continentale, ainsi que nous le montrerons plus loin. Une forte escadre, à laquelle on eût adjoint une flotte de transport avec des troupes de débarquement, devait être considérée comme un corps placé à l'extrême gauche de l'armée française en marche vers le Rhin, corps mobile pouvant se porter sur le flanc ou sur les derrières de l'ennemi. Dans ces conditions, 30 ou 40,000 hommes pouvaient impunément, sous la protection de nos escadres, menacer le littoral de la mer du

Nord ou de la mer Baltique, favoriser un soulèvement dans le Hanovre ou une alliance avec le Danemark. Il est de toute évidence que la mobilité même de ce corps eût retenu en Allemagne un nombre de troupes bien plus considérable, et qu'une semblable opération bien dirigée, avec une entente parfaite entre les militaires et les marins, ce qui eût certainement existé, eût été une entreprise des plus utiles à nos intérêts militaires. Nous possédions cette flotte de transport, que nous eussions complétée, si cela avait été nécessaire, avec des bateaux transatlantiques ou autres bâtiments à vapeur de commerce. Tout cela était absolument conforme aux règles de la guerre, et cela est si vrai que le plan du général de Moltke prévoyait cette éventualité. Quand l'armée allemande marcha en avant, elle laissa derrière elle une organisation militaire intérieure. L'Allemagne fut divisée en un certain nombre de gouvernements confiés à des généraux. Un de ces commandements, comprenant le littoral de la Baltique et de la mer du Nord, fut donné au général Vogel de Falkenstein, auquel le général de Moltke laissa 100,000 hommes. Avec la marine et 30,000 hommes bien dirigés, nous maintenions ces 100,000 Allemands chez eux.

Telle était la nature des services que pouvait rendre la marine. Voilà ce que représentait la flotte de transport, appuyée sur une flotte de guerre maîtresse de la mer. Cette ressource existait alors, elle existe aujourd'hui, elle existera demain si nous le voulons, mais il est clair qu'elle ne sera utile qu'à la condition d'avoir des troupes. Ce sont les désastres survenus dès les premiers jours de la lutte qui ont privé la marine de cette action légitime. Avons-nous besoin de rappeler les événements de cette guerre? A la fin de juillet 1870, la concentration des troupes allemandes était opérée. Dans les premiers jours du mois d'août, trois armées, l'une, sous Steinmetz, de 60,000 hommes, la seconde, sous le prince Frédéric-Charles, de 140,000 hommes, la troisième, également de 140,000 hommes, sous le prince royal, marchaient sur la France. Ces 340,000 combattants convergeaient sur un point, entre Forbach et Wissembourg. A ce moment, c'est-à-dire dans les premiers jours du mois d'août, notre formation n'était pas achevée, et 250,000 soldats étaient répandus sur notre frontière, de Vionville à Belfort. Le 4 août, l'armée du prince royal, forte de 140,000 hommes, ainsi que nous venons de le dire, rencontra à Wissembourg la division d'Abel Douay, qu'elle rejeta sur le corps du maréchal Mac-Mahon. Le 6 août, le duc de Magenta fut attaqué à Reichshoffen, où 30,000 Français luttèrent héroïquement contre les masses prussiennes. Grâce à l'admirable bravoure de nos troupes, il y eut un moment où la balance sembla pencher en notre faveur. Le prestige du drapeau n'avait encore reçu aucune atteinte, et nos troupes combattaient avec une indomptable résolution. Il fallut céder au nombre. La gloire des vaincus restera intacte. La France retrouvera les soldats de Reichshoffen ; mais qu'elle le sache bien, si elle était tentée de l'oublier, que dans aucun temps elle n'a compté dans ses armées des officiers et des soldats plus braves et plus dévoués. Le même jour, l'aile droite de l'armée allemande livrait le combat de Forbach. Débordés de toutes parts, les corps français furent contraints de se mettre en retraite.

Ainsi, dès le 6 août, il n'existait plus d'obstacles à la concentration des armées allemandes sur notre sol. Elles pouvaient désormais agir en masses compactes contre les corps qui n'avaient pas combattu. Les batailles de Borny, de Vionville et de Gravelotte furent livrées les 14, 16 et 18 août. Nos soldats luttèrent valeureusement contre des forces supérieures, dans ces formidables rencontres où, de part et d'autre, on compta de 15 à 20,000 hommes hors de combat. Notre armée ne rompit pas le cercle qui l'entourait, et Bazaine resta sous Metz. Le 2 septembre, l'armée envoyée à son secours, et avec laquelle on pouvait espérer qu'il opérerait sa jonction, succomba à Sedan. A cette date, il ne restait à la France, comme corps organisé, que celui du général Vinoy, comptant à peine 40,000 hommes et composé presque en entier de troupes de nouvelle formation. Avant d'avoir eu la possibilité de se mesurer à armes égales avec l'Allemagne, la France était surprise et écrasée. Nous perdions nos soldats et jusqu'à la possibilité d'en former d'autres, puisque nos cadres disparaissaient avec eux. Telle a été la fatalité de cette guerre.

Dans la situation où se trouvait la France, au lendemain de ces défaites, il est de toute évidence que nul ne pouvait songer à une expédition militaire et maritime dirigée contre le littoral ennemi. On peut dire d'une manière générale qu'une armée ne peut pas faire de diversion importante sur ses ailes lorsqu'elle n'a pas de forces suffisantes pour résister sur son front, alors même qu'elle n'aurait d'autre objectif que de se maintenir sur une stricte défensive. Quoi qu'il en soit, depuis le jour où la guerre fut déclarée jusqu'à celui où la France fut contrainte d'accepter la paix, il ne s'est pas rencontré un moment où il ait été possible de distraire un soldat aux rangs déjà trop clair-semés des armées improvisées de la France. Si donc la marine n'a pas contribué au succès d'une opération militaire et maritime contre l'Allemagne, ce n'est pas qu'elle ne fût pas prête, ce n'est pas davantage parce qu'elle n'avait pas de flotte de transport. La France, malheureuse sur les champs de bataille, envahie par l'ennemi, n'a pas eu de soldats à mettre sur cette flotte. Ainsi les désastres de nos armées enlevèrent à la flotte le rôle qui lui incombait, qui était bien le sien, et pour lequel son matériel était préparé.

Dans les nouvelles conditions qui lui étaient faites par les événements, quels services était-elle appelée à rendre, après avoir assuré, ce qui était le premier de ses devoirs, la sécurité du commerce et de notre littoral? Croit-on qu'il était en son pouvoir, en agissant avec ses seules ressources, de retenir en Allemagne, je ne dirai pas les troupes, mais une fraction importante des troupes du général Vogel de Falkenstein? Y avait-il un plan, une combinaison pouvant amener ce résultat? L'intelligence joue à la guerre un rôle considérable, et dans tous es succès une grande part lui revient, mais l'intelligence la plus haute est impuissante quand elle ne s'appuie sur rien. 30,000 hommes embarqués sur l'escadre retenaient et retiendraient en pareil cas en Allemagne des forces considérables, parce que la mobilité de la flotte eût constitué une force au profit de ces 30,000 hommes. L'ennemi, ignorant où ils peuvent se porter, est en échec sur tous les points vulnérables. C'est ce qui est arrivé aux États-Unis, pendant la guerre de la Sécession.

Les garnisons de Charlestown, de Mobile, de Savannah et de Wilmington, et ceci au grand détriment des affaires militaires de la Confédération du Sud, sont restées jusqu'au dernier jour à leurs postes, prêtes à repousser l'attaque des fédéraux. Cependant la guerre de la Sécession commence en avril 1861, et les ports ci-dessus sont pris en 1864 et en 1865. L'ensemble de ces garnisons a toujours été plusieurs fois supérieur à la totalité des troupes employées dans chacune de ces expéditions maritimes et militaires, que les fédéraux faisaient à leur temps, à leur heure, et qu'ils dirigeaient sur tel point qu'ils jugeaient convenable. Ce n'était donc pas pour se défendre contre les escadres que les confédérés conservaient dans les grands ports des soldats qu'ils eussent préféré envoyer aux armées. Ils avaient en vue les troupes de débarquement qui accompagnaient ces escadres. Les bâtiments agissent avec le canon, et c'est avec le canon qu'on leur répond. L'infanterie, la cavalerie, de même que l'artillerie, n'apparaissent que lorsqu'on voit des soldats sortir des flancs des navires. Jusqu'à ce moment, les troupes savent qu'elles n'ont aucune part à prendre au combat d'artillerie engagé entre les forts ou batteries élevés sur les côtes, et les flottes, escadres ou bâtiments ennemis.

La défense a été et sera toujours proportionnée aux moyens connus et présumés de l'attaque. Cela est élémentaire. Dans nos longues guerres maritimes avec l'Angleterre, nous ne nous sommes préoccupés d'envoyer dans nos ports des forces militaires importantes, que lorsque nous avons vu les Anglais réunir des troupes et préparer, en même temps que la flotte de guerre, une flotte de transport. C'est ainsi qu'en 1694, sous le règne de Louis XIV, Vauban accourut à Brest en toute hâte pour presser les travaux de fortification et diriger la défense du port. Le ministre de la guerre prit, au même moment, les mesures compatibles avec la situation militaire pour lui expédier des troupes. Le roi avait appris d'une source qu'il considérait comme certaine que l'expédition anglaise, dont les apprêts se faisaient à Portsmouth, était destinée à agir contre Brest. Le 17 juin, la flotte anglaise, composée de trente bâtiments de guerre et de quatre-vingts bâtiments de transport, mouilla sur nos côtes, entre Bertheaume et Camaret. Le lendemain, les Anglais tentèrent, sous la protection de leurs vaisseaux qui canonnaient les forts de la côte, de mettre leurs troupes à terre. Celles-ci furent si bien accueillies par les nôtres, qu'elles durent se rembarquer après avoir subi de grandes pertes. L'expédition anglaise reprit la route de Portsmouth. L'ennemi s'était à peine éloigné que le ministre enlevait à Vauban les troupes qu'il avait mises à sa disposition. Il n'est pas jusqu'aux travaux de défense que Vauban ne dût ralentir. Le ministre, qui ne voyait plus le danger pressant, ne lui accordait que d'une main très-parcimonieuse des fonds pour cet objet.

Pendant nos longues guerres avec l'Angleterre, nous avons réussi plusieurs fois à débarquer des troupes en Irlande. Dans ce pays, qui a toujours supporté et qui supporte encore impatiemment le poids de la domination anglaise, nous avions l'espérance de rallier les mécontents et de décider par notre présence un soulèvement national. En raison de ces circonstances, toutes les fois que l'état de guerre a subsisté entre nous et les Anglais, ces derniers ont pris vis-à-vis de l'Irlande quelques précautions militaires, mais ils n'ont jamais immobilisé des forces considérables, en vue d'un débarquement des Français, lorsqu'ils n'avaient aucune connaissance des préparatifs faits dans nos ports pour une expédition de cette nature. Est-ce que l'Angleterre a maintenu pendant toute la durée de la guerre, c'est-à-dire jusqu'en 1814, les grands armements militaires faits en toute hâte à une époque où, du haut des falaises de Douvres, on pouvait apercevoir la flotte destinée à jeter sur ses rivages une armée française? Aussitôt que le gouvernement de la Grande-Bretagne eut appris la levée du camp de Boulogne et la marche de nos troupes vers l'Allemagne, il fit subir à l'état militaire de la Grande-Bretagne des modifications en rapport avec la nouvelle situation de la France engagée dans une guerre continentale. Croit-on que la Russie eût envoyé beaucoup de troupes en Crimée, alors même que les escadres de l'Angleterre, de la

France et de la Turquie n'eussent cessé de croiser dans la mer Noire, si pas un soldat français ou anglais n'avait franchi le détroit des Dardanelles ? Nous pourrions citer d'autres exemples, mais ce serait les multiplier inutilement. Ainsi, il est bien entendu que la marine agissant seule était impuissante à retenir les troupes en Allemagne, excepté dans la mesure proportionnée à ses moyens d'attaque, considérés au point de vue d'une descente à terre. Ces moyens d'attaque, nous allons les faire connaître, en nous plaçant, bien entendu, dans l'hypothèse d'un débarquement. Les frégates cuirassées avaient 580 hommes d'équipage et les corvettes 330. Nos escadres de la Baltique étaient composées de cinq ou six frégates et d'une ou deux corvettes cuirassées, disons six frégates, une corvette et quelques avisos. Il suit de là que la totalité des équipages d'une de ces escadres s'élevait à 4,000 hommes, sur lesquels il n'eût été possible de mettre à terre qu'un nombre d'hommes compris, suivant les cas, entre 800 et 2,000 hommes. Nous allons expliquer pourquoi le nombre des hommes à débarquer ne peut pas être le même dans toutes les circonstances. Supposons une flotte à un ancrage sûr, n'ayant rien à craindre de la terre ou ayant réduit au silence les batteries que l'ennemi lui opposait. Cette flotte pourra débarquer une partie de ses équipages, et elle enverra, non-seulement les hommes armés de fusils dont le nombre est limité, mais encore des hommes armés de sabres et de revolvers, s'ils peuvent rendre des services. Si, au contraire, cette flotte est engagée dans un combat à coups de canon avec les forts de la côte, elle pourra tout au plus, à cause de la nécessité de conserver le personnel nécessaire au service de son artillerie, débarquer cent hommes par frégate.

Ces détails, inutiles peut-être en Angleterre ou en Amérique, où tout ce qui regarde la marine est mieux connu que dans notre pays, étaient nécessaires afin d'établir la sphère d'action de nos flottes, dont on paraît ne s'être rendu nul compte en France. Une nouvelle illusion serait de croire qu'une escadre qui n'est pas accompagnée par une flotte de transport, réussisse à dissimuler à ses adversaires le nombre d'hommes dont elle dispose pour un débarquement. Il n'est pas une nation maritime qui, à l'apparition d'une flotte ennemie sur son littoral, ne sache, à quelques centaines d'hommes près, quel est l'effectif de ses équipages. On pourrait presque ajouter qu'il n'est pas un cuirassé, appartenant à une puissance quelconque, qui ne soit connu de toutes les autres sous le rapport de la puissance de la machine, de l'artillerie et du personnel. Les Allemands étaient aussi bien renseignés sur les divers types de notre flotte, que nous l'étions nous-mêmes sur le *Kœnig-Wilhelm*, le *Frédéric-Charles* et le *Prince-Héritier*.

Nous avons montré que nos escadres étaient condamnées à l'inaction sur mer, par suite de la décision prise par l'ennemi d'éviter toute rencontre au large. Nous avons montré également que c'était pleinement méconnaître le rôle des escadres que de les croire capables, leur seule présence, de retenir des troupes nombreuses en Allemagne. Il nous reste à examiner ce que ces escadres, qui étaient puissantes par l'artillerie, pouvaient faire contre le littoral ennemi en agissant par le canon. Comme nous l'avons dit, nous laisserons de côté les questions secondaires, les attaques sur les points isolés ou sans importance placés sur les côtes allemandes de la Baltique et de la mer du Nord, et nous irons droit à ce qui est véritablement le fond du débat : les escadres pouvaient-elles et devaient-elles attaquer Kiel et le port Guillaume ?

*Description de la baie de Kiel. — Route à suivre pour arriver devant la ville. — Défenses de la baie et des établissements maritimes du côté de la mer. — Conséquences probables d'une entrée de vive force tentée par une escadre.*

La ville et le port militaire de Kiel sont situés au fond d'une des nombreuses baies qui découpent la partie orientale de l'ancien duché de Schleswig-Holstein. L'entrée est formée au nord par les terres les plus à l'est du Schleswig et au sud par la partie nord du Holstein. Cette baie se divise en deux parties. La première commence à la pointe Bulk, sur la côte du Schleswig, et elle s'étend jusqu'à la forteresse de Frédéricksort ; la seconde part de Frédéricksort, et elle va jusqu'à la ville. Après avoir doublé la pointe Bulk et à mesure qu'on avance vers le sud, les terres vont en se rapprochant jusque par le travers de Frédéricksort, où se trouve la partie la plus étroite de cette première baie. C'est là que commence plus particulièrement la baie de Kiel. La distance de Frédéricksort à la terre la plus rapprochée de l'autre bord est de 1,100 mètres. Les deux côtés de la baie, lorsqu'on pénètre plus avant en se dirigeant vers la ville, vont en s'élargissant, sans toutefois que la plus grande largeur dépasse 2,200 mètres. Après avoir parcouru de 5 à 6,000 mètres, et un peu avant d'arriver à la hauteur du feu de Dusternbrook, les terres se rapprochent de nouveau et le chenal se rétrécit. A un peu moins de 3,000 mètres dans le sud-ouest du feu de Dusternbrook, sur le côté droit de la baie, en entrant, se trouvent la ville de Kiel, et sur le côté opposé, à Ellerbeck, le port militaire. En cet endroit, le chenal n'a plus que 600 mètres de largeur. L'opération, soit pour un bâtiment, soit pour une escadre venant du large, de se rendre à Kiel ou à Ellerbeck, peut se résumer ainsi qu'il suit : doubler Frédéricksort, traverser la baie dans toute sa longueur, s'engager dans la partie un peu plus resserrée qui commence au sud de la baie, et mouiller devant la ville ou, avant d'y arriver, par le travers des établissements de l'État.

La configuration des terres, sur les deux bords de la baie, rend facile la défense du port contre une attaque venant de la mer. La baie de Kiel est entourée, dans presque toute sa longueur, d'une ceinture de collines dont la hauteur moyenne est d'environ 30 mètres. Les points culminants sont à petite distance, et les sommets les plus éloignés n'en sont pas à plus de 1,200 à 1,500 mètres. Sur quelques points, des falaises coupées à pic, d'une hauteur de 15 à 20 mètres, s'avancent dans la mer. Ces dispositions naturelles ont pour double conséquence de faire de Kiel un mouillage sûr et un point facile à défendre du côté de la mer. Lorsque Kiel était au pouvoir des Danois, Frédéricksort était un petit fort à cinq bastions, entouré d'un large fossé et pouvant contenir de 12 à 1,500 hommes. Sur les deux bords de la baie s'élevaient quelques batteries construites de manière à tirer sur les bâtiments faisant la route qui de Frédéricksort mène à la ville et au port militaire.

Les Prussiens, après l'issue de la guerre avec le Danemark, s'occupèrent très-activement de réparer et d'augmenter les fortifications élevées par les anciens possesseurs. La création de la Confédération de l'Allemagne du Nord, et par suite d'une marine de cette nouvelle Confédération, donna une plus énergique impulsion aux travaux en voie d'exécution. Une commission fut chargée de présenter un projet relatif à la défense des côtes de l'Allemagne du Nord, et particulièrement de Kiel, dont on voulait faire le grand arsenal de la Baltique et une place forte de premier ordre. Il fut décidé qu'on construirait une ceinture de forts détachés établis sur les hauteurs aux pieds desquelles sont situés la ville et le port. Ceux de ces forts qui regardaient la mer étaient placés dans une position dominante par rapport au bassin du port, et une partie de leur artillerie était disposée de manière à tirer sur une escadre ennemie engagée dans la baie. Dans ce projet, la baie de Kiel était défendue par des ouvrages fermés pouvant contenir 300 ou 400 et jusqu'à 1,000 hommes de garnison ; l'armement des forts et batteries comportait des pièces de 72 et de 96. En janvier 1868, ces travaux étaient en pleine activité. Des ressources spéciales, imputées au budget extraordinaire de la marine de la Confédération, étaient affectées aux travaux exécutés dans les ports de la Jahde et de la Baltique. Le budget voté dans le courant de cette même année pour l'année suivante dota encore plus libéralement le chapitre des dépenses extraordinaires de la marine.

Lorsque survint la guerre, le plan de la défense de Kiel, tel qu'il avait été conçu à Berlin, n'était pas complétement exécuté. Toutefois les travaux étaient assez avancés pour offrir les éléments d'une résistance solide à toute attaque venant de la mer. Les ouvrages importants étaient armés avec des pièces appartenant à la nouvelle artillerie. L'entrée de la baie était défendue par les positions de la montagne Brune (1), sur la côte du Schleswig et de Laboé, sur la côte du Holstein, toutes deux en avant de Frédéricksort, c'est-à-dire dans la première baie lorsqu'on vient du large ; puis venaient la forteresse de Frédéricksort et les batteries de Mollenort et de Jagerberg, situées en dedans de Frédéricksort et battant l'entrée de la rade. Pour compléter le système

---

(1) C'est dans cet ouvrage, élevé de 25 mètres au-dessus de l'eau et qui bat directement l'entrée de la baie, que se trouvait le canon rayé de 36 centimètres, envoyé par M. Krupp à l'Exposition française de 1867.

de défense, les Allemands barrèrent l'entrée de la baie à la hauteur de Frédéricksort, c'est-à-dire sur un point où venaient converger les feux d'une puissante artillerie. Des torpilles furent disposées en avant et autour de cette estacade. Les Allemands n'avaient à Kiel que l'*Élisabeth*, corvette à batterie, et quelques petits bâtiments qu'on n'avait pas l'intention d'envoyer à la mer. Ils n'avaient par conséquent aucune préoccupation à l'endroit des difficultés qu'un barrage pouvait apporter à la circulation de leurs navires. Or, si les barrages ont l'inconvénient de gêner la circulation de ceux-là mêmes qu'ils protégent, par contre ils constituent, dans les ports ou rades où ils peuvent être établis, non-seulement un moyen de défense excellent, mais le plus souvent un obstacle infranchissable, aussi longtemps que les batteries qui le commandent ne sont pas réduites. Les Prussiens avaient une parfaite confiance dans la force des défenses de Kiel et du littoral de la Baltique, ainsi qu'on pourra en juger par l'extrait suivant, emprunté à l'ouvrage de l'état-major allemand et cité par la *Correspondance* de Berlin : « En revanche, pour la défense de la Baltique, il suffisait de forces relativement moindres pour protéger les ports et les embouchures de concert avec les fortifications côtières, dont l'armement et l'achèvement marchaient à grands pas, à Kiel surtout. En outre, on avait fermé les fleuves et placé partout des torpilles. »

L'escadre chargée d'attaquer Kiel eût eu tout d'abord cette première question à résoudre : Comment pénétrerait-elle dans la baie? Nous avons dit que la passe, devant Frédéricksort, était barrée et garnie de torpilles ; toutefois, il n'était pas douteux que les Allemands n'eussent conservé un passage libre à travers le barrage. Notre escadre devait-elle chercher ce passage sous le feu de l'ennemi, en sacrifiant quelques-uns de ses navires pour atteindre ce résultat, ou ne se présenter devant Frédéricksort que lorsque les forts, dont les feux convergeaient sur l'entrée, eussent été réduits au silence ? Cette méthode était évidemment la seule praticable en présence de fortifications sérieuses, surtout dans le cas qui nous occupe. Il ne faut pas perdre de vue que la flotte, après être entrée dans la baie de Kiel, devait reprendre la même route pour gagner le large, après avoir détruit, si cela eût été possible, l'arsenal maritime. Mais, d'autre part, attendre que les batteries de Frauenberg, de Laboé, de Frédéricksort, et les autres ouvrages qui défendaient l'accès de la baie, eussent cessé le feu, c'était courir le risque d'épuiser ses munitions dans une lutte qui pouvait difficilement amener un résultat décisif. En effet, lorsqu'une escadre qui combat contre un fort ou des batteries n'a pas de troupes de débarquement pour l'assister dans cette opération, elle doit démonter jusqu'au dernier canon pour faire taire le feu de l'ennemi, et renverser jusqu'au dernier pan de mur pour chasser les canonniers et les empêcher de profiter du moment favorable pour réparer leurs avaries. Dans le cas actuel, les ouvrages que notre escadre aurait eu à combattre eussent possédé, comme réserve de personnel et de matériel, toutes les ressources du port militaire et aussi toutes celles qu'un semblable événement eût fait affluer sur les lieux. Selon toute probabilité, en agissant ainsi, nous en serions restés aux préliminaires de l'opération. Si donc notre flotte eût voulu pénétrer dans la baie, quoi qu'il pût en coûter, elle était forcément conduite à prendre le premier parti. Nous allons admettre qu'elle ait réussi à franchir le passage. Elle se fût aussitôt dirigée vers les établissements maritimes, en échangeant des boulets avec les ouvrages élevés sur les hauteurs que commandait la grande rade (1). Toutefois elle ne se fût pas arrêtée pour combattre, afin de ne perdre ni son temps ni ses munitions. Arrivée dans la partie sud de la baie, elle eût été accueillie par le feu des forts et batteries établis autour de la ville, dans une position dominante par rapport au bassin du port. La seule raison d'être de son opération étant la destruction de l'arsenal allemand, elle eût pris la position qui lui eût semblé la plus favorable pour le canonner. C'est, en effet, tout ce qu'elle pouvait faire. Combien de temps serait-elle restée en rade, exposée à des pertes très-sérieuses, sans être en mesure d'infliger à l'ennemi des dommages bien considérables? Eût-elle tenté, pour achever son œuvre plus promptement, une descente avec les 100 ou 120 hommes que chaque frégate cuirassée pouvait mettre à terre? Kiel communique, par le chemin de fer, avec Remsbourg et autres

---

(1) La défense des ports et des rades comporte aujourd'hui trois éléments : les forts ou batteries, les torpilles et la défense mobile, représentée par les béliers et les batteries flottantes à petit tirant d'eau. En ce qui concerne les batteries de terre, la meilleure disposition consiste, lorsque le terrain se prête à leur établissement, en batteries rasantes combinées avec des batteries à tir plongeant.

points. On ne peut douter que, dès le premier coup de canon, le personnel nécessaire, s'il n'y eût été déjà, serait arrivé sur les lieux. Les troupes se fussent tenues hors de portée du canon, prêtes à intervenir si nous débarquions. Dès le début de la lutte, les forts qui eussent souffert auraient reçu les secours en hommes et en matériel dont ils eussent eu besoin. Telle eût été la situation en face de laquelle se fût trouvée cette escadre. La force des choses l'eût contrainte de prendre la seule résolution sensée en pareille circonstance. Elle aurait fait route pour sortir de la baie, presque aussitôt après y être entrée, et les Prussiens se seraient, non sans raison, attribué la victoire. Notre escadre serait-elle parvenue à regagner le large sans pertes? Il est difficile de le croire, quand on songe à la puissante artillerie ennemie et aux positions dominantes qu'elle occupait. D'autre part, quel eût été notre objectif? A quel résultat pouvait nous conduire cette promenade à travers la baie de Kiel, sous le feu plongeant des forts, feu particulièrement dangereux pour des frégates cuirassées dont le pont n'est pas abrité? Tout ce à quoi nous pouvions prétendre, c'était de forcer l'ennemi à couler l'*Élisabeth*, corvette en batterie en bois, et quelques canonnières ou petits navires. Les Prussiens les auraient évidemment coulés plutôt que de les laisser tomber entre nos mains. Ils n'eussent même pas été réduits à cette extrémité. Il leur eût suffi d'alléger ces bâtiments et de les conduire au-dessus de la ville, aussi loin que leur eût permis leur tirant d'eau. Nous n'aurions été les chercher là ni avec nos bâtiments, ni avec nos embarcations. Aurions-nous réussi à détruire la frégate cuirassée qui était sur les chantiers et dont la construction était d'ailleurs peu avancée? C'est plus que douteux, puisque nous ne pouvions mettre pied à terre. Enfin l'établissement naval que les Prussiens se proposaient de faire était à peine ébauché, et, sous ce rapport, les pertes infligées à l'ennemi n'eussent pas été considérables. En résumé, d'autre part, les risques à courir, il ne pouvait et il ne devait pas être question d'une attaque purement maritime sur Kiel.

* * *

La situation de la marine eût été tout autre si, au début de la guerre, nous avions été en position d'envoyer dans le nord une grande expédition maritime et militaire. C'est ce que craignait le général de Moltke, qui savait très-bien que cette éventualité pèserait sur la campagne des Allemands aussi longtemps qu'ils n'auraient pas remporté de succès de nature à retenir nos troupes sur notre propre territoire. Cette expédition, dont nous n'avons le droit de parler que d'une manière hypothétique, eût été peut-être une réalité, malgré l'imperfection de nos institutions militaires, si le mécanisme de la mobilisation et de l'appel des réserves, étudié et expérimenté pendant la paix, avait fonctionné chez nous d'une manière aussi sûre et aussi prompte que chez nos adversaires. Quoi qu'il en soit, l'hypothèse de l'expédition étant admise, la position de la flotte d'attaque eût été absolument autre. Sans parler du Danemark, dont l'alliance eût été la conséquence de nos premiers succès, nous aurions pris, sur la côte du Schleswig, un port qui eût servi de base à notre opération. Là seraient venus, non-seulement nos grands bâtiments cuirassés, en y comprenant le *Rochambeau,* mais l'*Onondaga,* nos plus fortes batteries flottantes, des canonnières, des petits navires ; en un mot, des bâtiments qui tiennent mal la mer, et que, pour cette raison, on ne pouvait pas adjoindre à une flotte faisant une croisière. Or, ces navires eussent été très-nécessaires dans une attaque contre Kiel. Notre matériel, au point de vue d'un siége maritime, était insuffisant. Nous n'avions pas de bombardes et très-peu de cuirassés à petit tirant d'eau. Mais au moins, avec une base d'opération sur la côte du Schleswig, nous aurions eu tout ce que nos arsenaux renfermaient d'utile pour cette opération.

Avant de terminer ce qui a trait au rôle de la marine dans la Baltique, nous dirons que le littoral de cette mer est, sur presque toute son étendue, défavorable à l'opération d'un débarquement. Il y a très-peu de points dont une flotte de grands navires puisse s'approcher. Ces points-là sont naturellement très-sérieusement fortifiés. Partout ailleurs on trouve des plages basses qui s'étendent assez au large pour obliger les grands navires à mouiller à une distance où leur artillerie ne jouerait aucun rôle. Un matériel maritime spécial serait donc nécessaire en pareille occurrence.

17.

*Description du port Guillaume. — Route pour entrer dans la Jahde. — Conditions auxquelles sont soumis les mouvements des bâtiments passant de la Jahde dans les bassins intérieurs. — Défenses du port. — Examen des résultats probables d'une attaque du port Guillaume faite par une escadre française.*

La Jahde, le Weser et l'Elbe se jettent dans la mer du Nord, au milieu d'un vaste estuaire parsemé de bancs. C'est à travers ces bancs qu'il faut naviguer pour aller soit au port Guillaume, port militaire des Allemands, soit à Brême, soit à Hambourg. L'île d'Helgoland, dont il a été beaucoup question dans la guerre de 1870-1871, se trouve placée comme une sentinelle avancée à petite distance dans l'ouest de la côte allemande. Lorsqu'on vient du large avec l'intention d'entrer dans la Jahde, on doit diriger sa route de manière à venir reconnaître l'île Wangerooge, située à la partie sud de ce vaste espace où viennent se confondre les eaux des trois fleuves. Après avoir prolongé la partie nord de cette ile, de l'ouest à l'est, on vient sur la droite et on court, dans la direction du sud, jusqu'à ce qu'on ait atteint l'extrémité nord de la rive gauche du fleuve. L'île Wangerooge est séparée de la terre par un banc qui découvre à mer basse. On court alors parallèlement à la côte, en se maintenant dans le chenal fermé, à droite, par un banc qui s'étend le long de la côte, et de l'autre bord, par un vaste plateau sur lequel il y a très-peu d'eau à mer basse, et qui sépare le cours de la Jahde de celui du Weser. Après avoir fait environ 15 milles dans cette direction, on arrive par le travers de l'entrée du port Guillaume. Avant 1857, l'emplacement sur lequel se trouve aujourd'hui le nouveau port militaire des Allemands était un terrain bas, marécageux et envahi par la mer dans les grandes marées (1). La Prusse avait la volonté très-arrêtée de posséder un port de guerre dans la mer du Nord. Elle ne recula devant aucune difficulté et elle poursuivit, depuis cette époque, son œuvre avec une persévérance qui ne s'est pas démentie. Avec beaucoup d'art et surtout avec beaucoup d'argent, elle parvint à triompher des obstacles que la nature lui opposait.

Les ingénieurs chargés de la création du port Guillaume construisirent tout d'abord des digues pour défendre, contre les empiétements de la mer, la partie de la rive du fleuve que devait embrasser le futur arsenal. Ces premières digues, dites digues conservatrices sur le plan, une fois terminées, il restait à raffermir le sol, creuser les bassins et élever les édifices. Deux jetées, plus hautes de quelques mètres que les digues extérieures et élevées en dedans des premières, formèrent la partie de l'enceinte du port faisant face au fleuve. Les deux digues extérieures et les murailles de l'enceinte

---

(1) Le terrain sur lequel s'élève aujourd'hui le port Guillaume appartenait au grand-duché d'Oldenbourg. Il a été cédé à la Prusse en 1853.

vinrent s'appuyer sur l'extrémité des deux grandes jetées perpendiculaires au rivage et destinées à donner accès dans le port. L'espace compris entre les digues bordant le rivage et les murailles de l'enceinte fut réservé pour la défense du nouvel arsenal. Wilhemshafen, dû tout entier à la main de l'homme et creusé en pleine terre, ou plutôt en plein marécage, est ce qu'on appelle un port à marée. On ne peut, par conséquent, y pénétrer que pendant la marée de flot et lorsque le niveau de l'eau s'est élevé d'une quantité suffisante dans l'avant-port pour permettre de faire communiquer les bassins intérieurs avec le large. Le plein, dans les bassins, n'est maintenu pendant le jusant que par la fermeture des portes du bassin contigu à l'avant-port. Il en résulte qu'un navire mouillé dans la Jahde n'est pas libre d'entrer dans le port Guillaume quand cela lui convient, et qu'il doit attendre que la mer ait atteint une hauteur déterminée avant de s'engager entre les deux grandes jetées perpendiculaires au rivage. Parvenu à l'extrémité de ces jetées, ce navire se trouve en face de l'écluse, dont les portes, du côté qui donne sur le fleuve, sont ouvertes aussitôt que la hauteur de l'eau dans l'avant-port le permet. Il passe, et les portes sont refermées derrière lui avant que la mer ait commencé à perdre. Si nous suivons ce bâtiment, nous le voyons sortir du premier bassin par une seconde porte placée dans une direction opposée à la première, puis il s'engage dans un canal intérieur à l'extrémité duquel se trouve le bassin occupé par les navires qui, pour une cause quelconque, se trouvent dans l'arsenal. La longueur des deux grandes jetées entre lesquelles il faut passer pour arriver à la première écluse est de 200 mètres. Le premier bassin mesure 170 mètres ; enfin le canal intérieur, depuis la sortie du premier bassin jusqu'à l'entrée du second, est de 1,150 mètres. Ce dernier bassin, qui porte le nom de port intérieur, a 330 mètres de long sur 230 de large. La flotte allemande, réfugiée dans le port intérieur, eût été à 1,800 mètres du fleuve et à environ 2,700 mètres d'une frégate cuirassée qui eût mouillé aussi près que la profondeur d'eau le lui eût permis.

En résumé, un navire arrivant du large passe, avant de pénétrer dans le port Guillaume, par deux phases distinctes. Il entre d'abord dans la Jahde en suivant le chenal étroit qui côtoie l'île Wangerooge et la rive gauche du fleuve. Lorsque cette première opération est terminée, on procède à la seconde, qui consiste à le conduire dans les bassins intérieurs du port. Il est bien entendu que cette seconde opération n'est exécutée qu'autant que la hauteur de la marée le permet. Il faut pour cela que l'eau ait atteint, entre les jetées, le même niveau d'eau que dans le bassin à flot. C'est avec intention que nous entrons dans tous ces détails. Quand viendra la question militaire, on reconnaîtra l'impossibilité de la bien juger si on n'est pas fixé sur la situation du port Guillaume, considérée au point de vue de la navigation.

\*\*\*

De même que nous avons admis l'hypothèse d'une attaque sur Kiel, faite par la marine, nous allons maintenant supposer qu'une de nos escadres ait reçu l'ordre d'opérer contre le port Guillaume. Nous rechercherons quelles eussent été les conséquences probables de cette entreprise. Avant de songer à combattre, cette escadre eût eu à résoudre une première difficulté que nous avons déjà signalée, celle de se rendre sur le lieu du combat. Toutes les bouées, il n'est pas besoin de le dire, ayant été enlevées par l'ennemi, nous avions à refaire ce travail pour notre compte. Il fallait sonder le chenal et placer de nouvelles bouées ; en un mot, nous avions à tracer notre route depuis le nord de l'île Wangerooge jusque devant le port Guillaume. Aussitôt qu'une force navale importante eût pris position devant Wangerooge, et que ses intentions eussent été nettement accusées, la flotte allemande se trouvait dans l'obligation de prendre un parti : rester au mouillage sous la protection des forts, pour prendre part à la défense du port, comme force navale ; ou assurer la conservation de la flotte allemande en la faisant entrer dans les bassins intérieurs, et, en ce cas, apporter à la défense de l'arsenal le concours de ses équipages et de ses canons. En raison de l'infériorité numérique de cette flotte, et aussi en raison de sa conduite pendant la guerre, on doit croire que les trois frégates cuirassées, *Roi-Guillaume*, *Prince-Frédéric-Charles* et *Prince-Héritier*, se fussent mises à couvert dans les bassins intérieurs du port. L'*Arminius*, le *Prince-Adalbert* et quelques petits navires à vapeur seraient restés dehors pour surveiller, soit de jour, soit de nuit, les mouvements de ceux de nos bâtiments qui eussent été chargés de sonder, de placer les bouées ou d'enlever les torpilles. Le peu de tirant d'eau de ces deux cuirassés allemands leur assurait, en cas de poursuite, une retraite facile dans le haut de la Jahde, dans le Weser et dans l'Elbe.

Supposons que notre escadre ait surmonté ces premières difficultés et qu'elle soit arrivée au bas de la Jahde (1). Ici se présentait la deuxième phase de la mission qu'elle avait à remplir, c'est-à-dire l'attaque de l'arsenal allemand. Les conditions auxquelles sont soumis les mouvements des navires passant du fleuve dans le port Guillaume sont connues. Nous les avons indiquées avec assez de détail pour qu'il soit inutile de revenir sur ce sujet. Nous n'avons donc pas à faire comprendre qu'il n'y avait pas là, quelque désir et quelque volonté qu'on eût, d'entrée de vive force à opérer. S'il a existé jusqu'ici, sur ce point, du doute ou de la confusion dans les esprits, les explications que nous avons données ont dû les faire disparaître. Une escadre, parvenue au bas de la Jahde, était en face d'un arsenal ou plutôt d'une place forte enceinte de murailles, protégée par un nombreux personnel et une puissante artillerie, à l'abri de laquelle se trouvaient les chantiers, les magasins et les navires. Quelques difficultés que cette escadre eût rencontrées jusque-là, elle n'était qu'au début de ses opérations militaires. Toute attaque dirigée contre le nouvel

---

(1) Malgré les efforts du département de la marine et de ses agents à l'étranger, il ne fut pas possible de trouver des pilotes pour la Jahde. Les gouvernements des pays où nous aurions pu nous en procurer, frappés de la soudaineté de nos revers, n'osaient plus rien de ce qui eût pu paraître une infraction aux règles de la plus stricte neutralité. Ils firent défense aux pilotes de venir sur nos navires.

arsenal de la Confédération du Nord demeurait sans portée, si elle n'avait pour but de détruire la flotte allemande et le port Guillaume. On ne concevrait pas qu'on eût tenté une semblable entreprise dans l'espoir d'atteindre ce résultat. Or, comme nous n'étions dans aucune des conditions militaires voulues pour opérer un débarquement en pleine Allemagne, comment serions-nous parvenus à détruire des navires et des édifices placés les uns et les autres derrière des murailles que, nous ne pouvions pas franchir ? La situation véritable du port Guillaume a été, en général, mal connue, et c'est de là que sont venues les erreurs commises par ceux qui ont paru croire à la possibilité de forcer la Jahde et de détruire les navires allemands. Ceux-là ont raisonné comme si ces navires eussent été à la merci d'une escadre française qui n'eût eu rien autre chose à faire, pour les atteindre, que d'effectuer un passage de vive force sous le feu de l'ennemi. Les Français, après avoir détruit les cuirassés prussiens, ce qui eût été promptement fait grâce à notre supériorité, eussent regagné le large en passant sous le feu des batteries allemandes. L'opération, pour ceux qui ne se sont pas rendu exactement compte de la position du port Guillaume, ne présentait pas d'autres difficultés. Cette manière de voir n'était en rien conforme à la véritable situation des choses. Arrivée au bas de la Jahde, la flotte française trouvait devant elle un rempart et, derrière ce rempart, les cuirassés allemands, les magasins, les édifices, en un mot, tout ce qu'elle avait mission de détruire. L'action, pour la marine, se réduisait à un engagement à coups de canon avec l'artillerie de la place, ou, en d'autres termes, avec les défenses extérieures du port.

* * *

Nous allons maintenant examiner dans quelles conditions cette lutte se serait produite. L'achèvement complet des fortifications de la Jahde et du port Guillaume ne devait avoir lieu qu'en 1877, d'après le projet arrêté à Berlin en 1867. Toutefois, en 1870, les travaux de défense étaient avancés, et les batteries donnant sur la Jahde se trouvaient armées avec la nouvelle artillerie (1). Il n'est pas douteux, d'ailleurs, que toutes les grosses pièces renfermées dans les arsenaux allemands n'aient été envoyées, dès le début des hostilités, à Kiel, à la Jahde et dans l'Elbe. Aux pièces de gros calibre dont le port disposait, on eût ajouté, si cela eût été nécessaire, les cent cinquante pièces formant l'armement du *Kœnig-Wilhelm*, du *Frédéric-Charles* et du *Prince-Héritier*. D'autre part, une escadre à grand tirant d'eau n'avait pas le choix du point d'attaque. Elle était obligée de se placer là seulement où elle trouvait une profondeur d'eau suffisante. La partie sud du port Guillaume confine à des marécages et à des bas-fonds qui ne nous eussent pas permis de faire une attaque de ce côté. L'escadre ne pouvait engager l'action qu'avec la partie de l'enceinte partant de la limite nord de l'arsenal, bastion n° 1 sur le plan, jusqu'à l'ouvrage placé de l'autre

(1) Presque tous les ouvrages étaient armés avec des pièces de 96,

côté de la jetée de droite. Outre cet ouvrage, il existait, en juillet 1870, un ouvrage semblable à l'extrémité de la jetée nord. De plus, entre cette jetée et le bastion n° 1 se trouvait le fort Heppens, qui était terminé avant la guerre. C'est sur ce fort, d'une étendue d'environ 2,000 mètres, que les Allemands eussent concentré leurs moyens d'action. Dès que surgirent les premières difficultés politiques, des efforts considérables avaient été faits, à la Jahde et dans l'Elbe, pour augmenter les défenses existantes et utiliser toutes les pièces de gros calibre que l'Allemagne possédait. Les équipages des trois frégates cuirassées que le prince Adalbert de Prusse avait ramenés le 16 juillet dans la Jahde, travaillèrent sans relâche à augmenter les fortifications du port Guillaume. On sait quelles ressources possède un arsenal maritime et quelle rapidité il peut apporter dans l'exécution des travaux commandés par des nécessités impérieuses. On ne doit pas douter que la partie de l'enceinte ayant vue sur la Jahde ait été promptement protégée, sur toute son étendue, par une nombreuse et puissante artillerie.

Dans l'hypothèse d'une attaque par mer, les Allemands se seraient battus avec une confiance d'autant plus grande qu'ils eussent eu la certitude de ne pas être forcés dans leurs positions. En effet, quand bien même nous les aurions obligés à discontinuer momentanément leur feu, ce qui n'est nullement certain et ce que personne n'affirmera, nous ne pouvions pas descendre pour assurer notre succès. Enfin, l'ennemi n'ignorait pas que s'il réussissait à couler quelques-uns de nos bâtiments ou à les avarier de telle sorte que nous ne pussions les emmener, il resterait, si ce n'est dans ses mains, au moins dans les eaux allemandes, un trophée qui attesterait sa victoire. Quant à l'escadre française, elle n'aurait pas en vain fait un feu prolongé avec les canons de 27, de 24 et de 19, des dix ou douze frégates ou corvettes cuirassées, du *Rochambeau,* de l'*Onondaga* et de tous les autres bâtiments dont elle eût été composée. Elle eût fait du mal à l'ennemi, cela n'est pas douteux, mais de quelle nature eût été ce mal? Nous aurions tué des hommes, démonté des canons et fait sauter des pierres; quelques-uns de nos boulets ou de nos obus, frappant ou éclatant dans l'intérieur de l'arsenal, auraient produit des dégâts dans les magasins ou dans les édifices du port. Tels étaient les résultats que nous eussions atteints, et que nous n'aurions certainement pas dépassés. Après avoir parlé des dommages que l'escadre française pouvait faire subir à l'ennemi, il s'agit de se rendre compte des pertes auxquelles elle-même était exposée. Il n'est pas facile de les indiquer d'une manière certaine, mais les officiers de marine et les officiers d'artillerie seront certainement d'accord sur ce point, que, dans une affaire de cette nature, notre escadre courait le risque de laisser dans la Jahde des bâtiments de l'expédition et d'en ramener quelques autres gravement avariés.

Donc notre escadre était exposée à perdre des bâtiments, voire des cuirassés. Courir des risques quand on fait la guerre, c'est chose bien naturelle, mais les gouvernements ont le droit de se demander si ces risques sont en raison des avantages qu'ils se croient en mesure d'obtenir. Dans le cas actuel, que voulions-nous ? Les cuirassés allemands, nous venons de montrer qu'ils avaient un refuge assuré contre les plus fortes escadres en s'amarrant dans les bassins intérieurs du port Guillaume. Était-ce la ruine de l'arsenal que nous poursuivions ? Nous avons également montré qu'à moins de débarquer et de nous emparer des batteries, nous ne pouvions rien contre l'arsenal. Les Allemands savaient bien que nous ne pouvions pas mettre pied à terre. Ce n'est pas avec huit, dix ou douze cuirassés et leurs équipages que nous aurions pris l'Allemagne à partie. Or, la Jahde était moins un port qu'une forteresse ayant, au point de vue du personnel et du matériel, toute l'Allemagne en réserve. Nous conclurons en disant : Une attaque du port Guillaume par mer n'eût été qu'une vaine et périlleuse démonstration. (Ed. Chevallier).

## § II

## GROUPE DES PUISSANCES SECONDAIRES

### XXII

#### 1° ROYAUME D'ITALIE

En tête des puissances secondaires apparaît l'Italie, qui sera la sixième grande puissance reconnue au moment du règlement définitif de l'équilibre européen.

L'Italie compte 22 millions d'habitants, son armée mobilisée dépasse 400 mille hommes officiers et soldats, plus 20 mille marins. Les milices nationales, mobilisables en cas de guerre, représentent 140,000 hommes et les volontaires accroîtraient cet effectif de 100,000 engagés nouveaux.

Jusqu'à la réorganisation nouvelle de l'armée qui s'accomplit en ce moment, le système de recrutement en Italie est à peu près celui de la France, d'après la loi de 1832. Il y a le tirage au sort, la faculté de remplacement, l'exonération à prix d'argent. Un évêque a le droit d'exempter un de ses diocésains dans la proportion de 1 pour 20,000 conscrits, à la condition que ce libéré se consacre au culte. Le service militaire est de onze ans : cinq en activité, six dans la réserve pour la première portion du contingent. La seconde portion du contingent reste inscrite pendant cinq ans et les réservistes se réunissent 40 jours par an pour les exercices militaires. L'Italie a donc des forces respectables, et les dernières luttes, ainsi que les enseignements de la grande guerre en Europe, feront de ses soldats de bons combattants ; actuellement, le Parlement italien vote 60,000,000 pour des fortifications nouvelles.

La marine italienne est une des bonnes marines de l'Europe. La flotte compte 112 bâtiments de guerre de tous types, dont 90 à vapeur, parmi lesquels 15 navires cuirassés.

Les Italiens sont d'admirables politiciens, mais de médiocres économistes. On ne sait pas faire un budget ni profiter de tant de ressources naturelles et industrielles dans la Péninsule. Comme en Autriche, le *déficit* est le mal chronique de l'Italie.

Sur un budget de recettes de 800,000,000 de livres, les dépenses étant de 950,000,000 approximativement, on arriverait annuellement à 150,000,000 de déficit, si d'incessantes et d'énergiques mesures n'étaient prises pour parer à ce fléau que l'essor de la production nationale ne conjure pas assez promptement.

En cas de grande conflagration, l'Italie serait donc réduite à partager une fois encore les réserves métalliques de la Prusse qui se met fraternellement à la disposition de son alliée de 1866 (nous n'avons pas écrit de 1870), et la Péninsule en serait réduite aux impôts extraordinaires que les Napolitains surtout aiment si peu, aux emprunts onéreux et au cours forcé de papiers de toutes couleurs.

Les dépenses actuelles de l'armée et de la marine sont (en livres ou francs) de 355,000,000 en chiffres ronds.

L'armement de la garde nationale est seul fourni par l'État. Les milices s'équipent à leurs frais. En cas de guerre, l'État supporterait seul toutes les dépenses de la mobilisation.

## XXIII

### 2° ESPAGNE

La situation actuelle de l'Espagne nous impose de grandes réserves, et les éléments d'appréciation d'une situation si profondément troublée échappent absolument à nos recherches. *Tout est à refaire en Espagne.* C'est une noble et riche terre, un grand et loyal peuple qui a une brave armée. Espérons que les destins seront favorables à notre voisine! Elle doit reprendre en Europe, avec et à côté de la France, une situation brillante et en rapport avec ses antiques grandeurs.

Les Cortès ont voté en 1873 une loi de réorganisation de l'armée. La conscription est abolie. Il n'y aura que des engagés volontaires. Le recrutement s'opère dans les proportions déterminées par une loi. Le service sera de deux ans pour les nouveaux engagés et d'une année pour les réengagés. On peut rester au service et participer, dès lors, à la haute paye, à la promotion des grades, etc: Chaque soldat reçoit 1 franc par jour.

La réserve comprendra tous les jeunes gens qui, au 1er janvier de chaque année, auront accompli leur vingtième année. Pour mobiliser les forces de la réserve dans les limites respectives de la province à laquelle elles appartiennent, il suffira d'un simple décret du gouvernement, qui pourra de même les mobiliser dans les districts militaires respectifs, par un décret, lorsque les Cortès ne siégeront pas. Dans tous les autres cas, la mobilisation n'aura lieu qu'en vertu d'une loi. Le service de la réserve est de trois ans. L'enrôlé passera la première année dans les cadres pour y recevoir l'instruction militaire. Dans les deux autres années, il pourra, en cas de guerre, être appelé au service actif, mais par une loi. La taille est abolie.

Sur une population de 16 millions d'habitants, l'armée permanente espagnole comprend : en Europe, 100,000 hommes sous les drapeaux, 40,000 dans la réserve, 12,000 douaniers, 12,000 gendarmes; en Amérique, 25,000 hommes à Cuba, 3,900 à Porto-Rico; aux Philippines, 10,000 hommes.

La marine espagnole comprend de 110 à 125 bâtiments de tous types, dont deux vaisseaux cuirassés, 10 frégates représentant seules 830 canons et 6,500 chevaux-vapeur. L'ensemble de la flotte donne 19,000 chevaux-vapeur et 1,300 canons. L'inscription maritime s'étend sur 80,000 marins de toutes les côtes.

Le budget normal de la guerre et de la marine est de 112 millions de francs. Avec la double insurrection cantonaliste et carliste, les dépenses des deux départements militaires ne seront pas au-dessous de 200 millions de *pesetas* (à 1 fr. 8 c.).

## XXIV

### 3° SUÈDE ET NORWÉGE

Les deux nations réunies sous la même direction royale, mais autonomes quant à l'administration intérieure de chacune d'elles, peuvent, avec l'*Indelta* ou colonies militaires suédoises réparties sur le sol agricole du pays, et les réserves norwégiennes formées par le contingent général de tous les jeunes gens de 22 à 25 ans, les deux nations, disons-nous, pourraient mettre 400,000 hommes en ligne. La nouvelle réorganisation de l'armée, en Suède et Norwége, pourvoit à une simplification et à une unification des forces nationales.

L'armée permanente des deux pays, volontaires, première réserve et landwehr (celle-ci s'appelle *Indelta* en Suède), représente 50,000 soldats. La marine réunie des deux pays représente à son tour 412 bâtiments de guerre de tous types, parmi lesquels 4 vaisseaux ou frégates nouveau système, et 145 canonnières. Le budget général (guerre et marine) pour la Suède et la Norwége atteint à peine 32 millions de francs.

La situation financière de la Suède et de la Norwége est des plus satisfaisantes.

## XXV

### 4° TURQUIE

Depuis longtemps, la Turquie traverse toutes les phases de la décadence : l'invasion étrangère, le protectorat de l'Europe, l'administration déplorable, le déficit constant, imminence de la banqueroute périodique. En ce moment, la situation de l'empire ottoman est à l'état de crise aiguë. Son existence est pourtant indispensable à l'équilibre. Voilà pourquoi nous nous occupons de son armée.

Le recrutement en Turquie s'opère de deux manières : par l'enrôlement volontaire et par le tirage au sort des jeunes gens âgés de vingt ans. Chaque famille n'est tenue de fournir qu'un seul combattant à l'État. Le fils unique et les hommes mariés sont exonérés.

L'armée régulière compte 6 *ordous* ou camps de 20,000 hommes chacun. C'est donc un total de 120,000 soldats pour l'armée régulière. Les sujets chrétiens, qui ont une certaine répugnance à servir dans les rangs de l'armée musulmane, se rachètent. En cas de nécessité suprême, on les enrôlera, et l'effectif des forces turques, avec le service obligatoire des célibataires, ne sera pas moindre de 500,000 soldats.

La marine compte 70 vaisseaux de combat, portant 2,000 canons, et montés par 35,000 matelots et soldats. Le budget reste toujours chose problématique, cependant la guerre et la marine dépensent 125 millions de francs par an.

## XXVI

### 5° BELGIQUE

Sur une population industrieuse et vaillante de 5 millions 33 mille habitants, la Belgique entretient sur le pied de paix 43,000 hommes, officiers et soldats ; sur le pied de guerre, les forces nationales sont de 105,000 hommes et de 15,000 chevaux.

Le recrutement a lieu par engagements volontaires et par tirage au sort. La durée du service est de huit ans, de 19 à 26 inclus.

Indépendamment de l'armée régulière, la Belgique a

sa garde nationale ou civique. 1ʳᵉ catégorie : garde civique active, infanterie, cavalerie, éclaireurs et pompiers : 30,000 hommes; 2ᵉ catégorie : garde civique de réserve (la nation entière), 200,000 hommes.

La marine belge est toute côtière. Elle fait plutôt le service des ports d'Ostende et d'Anvers. Elle compte 6 vapeurs.

Le budget militaire de la Belgique est de 36 millions 600 mille francs.

## XXVII

### 6° PAYS-BAS (HOLLANDE)

La Hollande a une population, en Europe, de 3 millions 500 mille habitants. Le service militaire est obligatoire dans les Pays-Bas, mais il y a faculté de remplacement. L'armée continentale s'élève en temps de paix à 45 mille hommes, officiers et soldats; l'armée des colonies à 30 mille hommes. Sur le pied de guerre, avec les milices (gardes nationales), la Hollande peut arriver à 200 mille hommes, dont 100 mille combattants en ligne. La durée du service dans l'armée est de cinq ans. Dans la garde nationale, inscrite sur papier, sauf 11,000 hommes qui sont annuellement en exercice, le service dure de 25 à 34 ans accomplis.

La marine hollandaise, européenne et coloniale, comprend 135 bâtiments de guerre dont 40 à vapeur. Cette flotte est armée de 700 canons. Elle peut en porter 1,800.

L'équipage de la marine hollandaise est formé par 6,600 hommes, états-majors compris.

Le budget annuel de la guerre et de la marine dans les Pays-Bas est de 22 millions de florins, environ 44 millions 500 mille francs. La Hollande est riche par son industrie nationale, son commerce extérieur et ses colonies.

## XXVIII

### 7° DANEMARK

La population du Danemark et des Iles est de 1,950 mille habitants environ. Le service obligatoire existe en Danemark sans faculté de remplacement. De 22 ans à 26 ans, le soldat appartient à l'armée régulière active ; de 26 ans à 30 ans, il est classé dans la réserve. A partir de 30 ans il appartient pendant huit ans à la landwehr. L'armée permanente est de 35,000 hommes, la réserve comprend le même nombre de soldats. La landwehr donnerait 100,000 combattants, sans compter les volontaires de tout âge qui voleraient pour l'indépendance de la patrie.

La marine danoise compte 55 bâtiments de tous types, armés de 320 canons et montés par 2,600 hommes d'équipage.

Le budget militaire (guerre et marine) est de 29,000,000 de francs environ, ou 6,000,000 de rixdalers (à 2 fr. 83 c. le rixd.). La situation financière du Danemark se solde tous les cinq ans par un certain excédant de recettes.

## XXIX

### 8° LA SUISSE

La population totale des cantons helvétiques s'élève à 2,600,000 habitants. Tout le monde est soldat en cas de danger national. En temps normal, les bataillons (c'est l'unité tactique) forment, en troupe d'*élite*, c'est-à-dire en contingents formés par les jeunes gens, à partir de vingt ans, un total de 82,000 hommes ; la *réserve*, formée par les contingents fédéraux qui ont fini leur temps dans le service d'élite, donne 50,000 hommes ; la landwehr, réserve générale, atteint le chiffre de 75,000 hommes. Avec ce total de 207,000 soldats, la Suisse assure son indépendance.

Le budget annuel, y compris le service des pensions aux blessés et invalides, est de 3,500,000 francs.

## XXX

### 9° PORTUGAL

Le Portugal a une population de 3,700,000 habitants en Europe, et de 3,650,000 habitants dans ses colonies. Son armée permanente est de 30,000 hommes, desquels il faut déduire 12,000 gardes nationaux. L'armée des colonies est de 12,000 hommes. La force régulière à la disposition du gouvernement est à peine de 6,000 soldats. On est soldat de 20 à 25 ans, par conscription et tirage au sort. La marine portugaise se compose de 37 à 38 bâtiments, dont 3 ou 4 grands types. Cette flotte est armée de 296 canons et montée par 2,800 hommes d'équipage. Le budget militaire annuel du Portugal est de 24,000,000 pour l'armée et la marine. La situation financière du Portugal est des plus précaires. Le déficit est la règle de ses budgets.

## XXXI

### 10° GRÈCE

La population de la Grèce et des îles Ioniennes n'est pas inférieure à 1,500,000 habitants. L'armée s'élève à 8,000 hommes, et elle pourrait être portée par le service obligatoire à 40,000 excellents soldats. Les Hellènes sont braves, mais ce qui les tue, c'est la politique à laquelle ils sacrifient tout, agriculture, industrie et commerce. Ils pourraient tirer meilleur parti de leur sol et équilibrer ainsi leur budget, qui est en déficit permanent. La marine grecque compte 34 ou 35 bâtiments de guerre, dont 3 grands navires de combat; l'ensemble est armé de 160 canons. Le budget des deux départements (guerre et marine) est de 8 millions de francs (à peu près 9 millions de drachmes).

## XXXII

### 11° PRINCIPAUTÉS-UNIES

L'État autonome, mais non souverain, des Principautés-Unies de la Moldavie et de la Valachie a été constitué par un traité européen du mois d'octobre 1857. La Roumanie, entité politique et sociale de l'union des Principautés, est tributaire de la Porte et demeure représentée diplomatiquement par celle-ci. Cependant, eu égard aux complications possibles en Orient, nous croyons devoir donner la situation militaire des Principautés, qui visent de plus en plus à une action directe comme État indépendant. La population étant, au total, de 7 millions d'habitants, l'armée régulière, la gendarmerie et les gardes-frontières forment un effectif de 30 mille hommes. Les gardes nationales urbaines et rurales forment 50 bataillons de 500 hommes environ, soit 25 mille hommes. Le budget militaire annuel est de 10 millions de francs. Les ressources des Principautés sont grandes et il y a excédant de recettes sur les dépenses. Excellente situation. Pour soutenir son indépendance définitive et acquérir sa souveraineté, l'État roumain (des Principautés-Unies) n'hésiterait pas à mettre en ligne 100,000 combattants.

## XXXIII

On vient d'avoir, par ces tableaux successifs, un aperçu de l'Europe armée. Le système des effectifs permanents va prévaloir partout, et chaque peuple se dira soldat, parce qu'à ce titre seul est désormais attachée l'indépendance des nations.

Par les forces régulières et réorganisées, ou en voie de réorganisation, l'Europe compte actuellement cinq millions de baïonnettes au bout des fusils.

Par les volontaires, les dernières réserves et le service obligatoire, le continent pourrait voir se lever dix millions d'hommes résolus à combattre.

Jamais une conflagration générale ne suscitera une pareille levée de boucliers ; mais ces chiffres et les rapides statistiques que nous venons d'énumérer prouvent surabondamment ce que nous avons dit au début de ce livre, que « la guerre est l'état normal de la civilisation. »

A côté de l'action individuelle du soldat, il y a les ressources incalculables de la science et du génie, pour l'attaque ou pour la défense. La guerre des États-Unis nous a initiés au secret d'un utile emploi des moyens mécaniques et des forces de la balistique dans toutes les guerres. Les rails de chemins de fer sont devenus des engins prodigieux de la stratégie nouvelle ; les locomotives sont des blockhaus roulants ; la télégraphie, la lumière électrique, les secrets de la physique et de la chimie sont des auxiliaires merveilleux de l'état-major, des corps du génie et de l'artillerie. Quelles découvertes ne surgiront pas encore !

L'art militaire ne les récuse plus. De même qu'après l'invention de l'artillerie, il eût été téméraire de s'en tenir à la lance des preux, de même après les redoutables surprises de la science, il serait insensé de vouloir faire exclusivement de la bravoure, corps à corps, main à main. Demandons à la science tout ce qu'elle peut donner; ne dédaignons aucun de ses secrets. Ce que nous rejetterions aujourd'hui, un autre l'accueillerait, et nous serions écrasés.

# ÉPILOGUE

## I

### UN RAPPROCHEMENT HISTORIQUE

Avant de terminer ce livre, nous ferons ici un rapprochement historique, qui sera la consolation des vieux patriotes et l'encouragement des générations nouvelles, auxquelles demeure désormais confié l'honneur de la patrie.

Il y a un peu plus de cinq cents ans, l'Anglais était l'envahisseur permanent de la France.

L'avénement des Valois avait déchaîné contre nous les convoitises d'un voisin jaloux déjà, et devenu compétiteur au trône de Philippe le Bel, en vertu d'une fausse interprétation de la loi salique.

Édouard III, le Louis XIV de l'Angleterre au moyen-âge, gagna successivement contre la France la bataille navale de l'Écluse et la bataille continentale de Crécy (1346).

Dix ans après, les fautes de Jean le Bon livrèrent les destinées de la nation au prince Noir, fils et lieutenant d'Édouard III, et la bataille de Maupertuis, non loin de Poitiers, acheva l'humiliation et la ruine de la France à la journée du 19 septembre 1356.

Jean le Bon fut fait prisonnier sur le champ de bataille, en vendant chèrement sa liberté, en combattant à pied, à coups de hache illustrant ainsi sa défaite par cet héroïsme resté légendaire, et qui place si haut, dans l'histoire, la vaillance de nos grands ancêtres.

La moitié de la France monarchique appartint dès lors à l'ennemi, et une rançon de trois millions d'écus d'or, qui vaudraient aujourd'hui plus de six cents millions de notre monnaie, fut imposée à notre pays pour l'indemnité de guerre et la délivrance du roi.

Alors, une révolution éclata simultanément, à Paris, contre le gouvernement provisoire du royaume, représenté par le fils aîné du roi prisonnier; dans les campagnes, contre la noblesse, dont une partie avait fait défection sur le champ de bataille et contre laquelle s'élevaient les malheureux paysans surchargés d'impôts et accablés — car ce fut alors une explosion du sentiment national, inconnu jusque là — accablés de tout le déshonneur qui s'abattait sur notre malheureuse patrie.

La révolution de Paris, conduite par Étienne Marcel, se traduisit, à la réunion des États généraux, par un mouvement de réforme parlementaire qui substitua, sinon le fait, du moins le principe du contrôle de la nation à l'autorité omnipotente et aveugle du gouvernement des Valois.

La révolte des campagnes dégénéra en excès déplorables, et, sous le nom de Jacquerie, on vit l'émeute folle et inconsciente des paysans exaspérés réduire en cendres ou en cadavres ce qui s'appelait châteaux, ce qui se déclarait gentilshommes !

L'un et l'autre mouvement furent coupables, parce que les excès en furent la règle et que l'ennemi était là devant nous, assistant à nos déchirements. La Commune triompha à Paris et la Jacquerie se déclara ouvertement en province.

Le gouvernement dut fuir de la capitale, et une nouvelle assemblée nationale, hors de Paris, confirma les pouvoirs du lieutenant général du royaume et donna à celui-ci, devenu plus tard le sage et patriote roi Charles V, les moyens d'assiéger et de réduire Paris rebelle et d'écraser, à Meaux la révolte des paysans accourus au siége et au sac de ce dernier refuge des proscrits nobles et de l'autorité royale.

Et l'Anglais était toujours là, foulant notre sol, applaudissant à nos discordes, profitant de la désunion du pays... comme le Prussien en 1871 !

Ce qu'il fallut de diplomatie, d'efforts, de sacrifices et d'années ; ce qu'il fallut de haute et prévoyante politique à Charles V, successeur de Jean le Bon, pour réparer les maux et les hontes les plus effroyables, Dieu seul le sait, car l'histoire ne le dit pas, et malgré ses plus éminents interprètes, elle est encore restée au-dessous de cette grande et patriotique tâche toute à reprendre, toute à faire : celle d'élever un monument au siècle de Charles V pour arriver à populariser son règne, le plus complet et le plus extraordinaire dans les annales de la France et de l'Europe.

Oui, une rançon qui vaut plus comparativement que les milliards d'aujourd'hui ; oui, un traité de Brétigny plus funeste, sinon plus honteux que le traité de Francfort de 1871 ; oui, une Commune sanglante et plus décisive que celle de 1871, car elle créa le régime parlementaire ; oui, une révolte épouvantable dans la campagne, calamité que nous n'avons pas revue ; oui, la permanence de l'occupation étrangère et des compétitions féodales ; tout cela s'est produit il y a cinq cents ans, avec la peste, la famine et le brigandage permanents, et la France, qui était perdue pour les plus optimistes, se releva plus vivace, plus triomphante que jamais.

En 1372, elle décrétait la guerre de revanche, et l'épée de Duguesclin déchirait sur le dos de l'Anglais fuyard le traité de Brétigny.

Quand, après une nouvelle éclipse de notre fortune, pendant tout le lamentable règne de Charles VI, Jeanne d'Arc et Dunois apparurent sur la scène militante, le pays qui avait traversé encore tous les orages, toutes les tempêtes, bu toutes les hontes, le pays se retrouva sous le drapeau de Charles VII, et la France prit encore une fois sa revanche, — cette fois définitive, — et jeta dans la mer jusqu'au dernier des envahisseurs étrangers.

La France était désormais, et pour toujours, la France !

Nous l'avons dit : un monument national manque à cette période la plus terrible, la plus agitée, la plus anxieuse de notre existence comme peuple : et s'il fallait en retracer les péripéties épiques et douloureuses, la plume d'un seul homme n'y suffirait peut-être pas.

En ressuscitant d'un pareil naufrage, — de la guerre de Cent ans ! — notre pays a prouvé quelle était sa vitalité, quelles étaient ses prestigieuses destinées. Les sacrifices de ce temps-là valaient mille fois les sacrifices, les efforts et les souffrances de ce temps-ci. Glorifions la mémoire de nos pères qui ne nous ont pas laissé périr comme peuple indépendant et prépondérant ! Imitons-les, et, à cinq cents ans de distance, répudions comme eux tout ce qui peut nous humilier, tout ce qui pourrait nous diviser. Ils ont subi, mais vengé plus tard, l'affront de la défaite et de huit invasions en un siècle. Ils ont subi, mais châtié enfin, la Commune et toutes les tentatives de dissolution nationale. Ils ont subi la mutilation du sol, les tentatives séparatistes à l'intérieur, mais ils ont repris sur l'étranger ses conquêtes, fixant sur la carte de l'Europe nos frontières traditionnelles ; ils ont refait l'unité et créé ce faisceau de peuples et de provinces dont l'ensemble s'est appelé et s'appellera toujours la France.

Nos pères n'avaient donc pas désespéré de la nation au plus fort des crises les plus formidables !

Ces farouches et opiniâtres défenseurs de l'honneur national ; ces artisans gigantesques du corps de la Patrie, crient à la France d'aujourd'hui, du fond de leur passé de gloire : *Debout ! Haut les cœurs ! Haut l'épée !*

II

A L'ARMÉE FRANÇAISE

A LA JEUNESSE NATIONALE

Écrit pour la France, pour les générations nouvelles, qui sont à la fois le sang et l'honneur, le bras et l'espoir de la patrie, le *Livre de guerre* entre ici dans son dernier chapitre.

Mais cet épilogue s'adresse surtout à ceux qui sont *la nation des camps*, à l'Armée, qui, selon les magistrales paroles de Lamartine à la tribune (13 mai 1834), « est devenue la dernière raison de la liberté même, car elle a garanti l'ordre social, et elle est prête pour les grands devoirs de l'indépendance et de la Patrie! »

Quand le monde entendra le suprême appel du clairon de guerre, répercutant ses éclatantes fanfares entre les rangs de nos bataillons, le monde alors tressaillira... comme l'antiquité tressaillit lorsqu'elle vit partir contre Carthage les légions qui devaient anéantir Carthage, et venger, sur la cité d'Annibal, les jours terribles de la Trébie, de Trasymène et de Cannes !

Le monde comprendra qu'ils ne veulent ni périr ni déchoir, ces soldats, tous descendants des héros de Charles-Martel, de Charlemagne, de Philippe-Auguste, de François Ier, de Henri IV, de Louis XIV et de Napoléon ; des héros qui obéirent à ces flamboyantes épées qu'on nomme Montmorency, Duguesclin, Clisson, Dunois, Jeanne d'Arc, Bayard, Turenne, Condé, Villars, Vendôme, Kellermann, Jourdan, Hoche, Kléber, Moreau, Masséna, Ney, Soult, Moncey, Bugeaud, Bosquet !...

Le monde comprendra que les défaites d'une année doivent avoir leurs compensations glorieuses, et que le drapeau tricolore, « qui a fait le tour du monde couvert de gloire et de lauriers, » retrouvera le chemin des réparations et des grandeurs incomparables !

Ayons donc confiance et, sans impatiences, sans provocations puériles, attendons l'heure de la patrie !

Formons-nous selon l'esprit de la guerre, comme nous l'avons écrit dans la première partie de ce livre ; étudions notre droit et le droit des peuples dans la seconde partie de l'ouvrage ; examinons nos forces et nos moyens d'action, en les comparant à l'organisation militaire des plus grands États de l'Europe, d'après les détails accumulés dans la troisième Partie du même volume.

Puis, n'écoutant que les conseils de la raison, faisons-nous une discipline de fer, dans l'armée et dans la vie civile, pour montrer aux peuples ce qu'il y a en nous de régénération vraie, de résolution froide, de calme politique, de ferveur patriotique.

Sacrifions les théories décevantes aux idées pratiques de travail silencieux et de préparation sans trêve... Ce sera peut-être l'étonnement du monde, l'effroi de quelques-uns ; mais cela nous vaudra, à la fin, l'admiration et le respect de tous.

Entourons notre drapeau, ces trois couleurs symboliques, qui résument pour nous la Patrie, l'oriflamme rouge de Bouvines et de saint Louis, l'étendard bleu de Charles VII, le drapeau blanc de Henri IV, ces trois couleurs réunies qui ont fait ensemble la bannière tricolore de 1789, ce drapeau, qui a conduit la France de Valmy au Rhin et aux Pyramides, des bords du Tage aux steppes de la Russie, et qui a marqué comme d'un signal, pour l'admiration des âges, les champs de bataille de tous les continents. Il a flotté vainqueur en 1805 à Vienne et à Munich ; en 1806 à Berlin, à Hambourg, à Varsovie ; en 1807 à Lisbonne et à Dantzick ; en 1808 à Madrid et à Rome ; en 1809 à Vienne encore ; en 1810 à Séville et à Lérida ; en 1811 à Sagonte ; en 1812 à Wilna et à Moscou ; en 1813 à Dresde...

Éclipsé sous la Restauration, il apparaît victorieux sur les plages de l'Afrique, aux Portes-de-Fer et sur les sables du Sahara ; il triomphe en Crimée, en Italie, et, jusque dans nos récents et douloureux revers, ce drapeau mérite l'admiration de tous les peuples.

Que ce symbole nous réunisse encore — non plus dans les discordes civiles — mais dans les solennels combats d'où le nom de la France doit sortir un jour plus triomphant et plus majestueux !

O jeunesse française, fiers bataillons des Gaules, nobles soldats, nobles enfants de la patrie, nobles frères, généreux contingents qui êtes sous les armes ou qui arriverez demain — jeunesse nationale, armée française, la vieille et glorieuse France compte sur vous !

# TABLE DES MATIÈRES

Pendant la trêve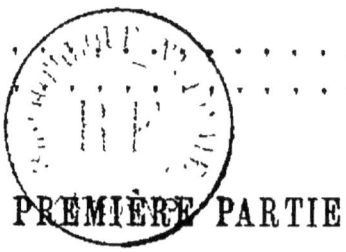
Observations. . . . . . . . . . . . . . . . . . . . . . . . . . . . . . . . . XIX

## PREMIÈRE PARTIE

# LA GUERRE

### CHAPITRE PREMIER

L'Ame de la Patrie. — Les instincts guerriers de la race. — Le faux sentimentalisme et la terreur de la guerre. — La fraternité universelle n'est pas réalisable. — Les principes dissolvants. — Il y aura toujours des nations distinctes. — Il n'y a qu'une patrie universelle possible, c'est la patrie du droit : la civilisation. — La guerre est dans le sang de l'humanité. — La loi de nature admet la nécessité de la guerre. — Opinions des philosophes sur la pérennité de la guerre. — Si la guerre est la loi fatale de l'espèce, d'après la loi de nature, c'est au droit des gens à atténuer ses conséquences, à la déterminer, à la régler. — Le droit des gens est intervenu, en effet, à l'état de convention tacite, avant d'avoir été formulé en code international. 2 à 15

### CHAPITRE II

La guerre avec la constitution régulière des nations. — La solidarité des peuples. — Le droit des gens détermine la liberté d'action des peuples agissant isolément ou collectivement. — Le droit de légitime défense transporté de l'ordre privé dans les relations mutuelles des peuples. — Le patrimoine particulier des nations et le patrimoine commun de la civilisation. — Causes légitimes des guerres. — Légitimité des préliminaires et des moyens. — Actes licites et illicites. . . . . . . . . . . . . . . . . . . . . 16 à 30

## CHAPITRE III

L'Honneur dans tous les procédés de guerre. — La foi jurée chez l'officier. — Le traitement des prisonniers. — Les pillages et la doctrine des responsabilités. — Vivre chez l'ennemi. — Proverbe allemand répété par le prince d'Orange. — Les otages. — Les transfuges. — Les espions. . 31 à 40

## CHAPITRE IV

L'Esprit national. — Le patriotisme dérive de l'esprit national. — Celui-ci provient de l'éducation. — Le patriotisme vrai est exclusif de toutes querelles de partis. — Faits historiques. — Phase nouvelle de l'esprit guerrier dans le monde. — L'avenir est au *silence*. — L'esprit national, ou militaire et patriotique, n'est exclusif d'aucun mouvement libéral et artistique. — Il est la garantie des travaux de la paix et des entreprises du commerce. — Nobles inspirations du génie militaire des peuples. — L'*histoire* et le *devoir* dans l'éducation et l'instruction primaire des défenseurs de la patrie. . . . . . . . . . . . . . . . . . . . . 41 à 58

## CHAPITRE V

La Discipline de l'armée. — La France militaire. — Obligations sévères imposées aux soldats. — Le respect, l'obéissance. — Les travaux compatibles avec sa mission patriotique. — Les traditions du sang et de la famille. — Les hommes d'État et les chefs d'armée. — La valeur. — L'héroïsme. — La peur. — La panique. — L'enthousiasme. — Exemples célèbres. — Fin de la première partie du *Livre de guerre*. 59 à 82

# DEUXIÈME PARTIE
# L'ÉQUILIBRE

### CHAPITRE PREMIER

L'Europe et son rôle dans la civilisation universelle. — L'*Équilibre* est la nécessité de son influence et de sa conservation. C'est l'actualité palpitante. — Le *grand dessein* de Henri IV. — Définition des idées pratiques du projet de Henri IV. — Négociations avec l'Angleterre, la Hollande, le Danemark et la Suède. — Il faut abattre une puissance prépondérante qui écrase ou inquiète l'Europe (l'empire hispano-allemand de la maison d'Autriche). Droit et devoirs de la France dans la politique d'équilibre.   83 à 98

### CHAPITRE II

Plan d'attaque de la puissance hispano-allemande pour réaliser le programme du *Grand Dessein*. — Formation des armées destinées à attaquer Philippe III dans les possessions d'Espagne, d'Italie et des Pays-Bas. — Effectif des armées d'expédition au dix-septième siècle. — Commandement; stratégie ; finances. — Formation des armées destinées à attacher l'Autriche en Allemagne. — Rôle de la France et des coalisés. — Détails authentiques. — Accord des puissances pour l'équilibration des forces et la répartition des territoires conquis. — Première consécration en droit des limites naturelles en territoire franc et gallo-carlovingien, sur la rive gauche du Rhin et aux pieds des Alpes et des Pyrénées..................   99 à 112

### CHAPITRE III

Guerres de l'Équilibre. — Politique du cardinal de Richelieu. — Négociations et traités. — La France et la Suède prennent en mains la direction des opérations militaires en

Allemagne, sur l'Elbe et le Danube. — Coup d'œil sur la campagne d'Allemagne. — L'Espagne et l'Autriche sont partout vaincues. — Les grands généraux du temps : Bernard de Weimar, Tortenson, Turenne, Condé. — La maison d'Autriche ne peut plus refuser la paix après les victoires de Jankowitz et de Rocroi. — La bataille de Lens est décisive. . . . . . . . . . . . . . . . . . . . . . . 113 à 122

## CHAPITRE IV

Ouverture de négociations pour la pacification générale de l'Europe. — Quoique vaincue et acculée de toutes parts, la maison d'Autriche hésite à s'humilier devant un congrès. — Mazarin, successeur et continuateur de la politique de Richelieu, insiste pour amener l'Autriche et l'Espagne à des conférences préliminaires. — Le ministre Trautmandorff. — L'Autriche ne peut plus résister, pressée qu'elle est par son impuissance, par les réclamations de l'Allemagne et l'ultimatum de Mazarin. — Conduite de la Bavière. . . . 123 à 127

## CHAPITRE V

Conférences de Munster et d'Osnabruck. — Influence prépondérante de la France. — Son droit territorial en deçà du Rhin, des Alpes et des Pyrénées est proclamé. — L'Alsace nous est acquise. — Singulière et importante déclaration pour la revendication des provinces cédées par l'Allemagne. — Les droits des autres puissances. — La France aurait pu empêcher l'*existence de la Prusse.* — Après le triomphe de l'influence française en 1648, Mazarin poursuit les négociations du traité des Pyrénées. — Cessions faites par l'Espagne à la France. — Un mot du maréchal de Grammont. . . . . . . . . . . . . . . . . . . . . 128 à 143

## CHAPITRE VI

L'Europe a respecté le pacte solennel de Westphalie. — Elle a lutté contre la France elle-même dans l'intérêt du principe établi en 1648. — Fautes de Louis XIV. — L'Allemagne en profite pour ressaisir ce qu'elle a cédé. —

# TABLE DES MATIÈRES

Détresse de la fin du grand règne. — La victoire de Denain. — La paix d'Utrecht confirme le traité de Westphalie. — Les événements des règnes de Louis XV, de Louis XVI, de la Révolution et de l'Empire. — Continuation de la politique de l'*Equilibre*.................. 144 à 160

## CHAPITRE VII

LES FAITS CONTEMPORAINS. — Ce qu'était la Confédération germanique. — Elle a garanti la paix pendant un demi-siècle au centre de l'Europe. — Les attaques de la Prusse. — Politique personnelle de la Prusse. — Elle est en contradiction avec les idées véritables du grand Frédéric. — La liberté de l'Allemagne n'est possible que par la fédération. — L'intérêt et l'équilibre de l'Europe sont intimement liés au fait du rétablissement de la Confédération germanique. — La Prusse en 1862, en 1866, en 1870-1871. — La justice en Europe. — Urgence......... 161 à 184

# TROISIÈME PARTIE

# L'EUROPE ARMÉE

## CHAPITRE PREMIER

L'EUROPE EST DEBOUT. — La Prusse a détruit l'équilibre continental. — Rapide esquisse des événements contemporains. — La question d'Alsace-Lorraine. — Arguments et sophismes de la politique prussienne. — Réponse d'après un livre patriotique : *l'Alsace*. — Très-curieuse et très-importante reproduction (M. Ed. About). — Situation faite aux pays français violemment annexés. — Une séance du Parlement allemand (3 mars 1874). — Aveu de M. de Moltke................... 185 à 222

## CHAPITRE II

Statistique militaire des puissances de l'Europe. — Les cinq grandes puissances : Empire allemand, Autriche-Hongrie, Grande-Bretagne, France, Russie. — Détails politiques, administratifs, militaires et financiers. — La marine française, et reproduction d'un travail de M. Chevalier, capitaine de frégate. — Groupe des puissances secondaires : Italie, Espagne, Suède-Norwége, Turquie, Belgique, Hollande, Danemark, Suisse, Portugal et Principautés danubiennes . . . . . . . . . . . . . . . . . . . . . . 223 à 321

## ÉPILOGUE

I. Un Rapprochement historique.
II. A l'Armée française, à la Jeunesse nationale. . . . .323 à 331

---

199. — Imprimerie Parisienne, J. Sounie, boul. Bonne-Nouvelle, 26. — Paris.

www.ingramcontent.com/pod-product-compliance
Lightning Source LLC
Chambersburg PA
CBHW070900170426
43202CB00012B/2130